鉄筋コンクリート造入門
設計の基本とディテール

岡田勝行・八島寛治・早川正・白石弥生 著

[新訂第二版]

彰国社

装丁：天野昌樹

目次

はじめに 4
本書の構成 5
設計フローから見たディテール設計 6

I 鉄筋コンクリート造の基本 ……………7
鉄筋コンクリート造とは 8
構造体としての特性 9
架構種別 10
基礎 11
梁・柱 15
屋根・床 17
壁 18
参考構造図例 19

II 部位別ディテール …………………21
ディテール部位分類表 22
屋根・パラペット 23
バルコニー・庇 36
外壁 41
開口部 56
内壁 61
床 66
天井 72
地下 78
階段 83
エレベーター・エスカレーター 89
エキスパンション・ジョイント 93

III 用途別ディテール …………………97
便所 98
浴室 102
エントランス 105
厨房 108
駐車場 110
その他の室 113

IV オフィスビルの設計事例 ……………115

はじめに

よい建物をつくる，これが設計・施工者の建築生産における究極の目的である。
このよい建物の条件として，まずその建物機能が確実に確保され将来クレームの発生などがないことである。基本設計にいたる設計意図は，ディテール設計でコスト・施工性を満足する機能として設定され，次の施工の場で確実に具体化される。このように，設計と施工をつなぐ大事なキーとなるのがディテール設計であり，そのつなぎかたを誤ると，いずれ竣工後にクレームとして顕在化してくる。漏水，外壁亀裂，仕上げ材の剝離・剝落事故など，それこそ建物機能の根幹にかかわるクレームが絶えないが，このつなぎ段階におけるミスもその要因に挙げられる。その意味で，建物の機能を保証するのは，ディテール設計の質ということができる。
この建物の機能確保のためのディテールは，現在まで数多く蓄積され，追加，改善を加え標準化され，本書にもその多数を記載した。これらは，建物機能を守るという意味で「**守りのディテール**」または「**基本のディテール**」ということができる。
よい建物とは，単にこのような機能が確保されているだけでなく，芸術性，創造性などデザイン的にも魅力のある建物である。この面でもディテールは，デザイン的にも建物全体に対する部位・部分での表現的な役割を果たしている。この全体と部分のやりとりの繰り返しの中から建築のデザイン空間が固まってくる。言い換えれば，デザインとディテールのキャッチボールの中から建築空間が創造されるといえる。そうしたディテールは，先述の基本のディテールとその応用・展開によりその建物特有のディテールが生まれてくる。これらのディテールを，デザインの上限アップを積極的に展開するという意味で「**攻めのディテール**」あるいは「**展開のディテール**」ということができる。
問題点があれば随時還元して，ディテールは常にリフレッシュされねばならない。まずそのひとつが，新材料・新工法の開発，工期短縮，工費低減それに石綿公害問題など建築生産システムの大きな変化への対応である。乾式工法などは，従来の湿式工法に対し今やディテールの主流であり，今回本書でもかなり改定を加えた。もうひとつは，クレーム情報の還元である。竣工後の設計，施工の不備によるクレーム，最近では維持管理の不備により居住者，利用者の安全を損なうクレームが大きな社会問題になっている。これらのクレーム情報を還元し，ディテールをリフレッシュしその再発防止を図らねばならない。

本書は，「設計の基本とディテール」をテーマとした鉄筋コンクリート造の入門書として，その基本と部位別・用途別ディテール，および建物事例の4部構成で1983年に発行した。以来，若い実務者，建築を学ぶ学生などの読者のニーズに応え版を重ね，1998年には全面的に改定し，新訂版として発行した。
今回，建築環境のさらなるニーズに応え全面的に部位別・用途別ディテールをリフレッシュするとともに，建物の全体構成としてオフィスビルの設計事例を新たに設け，実務に即した入門書としていっそうの充実を図った。
本書の趣旨とする「展開のディテール」と「基本のディテール」が，読者の魅力のある，かつ基本機能が保持された欠陥のない建物づくりの一助になれば幸いである。

2006年9月

岡田勝行

本書の構成

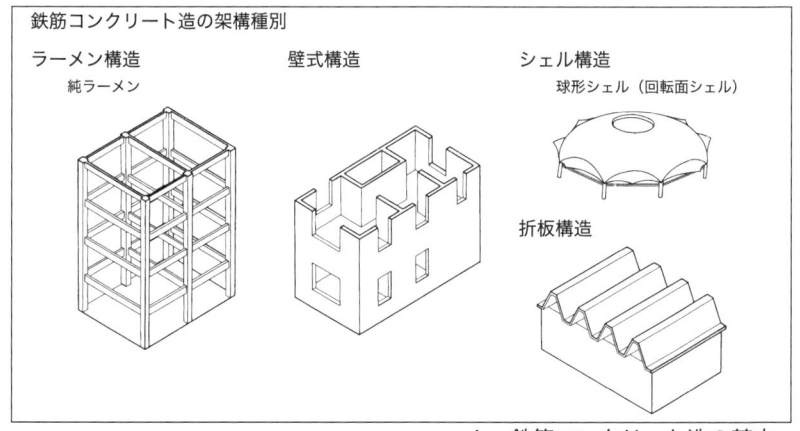

一般に建築の構成法を分類すると，主体構造別・建物別・用途別・性能別あるいは部位別・材料別・工事別などになる。このうち本書では，主体構造別としてまず鉄筋コンクリート造の基本を，続いて部位別・用途別，最後に標準的なオフィスビルという構成でそれぞれのディテールを表現している。

I 鉄筋コンクリート造の基本

まず，鉄筋コンクリート造技術の今日までの普及・発達と，同技術の長所，短所を含めた特性を理解してディテールに反映させるための基本を述べている。つぎに，構造体としての鉄筋コンクリート造の基本として，その特性，架構の種類，基礎，柱・梁，屋根，床，壁などのディテールを表現し，最後に実際の建物事例として参考構造図例を示した。

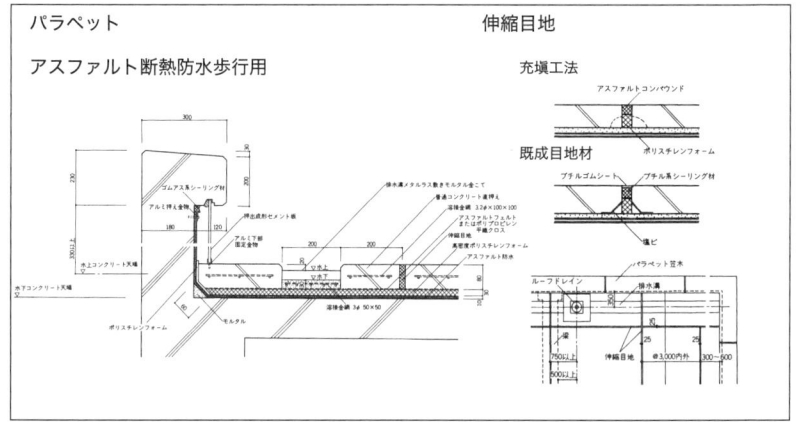

II 部位別ディテール

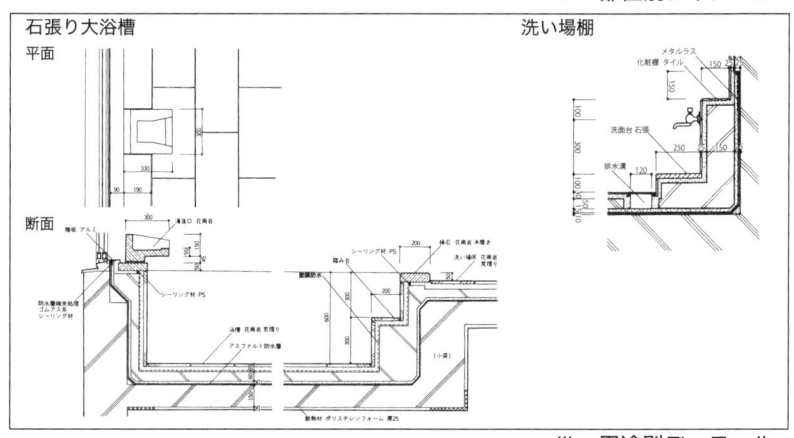

要求される機能・性能は建物ごとに異なる場合が多いが，それを部位別にみると部位として特徴をもった共通性があり，それらは部位別ディテールとして標準化される。本書では，「ディテール部位分類表」を索引として屋根・外壁・開口部・内壁・天井など部位別のディテールを記載するとともに，納まり上のポイントを随時記述している。

III 用途別ディテール

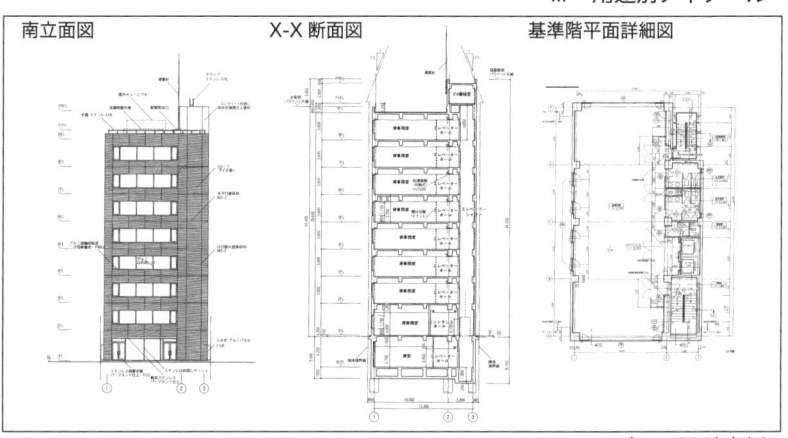

特殊な性能や用途を持った建築空間の場合，部位別だけでは把握し難く用途別でその空間を押さえる必要がある。その要求性能のうち防水・防湿・耐水性などは漏水問題などにからみディテール上特に重要である。本書では，いわゆる屋内の水場回りといわれる便所・浴室・エントランス・厨房などを用途別ディテールとして記載した。

IV オフィスビルの設計事例

設計業務におけるディテール設計のアウトプットには，部位別・用途別ディテールなどを含めた詳細設計図書がある。本書では，床面積2,931㎡，8階建ての標準的な鉄筋コンクリート造のオフィスビルを取り上げて，ひとつの建物のなかで要求性能に応えたディテールをいかに構築するかのプロセスをディテール図として表現した。

設計フローから見たディテール設計

設計者が、建築主のニーズを的確に把握して、適正な品質・原価・工期を求めるまでが設計業務で、そのアウトプットが設計図書である。

この設計業務を、0から5までの6段階のフェーズに区分し、各フェーズにおける業務内容、インプットとなる各種標準類、そしてそのアウトプットとなる基本成果図書など示したフローを下記に示す。

建築主の多種多様なニーズを具体化、企画化し建築主の了解を得るまでが、**0フェーズ**の企画提案であり、この企画提案を具体的な建物の基本計画としてまとめ、基本設計図書として図面化するまでが**1、2フェーズ**の基本計画、および基本設計である。

次のステップとなる**3フェーズ**のディテール設計段階では、先に作成された基本設計をさらに機能・コスト・施工性を満足する詳細設計図書としてまとめ、ここで見積原価を設定する。ここでインプットされる代表的な標準類には、各種技術・設計施工指針や本書に示すような標準詳細図集などがある。

施工に入って**4フェーズ**の工事監理段階では、法に基づく設計内容が確実に施工されているかの確認、さらに**5フェーズ**のアフターサービス段階での竣工建物の維持管理状況の評価・還元、そのいずれも設計業務として重要である。

このような一連の設計業務のなかで、ディテール設計の位置づけとその役割を明らかにしておきたい。

この設計業務フローで示すように、ディテール設計の次工程は施工である。企画提案から基本計画までの前工程までの設計意図を技術的に固めて、その意図を施工という場で確実な実現を図る、これがディテール設計の大事な役割である。こうしてみると、ディテール設計は設計・施工という建築生産のプロセスのなかでこの両者をジョイントするという位置づけにある。

しかし、設計と施工をつなぐこのジョイントにおける環境は厳しい。まず前工程の設計面でみると、建築主ニーズがますます多岐、多様化するなかでこれらのニーズを的確に把握し設計意図として定着させるのは大変に難しい。

一方、後工程である施工面も厳しい状況にあって、新工法の開発、工期短縮、工費低減、労働環境、安全問題など種々のニーズに応えねばならない。

この前後の工程におけるニーズを、的確に把握して結びつけ実現可能な建物ニーズとすること、これがディテール設計の役割である。もしその把握を誤ると、ディテール設計の手直しや手戻りを生じたり、基本設計の前工程まで影響を及ぼす極端な場合もある。また工費や工期、施工性などの把握が不十分で、後工程の施工段階で納まらず、設計変更せざるを得ないというディテール設計の不備も多い。これらの不備が見逃されたまま施工すると、竣工後に建物のクレームとなって顕在化してくる。ディテール設計の不備は、そのまま建物の品質欠陥に直接的につながる。言い換えれば、建物の品質を保証するのはディテール設計の質そのものだということができる。

このようにディテール設計は、建築生産のプロセスにおいて設計・施工の品質確保の大事な「かなめ」の役として大事な役割を果たしている。

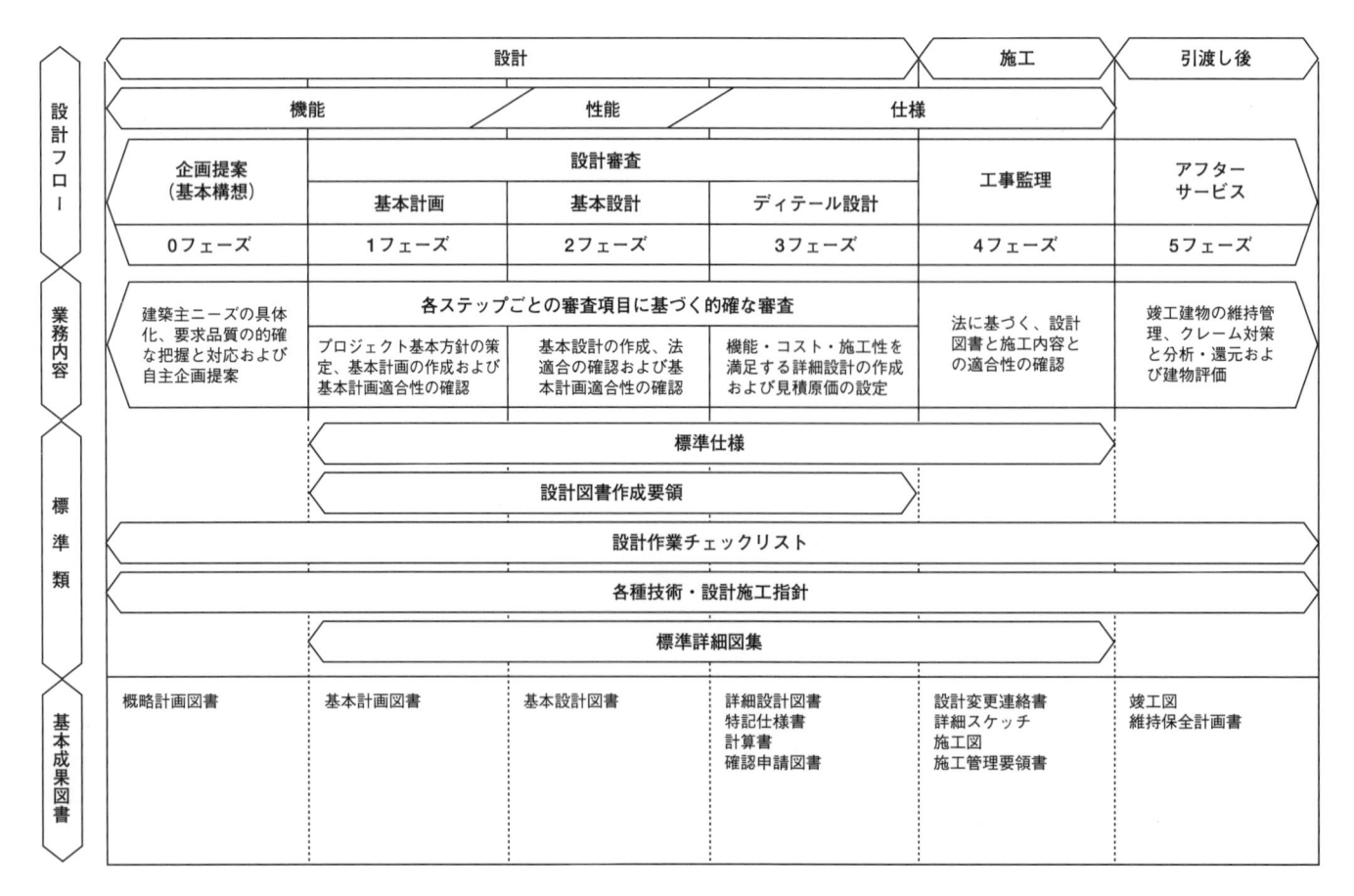

	設計				施工	引渡し後
設計フロー	機能	性能		仕様		
	企画提案 (基本構想)	設計審査			工事監理	アフター サービス
		基本計画	基本設計	ディテール設計		
	0フェーズ	1フェーズ	2フェーズ	3フェーズ	4フェーズ	5フェーズ
業務内容	建築主ニーズの具体化、要求品質の的確な把握と対応および自主企画提案	各ステップごとの審査項目に基づく的確な審査			法に基づく、設計図書と施工内容との適合性の確認	竣工建物の維持管理、クレーム対策と分析・還元および建物評価
		プロジェクト基本方針の策定、基本計画の作成および自主企画提案	基本設計の作成、法適合の確認および基本計画適合性の確認	機能・コスト・施工性を満足する詳細設計の作成および見積原価の設定		
標準類			標準仕様			
			設計図書作成要領			
	設計作業チェックリスト					
		各種技術・設計施工指針				
			標準詳細図集			
基本成果図書	概略計画図書	基本計画図書	基本設計図書	詳細設計図書 特記仕様書 計算書 確認申請図書	設計変更連絡書 詳細スケッチ 施工図 施工管理要領書	竣工図 維持保全計画書

設計フロー

Ⅰ 鉄筋コンクリート造の基本

鉄筋コンクリート造とは

鉄筋コンクリート造（Reinforced concrete construction, 以下RC造と略）は, 耐震, 耐火, 耐久, 耐風構造として100年以上の歴史をもっている。その起源は, 19世紀の半ばといわれ, 植木鉢や船の甲板などのコンクリート製品を鉄筋で補強したのがはじめとされている。この間, RC造についての計算理論や施工法の研究が重ねられ, 1900年前後にはRC造の建物が実際に建てられはじめ, その後世界的に普及, 発達して今日に至っている。

このRC造の技術は, 我が国には明治末年に導入された。その後, 1923年の関東大震災に遭遇し, 耐震, 耐火的に優れていることが実証され急激に普及した。さらに, 耐震設計の合理化が進められ, 数多くのRC造の建物が建設されるなど, めざましい発展を遂げてきた。

RC造のディテール設計にあたっては, その長所, 短所を理解し, ディテールに反映することが重要である。

構造物は, 外力によって複雑な応力を生じるが, RC造の原理は, 部材に働く引張力に対しては引張りに強い鉄筋で, 圧縮応力には圧縮に強いコンクリートで負担させようというものである。このような鉄筋とコンクリートとの特性を合理的に組み合わせ, 型枠を用いて一体に打ち込んだ構造物をRC造という。

この一体式構造の特徴を生かしたRCの長所として, まず形状や部材断面が自由であること, 特にその接合部の設計, 施工が容易なことが挙げられる。さらに, RC造は, 火や酸に強い鉄筋を, 火に強くアルカリ性に強いコンクリートで包むことによって, 優れた耐火性・耐久性が得られることも大きな長所である。前述したように, コンクリートは引張りに対しては抵抗力がなく亀裂が生じやすいが, 鉄筋がこの欠点をカバーし, さらにこの鉄筋とコンクリートの線膨張係数はほぼ等しく, 温度変化に対してもたいへん有利である。

また, 材料面のメリットも大きく, 鉄筋・セメント・砂・砂利など, いずれも材料は豊富で, 入手しやすく, しかも材料費も比較的安価で, 大きな強度をもつ構造体を得ることができる。さらに, 施工技術の合理化により, 施工費のコストダウンも順次図られてきている。

反面, RC造は重量が大きくなることが欠点で, 人工軽量骨材を用いた軽量コンクリートが広く使われている。また, コンクリートは, 打設から硬化して強度が発現するまでに時間がかかり, 気象条件に左右されるなど, 現場工程上の問題点もある。ふつうコンクリートは現場生産であるので, その品質は工場生産のような均一性があまり期待できない。現場施工の良否が, 躯体の強度に直接的な影響を与えるので, 施工管理については他の工事以上に極めて重要である。

フランクリン街のアパート／A. ペレ

スカイハウス／菊竹清訓

ユニテ・ダビタシオン／L. コルビュジエ

東京文化会館／前川國男

大学セミナーハウス／吉阪隆正

RC造作品年表

年	作品／設計者
1904	フランクリン街のアパート／A. ペレ
1923	帝国ホテル／F.L. ライト
1925	東京朝日新聞／石本喜久治
1931	東京中央郵便局／吉田鉄郎
1933	同潤会江戸川アパート／同潤会
1936	カサ・デル・ファッショ／G. テラーニ
1937	東京逓信病院／山田守
1939	ジョンソンワックス本社／F.L. ライト
1941	若狭邸／堀口捨己
1951	リーダーズダイジェスト東京本社／A. レーモンド
1952	広島平和会館原爆記念館（陳列館）／丹下健三
	ユニテ・ダビタシオン／L. コルビュジエ
1953	法政大学53年館／大江宏
1954	神奈川県立図書館・音楽堂／前川國男
1955	ロンシャンの教会／L. コルビュジエ
1958	スカイハウス／菊竹清訓
	香川県庁舎／丹下健三
1959	グッゲンハイム美術館／F.L. ライト
	国立西洋美術館／L. コルビュジエ
1961	東京文化会館／前川國男
1963	出雲大社庁の舎／菊竹清訓
1965	大学セミナーハウス／吉阪隆正
	ソーク生物学研究所／L.I. カーン
1966	大分県立大分図書館／磯崎新
	塔の家／東孝光
	国立京都国際会館／大谷幸夫
1967	親和銀行本店／白井晟一
1969	代官山集合住居／槇文彦
1972	キンベル美術館／L.I. カーン
1973	シドニー・オペラハウス／J. ウッツォン＋O. アラブ他
1976	住吉の長屋／安藤忠雄
1981	名護市庁舎／象設計集団＋アトリエ・モビル
1983	土門拳記念館／谷口吉生

構造体としての特性

従来，構造物の耐震性を表す指標は，「強さ」であったが，新耐震設計法施行(1981年)以来，「強さ」と共に「粘り」が求められてきている。鉄骨や鉄骨鉄筋コンクリート(SRC造)のように粘りの強い材料では，間違ってある部分が降伏しても，それが直ちに破損ではなくまだ抵抗が続くので，他の部分の働きとこの抵抗の和で抵抗してくれる。したがって粘りの強い材では，全体が降伏するまで全材が抵抗する。これに反して，もろい材は次々と破損していく恐れがある。RC造はこの中間と考えられる材であって，もろい壊れ方をするコンクリートと粘りのある鉄筋とからできているため，その破壊性状は複雑である。したがって，個々の建物の構造特性はできるだけ明快にし，その特性によく適合した構造計画とする必要がある。つまり，主部材が水平耐力を保持する変形能力に欠ける場合は，剛強な耐震要素を多く配置して全体を剛強な構造としなければならず，少数であっても小さな水平変形で鉛直荷重を支えきれない柱がある場合は，構造全体を剛強にしなければならない。これに対して，ラーメンの変形能力に期待する場合は，変形能力の小さい部材(短柱など)を避け，極力均等でじん性に富むラーメンを形成するように計画しなければならない。また，「強さ」と「粘り」をもつRC構造物を構築するには，構造計算上の諸仮定(例えば，コンクリートのかぶり厚さの確保，鉄筋の定着・継手長さの確保など)を満たす施工，施工能力を勘案したディテールの設計，施工実態や施工能力の構造設計への反映などの施工的な要因も，設計と同等，あるいはそれ以上に重要である。

つまり，「設計」と「施工」が合理的に一致したとき，強く粘りのある構造物が誕生するのである。

また，最近では，従来の耐震的な対処とは異なる，構造体に装置や機構を設けることで，地震力などに対する構造体の挙動を抑制または制動しようとする免震構造や制震構造も広く用いられている。

コンクリートの種類

使用骨材による コンクリートの種類		用いる骨材	
		粗骨材	粗骨材(1)
重量コンクリート		重量骨材	重量骨材・砂・砕砂・スラグ砂
普通コンクリート		砂利・砕石・高炉スラグ粗骨材	砂・砕砂・スラグ細骨材
軽量コンクリート	1種	人工軽量粗骨材	砂・砕砂・スラグ・細骨材
	2種		人工軽量細骨材，またはこの一部に砂・砕砂・スラグ細骨材を加えたもの

[注] (1) 砂・砕砂・スラグ砂は，これらを混合して用いる場合も含む

鉄筋の定着および重ね継手の長さ

種類	コンクリートの設計基準強度 (N/mm²)	定着の長さ			重ね継手の長さ (L_1)
		一般 (L_2)	下端筋 (L_3)		
			小梁	床・屋根スラブ	
SR 235 SRR 235	18	45d フックつき	25d フックつき	150 mm フックつき	45d フックつき
	21 24	35d フックつき			35d フックつき
SD 295 A SD 295 B SDR 295 SD 345 SDR 345	18	40d または 30d フックつき	25d または 15d フック つき	10d かつ 150 mm 以上	45d または 35d フックつき
	21 24	35d または 25d フックつき			40d または 30d フックつき
	27 30 33 36	30d または 20d フックつき			35d または 25d フックつき
SD 390	21 24	40d または 30d フックつき			45d または 35d フックつき
	27 30 33 36	35d または 25d フックつき			40d または 30d フックつき

[注] (1) 末端のフックは，定着長さに含まない
(2) d は，丸鋼では径，異形鉄筋では呼び名に用いた数値とする
(3) 耐圧スラブの下端筋の定着長さは，一般定着 (L_2) とする
(4) 直径の異なる重ね継手の長さは，細い方の d による

鉄筋の種類

規格番号		種 別	
JIS G 3112	鉄筋コンクリート用棒鋼	熱間圧延棒鋼	SR 235
			SR 295
		熱間圧延異形棒鋼	SD 295 A
			SD 295 B
			SD 345
			SD 390
			SD 490
JIS G 3117	鉄筋コンクリート用再生棒鋼	再生丸鋼	SRR 235
			SRR 295
		再生異形棒鋼	SDR 235
			SDR 295
			SDR 345
JIS G 3551	溶接金網		

鉄筋に対するコンクリートの最小かぶり厚さ (mm)

部 位			設計かぶり厚さ	最小かぶり厚さ
土に接しない部分	床板	屋内	30	20
		屋外	40*	30*
	柱・梁・耐力壁	屋内	40	30
		屋外	50*	40*
	非耐力壁	屋内	30	20
		屋外	40*	30*
	煙突内面		60	50
	擁壁		50	40
土に接する部分	柱・梁・壁・床板		50	40
	基礎・基礎版・擁壁		70	60

[注] (1) 耐久性上有効な仕上げがある場合は，※の値を10 mm減じてよいものとする
耐久性上有効な仕上げの例
・タイル張り　・モルタル塗り (10 mm以上)
・石張り (湿式)　・防水層
(2) 直仕上げの場合の床板の上端は構造体寸法に10 mm打増しし，その打増し部は上表のかぶり厚さに含める (上図参照)
(3) 柱・梁で耐久性上有効な仕上げを行わない屋外面は構造体寸法に10 mm打増しし，その打増し部は上表のかぶり厚さに含める (上図参照)
(4) 主筋に対するかぶり厚さは本表を満足し，かつ，最小かぶり厚さは主筋径の1.5倍，設計かぶり厚さは最小かぶり厚さに10 mm加えた値とする

架構種別

建物は，そのライフサイクルの間，水平力・鉛直力等，さまざまな外力を受けるが，それに対抗し建物の形態を維持するものが架構である。

RC造の架構は，その形状（棒状のもので構成，面状の構成等）でとらえることと，力学的な面からとらえることができる。

通常は，力学的な面から，構造解析が平面力学で取り扱うもの（ラーメン構造，壁式構造，アーチ構造等）および三次元（立体）で取り扱うもの（シェル構造，折板構造等）に大別して考えるのが一般的である。

RC造においては，節点を剛として扱うラーメン構造が最も一般的で広く普及しているが，部材を曲線状に曲げモーメントの影響をより少なくしたアーチ構造や，架構全体を均一な単一部材で構成し，三次元的な力の釣合と共に全体の剛性を得るシェル構造・折板構造などさまざまな架構形式が考案されているので，それぞれの形式の持つ利点を正確に把握し，最も適した形式を選定することが，安全で経済的，かつ豊かな空間をもつ建物の創造に欠くことのできない条件である。

鉄筋コンクリート造の架構種別

ラーメン構造

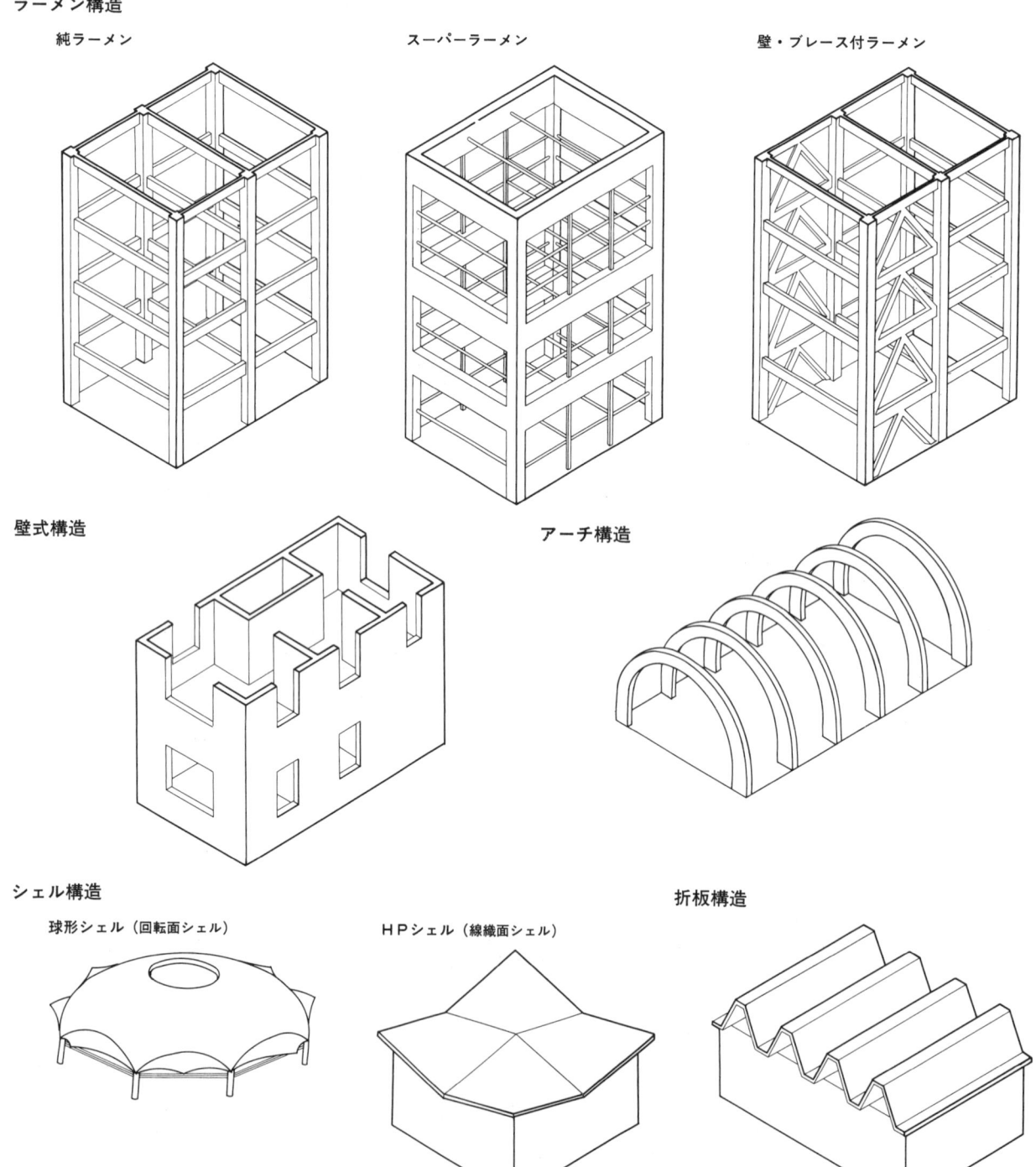

- 純ラーメン
- スーパーラーメン
- 壁・ブレース付ラーメン

壁式構造

アーチ構造

シェル構造

- 球形シェル（回転面シェル）
- ＨＰシェル（線織面シェル）

折板構造

基　礎

建物（上部構造）の荷重を支持地盤に伝えるのが基礎である。どれほど上部構造が立派であっても，基礎の良否によっては砂上の楼閣と化してしまう。したがって，建物の用途・規模，敷地条件，地盤の性質，工期，さらには機能性，安全性，施工性，経済性等を総合的に検討して，形式や工法の決定がなされなければならない。

基礎は大別して支持地盤に直接建物をのせる「直接基礎」と，支持地盤との間に杭を介して軸力を伝える「杭基礎」とに区分することができる。通常，設計に先立ち，地盤調査を行う。これは，近辺の実施例や地盤図を検討すると共に，ボーリングにより，土質の分布状態（柱状図），N値（標準貫入試験），常水面の位置等を把握するもので，これらのデータに基づき，最も適した基礎を選定する。

良好な地盤で地耐力が十分であれば直接基礎が用いられるが，沈下・不同沈下などにより上部構造に有害な影響を与えないこと，凍上や雨水による洗掘を防げる根入れ深さとすることなどの注意が必要である。

支持地盤が深く直接基礎が適切でない場合は，杭基礎が採用される。杭基礎には種々の工法があり，適用条件により，その信頼性が大きく左右されるので，特に慎重に設計しなければならない。

地　質

建物を健全に支持するには，適切な基礎の選定が最重要であるが，そのための条件として，地盤の性状を正確に把握することが必要不可欠である。建物は，特殊な工法を除き良質な支持地盤の上に載せることが原則であるが，良質な地盤とは建物の荷重によって有害な沈下を起こさない，地震や大雨によって崩壊や液化現象を起こさない等の条件を満たす安定した地質で，一般には洪積層および第三紀層以前の地質を指す。

洪積層は，主に台地・丘陵地・沖積層下部に分布し，砂礫層・土丹層からなる。第三紀層は，山岳地帯に多く，岩類を主とした非常に強固な支持地盤である。ただし，地表に露出している風化土は地耐力があまり得られないことが多いので注意する。これら良質な地盤に対し，河川を中心とした平野部・デルタ地帯・谷間部など建物建設の機会の多い地形に分布する沖積層は，主にゆるい粘性土・砂質土等からなり，一般に支持地盤としては不適切であるので，その下部の支持地盤まで荷重を伝えるために杭基礎の採用を検討しなければならない。地盤は，地域・地方でその特性が非常に異なるので，建設に当たっては，その都度支持地盤の調査を行って，上部構造の荷重が地盤に伝達されたときの挙動を推定するに十分な資料をそろえる必要がある。地盤調査は，まず既往の資料（地形図，地質図，柱状図，地質試験資料，近辺の既設構造物の検討資料等）の調査と現地踏査による地形の観察を行う。

これらの情報によって基礎形式を一応設定する。さらにボーリングやサウンディングなどによって正確な地質性状を把握し，基礎の設計を行う。ボーリングは，地表から地盤中に孔をあけ地盤を調査するもので，土質の分布状態や常水面の位置が得られる。ボーリング結果から得られた土質構成は，土質柱状図に表現する。また，ボーリング時に標準貫入試験を並行する場合が多いので，そこから得られたN値も柱状図に併記するのが普通である。

柱状図の例

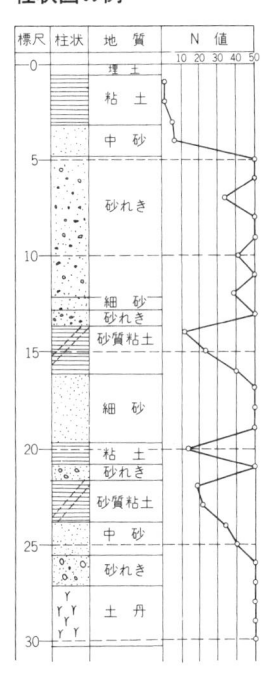

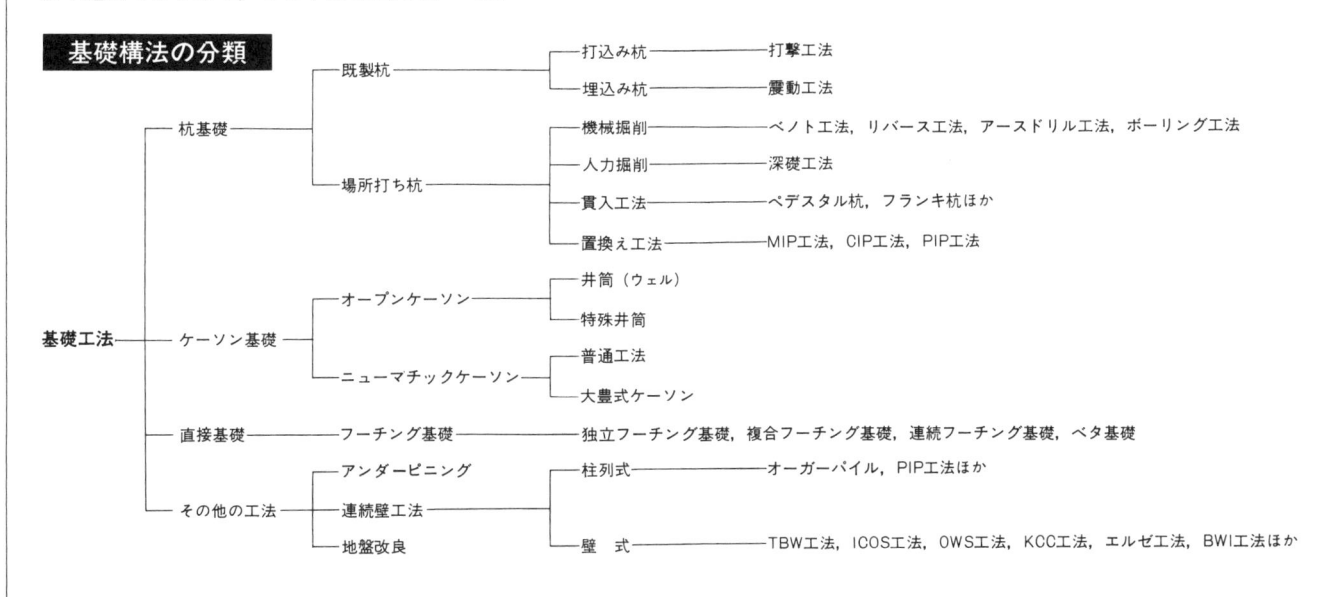

標尺	柱状	地質	N値 10 20 30 40 50
0		埋土	
		粘土	
		中砂	
5		砂れき	
10			
		細砂	
		砂れき	
15		砂質粘土	
		細砂	
20		粘土	
		砂れき	
		砂質粘土	
25		中砂	
		砂れき	
30		土丹	

基礎構法の分類

- 基礎工法
  - 杭基礎
    - 既製杭
      - 打込み杭 ── 打撃工法
      - 埋込み杭 ── 震動工法
    - 場所打ち杭
      - 機械掘削 ── ベノト工法, リバース工法, アースドリル工法, ボーリング工法
      - 人力掘削 ── 深礎工法
      - 貫入工法 ── ペデスタル杭, フランキ杭ほか
      - 置換え工法 ── MIP工法, CIP工法, PIP工法
  - ケーソン基礎
    - オープンケーソン
      - 井筒（ウェル）
      - 特殊井筒
    - ニューマチックケーソン
      - 普通工法
      - 大豊式ケーソン
  - 直接基礎 ── フーチング基礎 ── 独立フーチング基礎, 複合フーチング基礎, 連続フーチング基礎, ベタ基礎
  - その他の工法
    - アンダーピニング
    - 連続壁工法
      - 柱列式 ── オーガーパイル, PIP工法ほか
      - 壁式 ── TBW工法, ICOS工法, OWS工法, KCC工法, エルゼ工法, BWI工法ほか
    - 地盤改良

杭

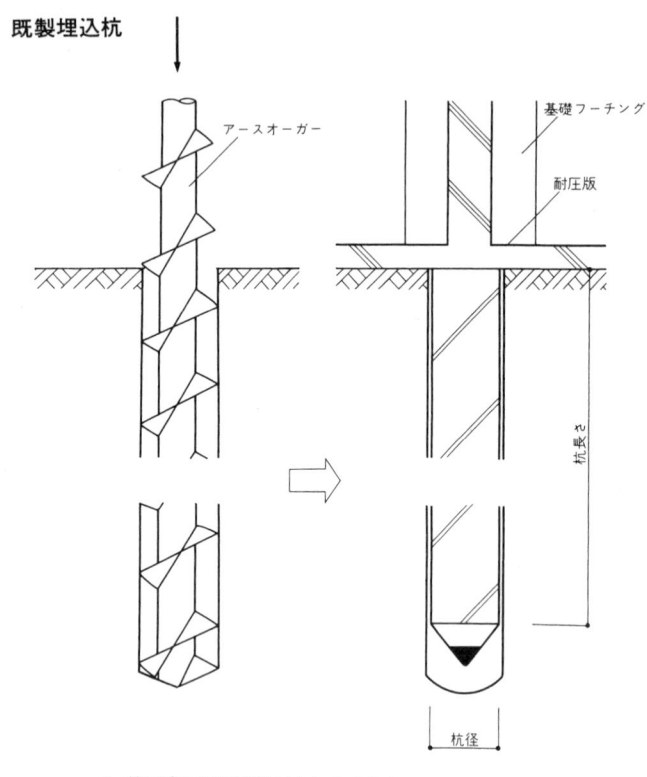

既製埋込杭

- 施工中の杭体破損がきわめて少ない
- 許容支持力が一般に低下する
- 施工管理がむずかしい

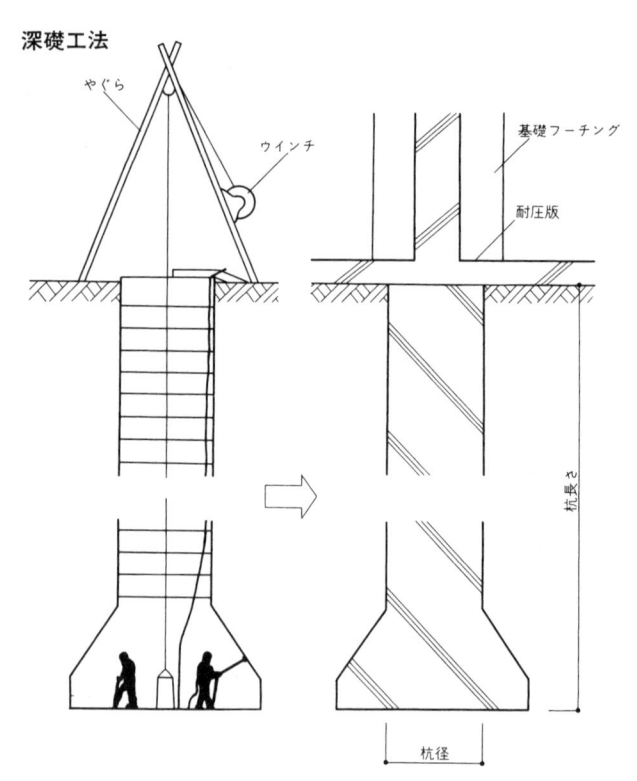

深礎工法

- 耐力的な信頼性が高い
- 大口径の杭が可能
- 地下水量の多い層では困難を伴う
- 施工中の安全対策が必要

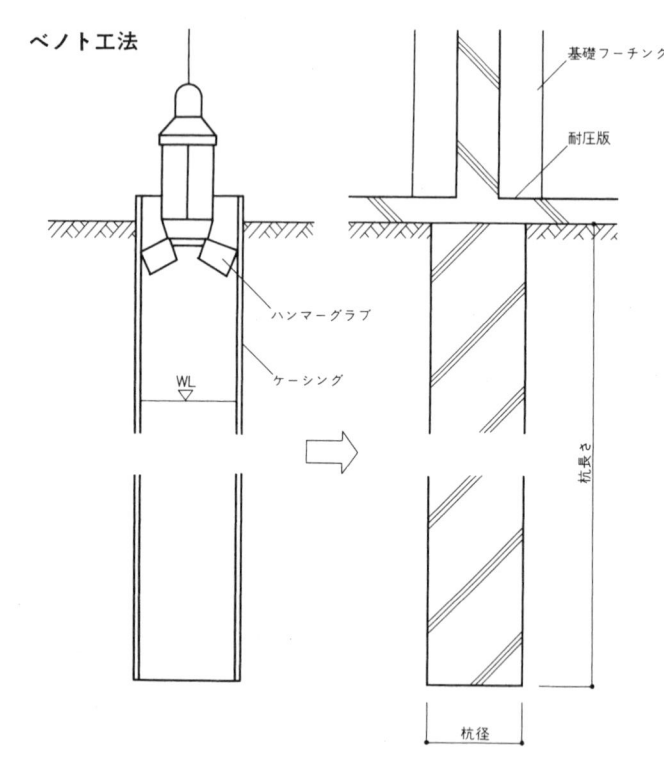

ベノト工法

- 軟弱地盤でも可能
- 最大径2mまで可能
- 地盤によって施工深度に限界がある

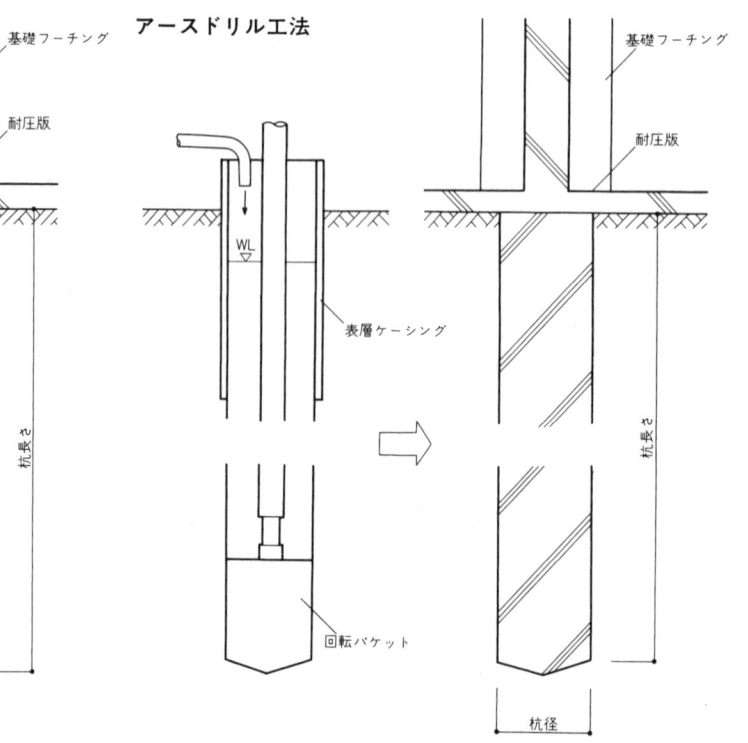

アースドリル工法

- 狭い場所での施工が可能
- コストが比較的安い
- 軟弱地盤では信頼性が劣る

フーチング基礎

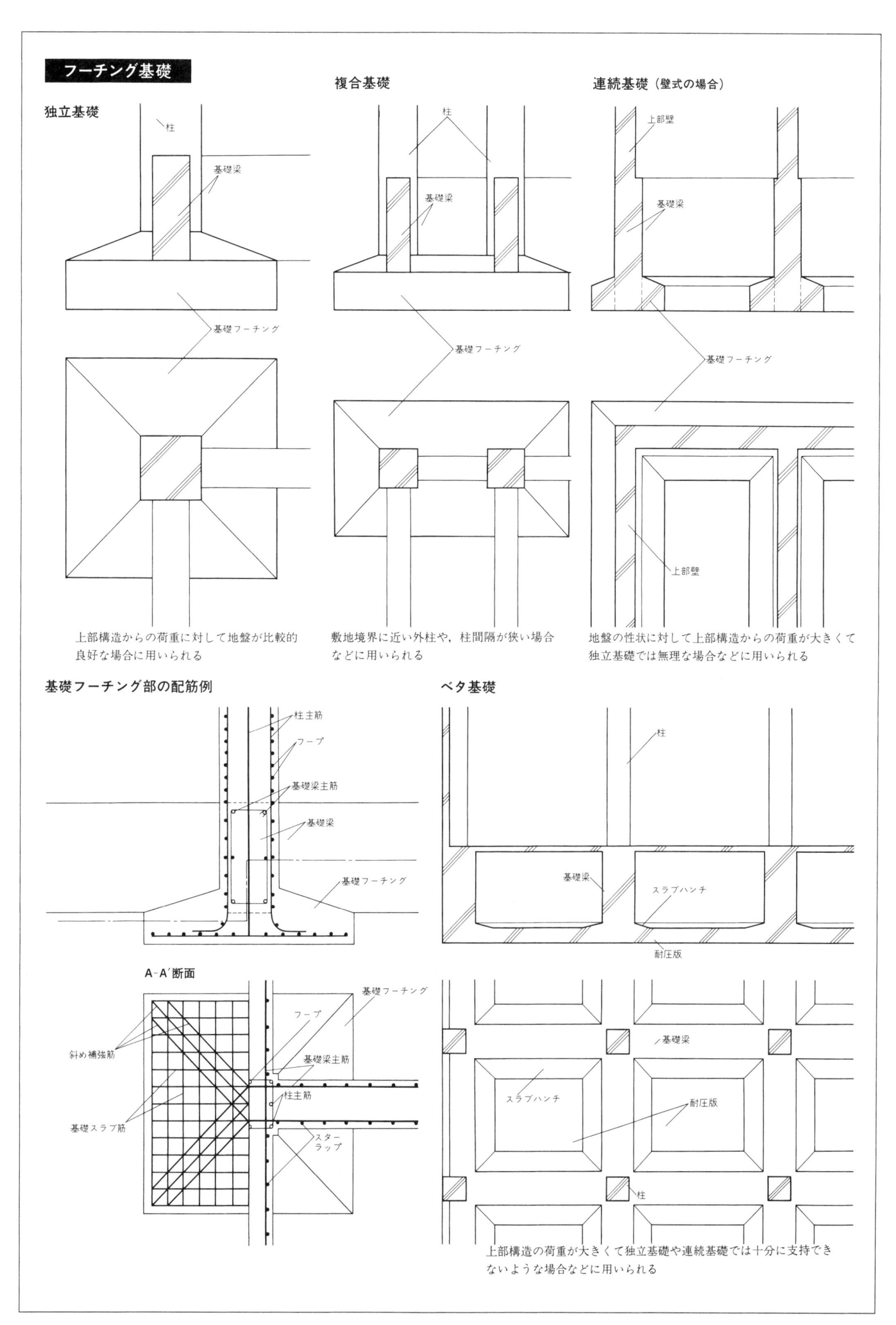

独立基礎

上部構造からの荷重に対して地盤が比較的良好な場合に用いられる

複合基礎

敷地境界に近い外柱や、柱間隔が狭い場合などに用いられる

連続基礎（壁式の場合）

地盤の性状に対して上部構造からの荷重が大きくて独立基礎では無理な場合などに用いられる

基礎フーチング部の配筋例

A-A′断面

主な部材：柱主筋、フープ、基礎梁主筋、基礎梁、基礎フーチング、斜め補強筋、基礎スラブ筋、柱主筋、スターラップ

ベタ基礎

主な部材：柱、基礎梁、スラブハンチ、耐圧版

上部構造の荷重が大きくて独立基礎や連続基礎では十分に支持できないような場合などに用いられる

連続地下壁

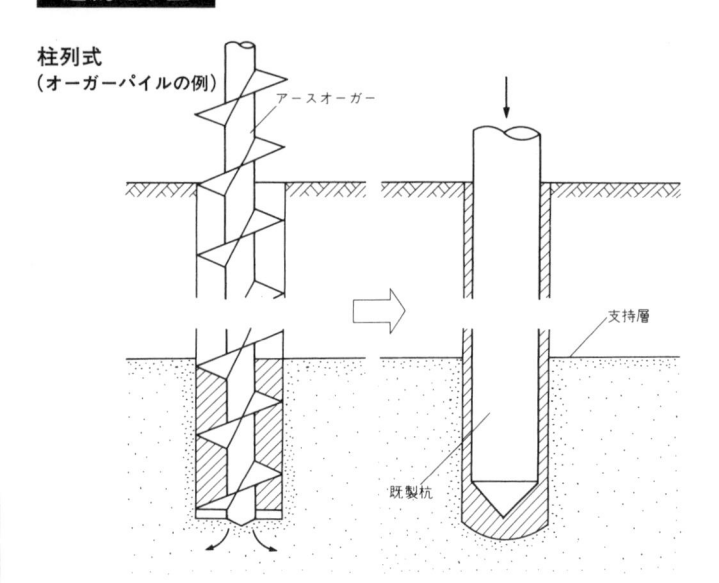

柱列式（オーガーパイルの例）

アースオーガー / 支持層 / 既製杭

平面：ソイルセメント、モルタル杭、既製杭、PC杭

コーナー部の施工法(1)
コーナー部の施工法(2)

壁式

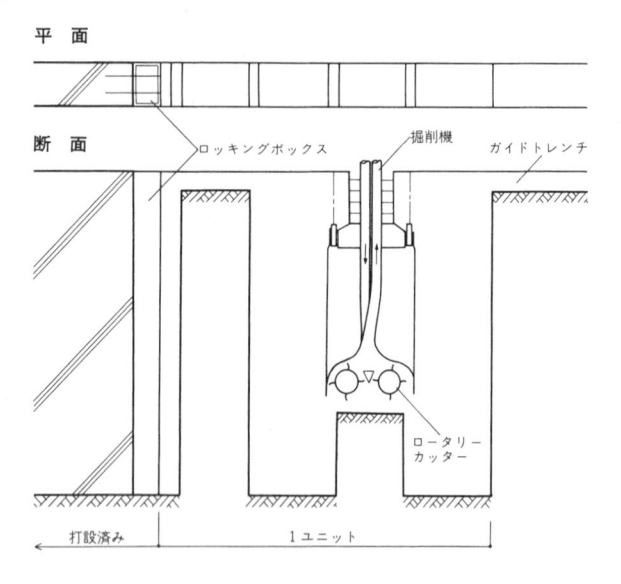

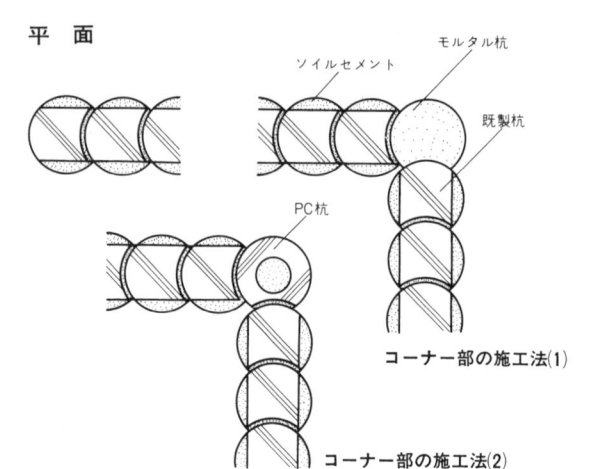

平面
断面：ロッキングボックス、掘削機、ガイドトレンチ、ロータリーカッター、打設済み、1ユニット

各種工法一覧

工法名	主要な施工機械	掘削方式				掘削土の排出方法		
		クラムシェル	バケット（その他）	パーカッション	ロータリー	その他	正循環	逆循環	掘削機
OWS・ソレタンシュ	CIS-58 CIS-71 KELLY クラムシェル(OWS)	○		○	○			○ ○ ○	
イコス	ビット クラムシェル	○		○	○	○	○		○
FEW	クラムシェル	○							○
エルゼ	エルゼ掘削機 F形, H形		○ ○						
TBW	TBW掘削機				○				
TM	TM形								
OCW	OCW形	○			○				
SHUT	SHUT形ビット式 SHUTロータリー式			○	○ ○	○		○	
HB	HBバケット トールマンバケット	○ ○							○
MDB	MDS-1500形	○							○
BW	BWロングウォールドリル				○				
SSS	BWロングウォールドリル クラムシェル	○			○				○
トールマン	トールマン	○	○						○

擁 壁

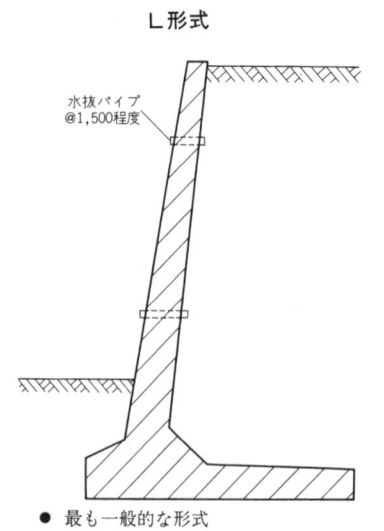

L形式
水抜パイプ @1,500程度

- 最も一般的な形式
- H＝4～6mに用いられる
- 敷地に制約のある場合に有利

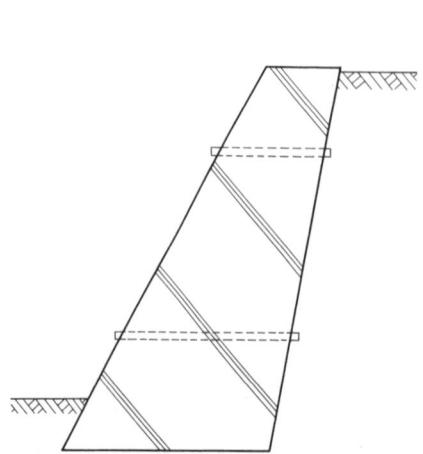

重力式

- 基礎地盤が良好な場合に適
- H＝2～3mまで

建物に付随する形式（ドライエリア等）
頭継ぎ / 地下室

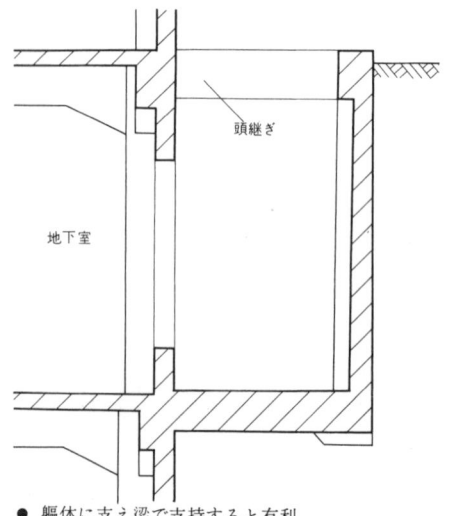

- 軀体に支え梁で支持すると有利

梁・柱

梁・柱は，一般的なラーメン構造において，基本骨組を形づくるものである。梁には大梁と小梁がある。大梁は柱と柱を結ぶ梁で，垂直荷重および地震時に抵抗し，小梁は垂直荷重のみを受け持ち，スラブの荷重を大梁に伝える。柱は，曲げ・せん断のほか軸力を受けるため，座屈という問題が生じる。地震時に主筋の座屈を防ぐためにフープが巻かれるが，その始・終端の納まりには十分注意する必要がある。梁・柱のディテールで最も注意すべき点は，梁と柱の仕口部である。ややもすれば実際の施工（コンクリート打設）が困難な設計をしがちであるが，梁・柱を単独に考えるのではなく，その取合い（鉄筋の配筋状況。かぶり厚さ等）についても十分な考慮を払ったディテールとすることが大切である。

梁

縦断面

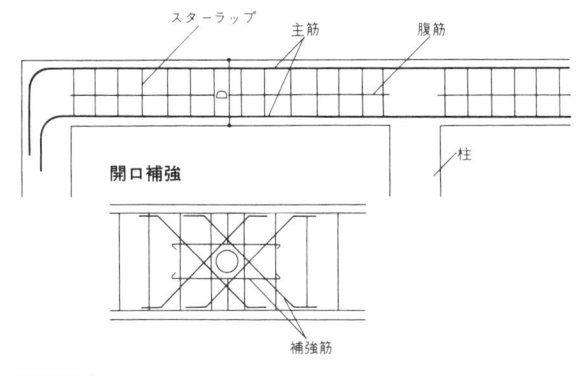

開口補強

縦断面（ハンチのある場合）
（注）Dは梁成を示す 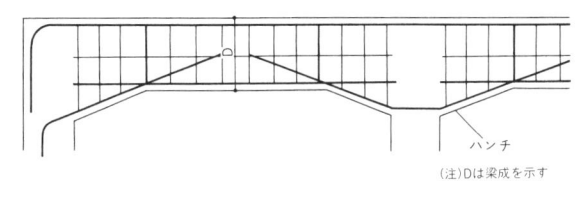

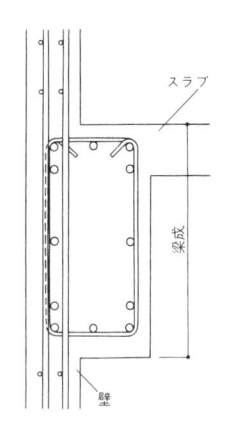

ハンチの配筋（折衷法）

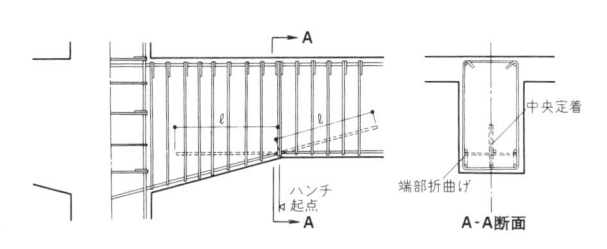

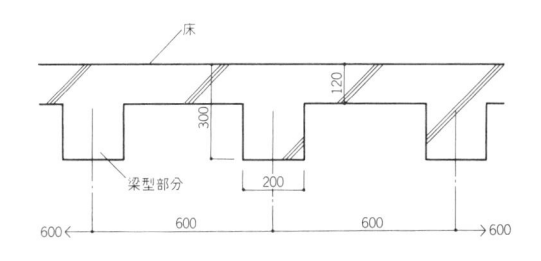

梁版（ダブルT版） 1/20

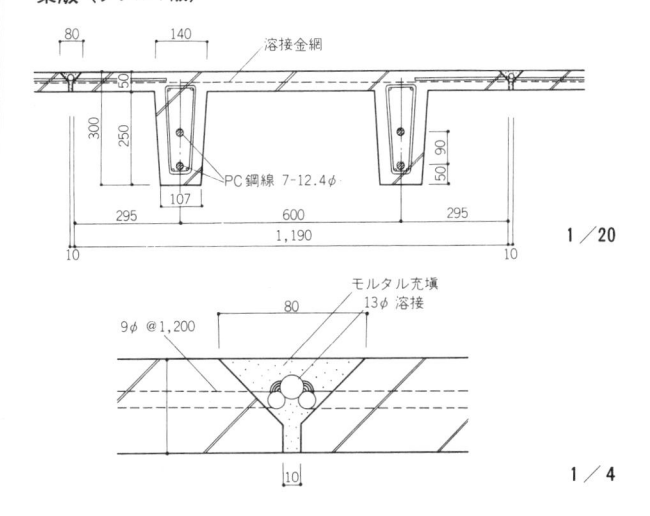

1/4

T形梁

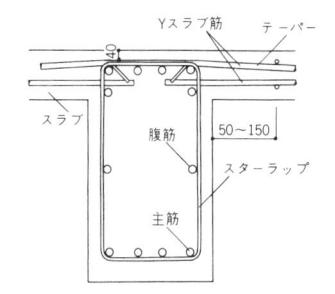

壁付梁

ジョイストビーム

PC小梁（プレストレスを導入した例） 1/20

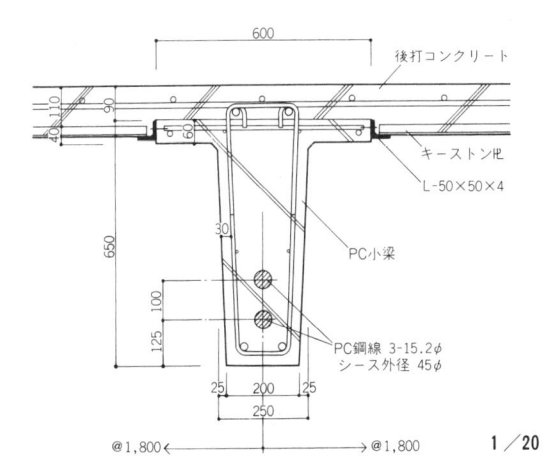

柱

縦断面 / 矩形柱 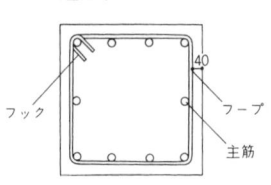 / 円形柱 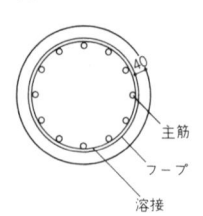 / 壁付柱

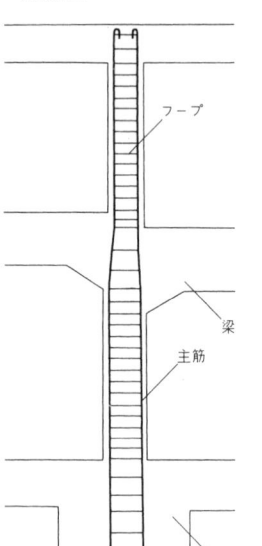

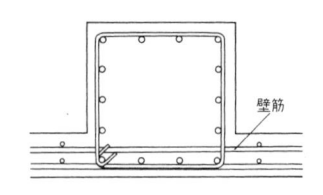

十字柱 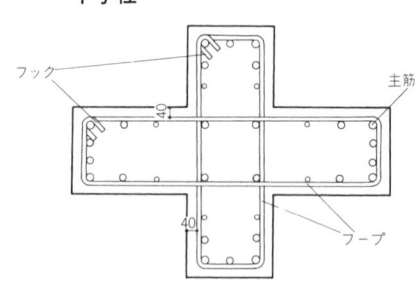 / T形柱（壁付）

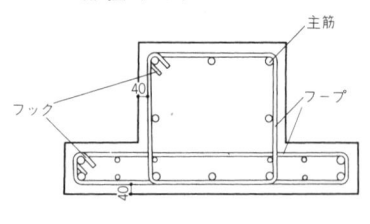

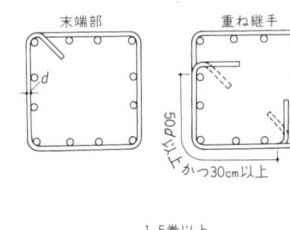

角スパイラルフープ 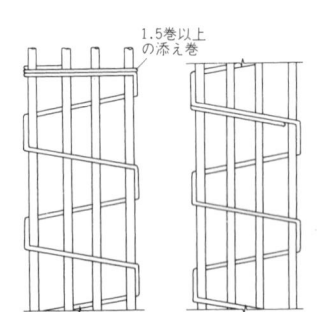 / 円形スパイラルフープ

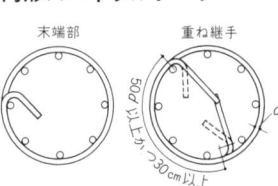

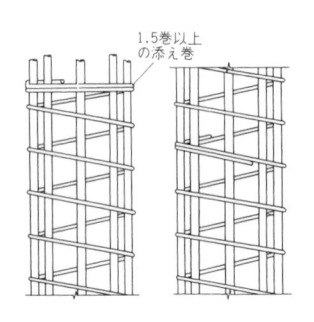

柱頭の配筋

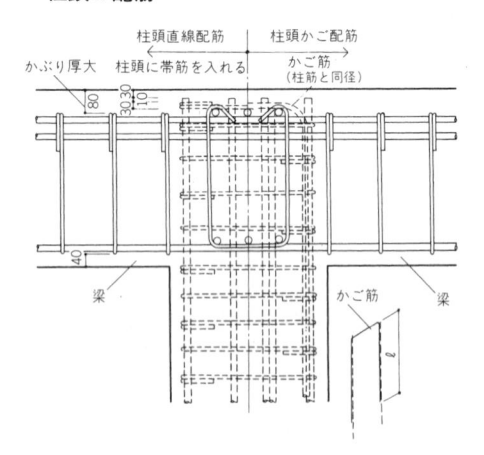

柱～梁仕口部

平面 / 断面

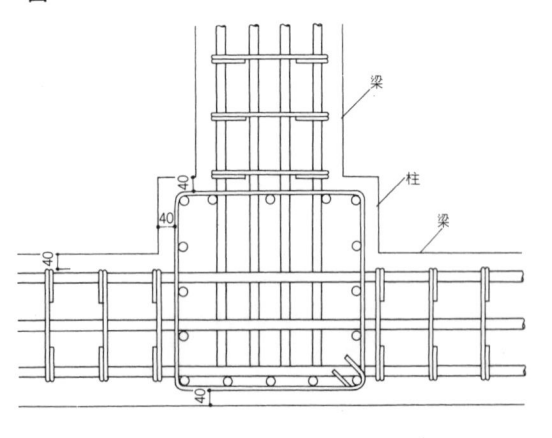

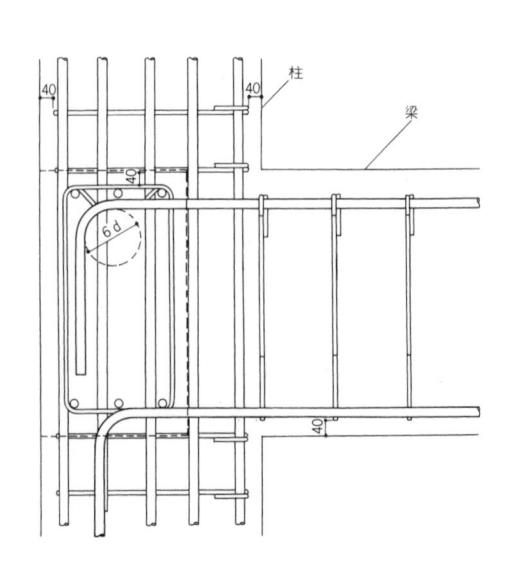

屋根・床

床には，床上に載る荷重を長期にわたり支えること，および地震力を各階の耐震要素（ラーメン・壁・ブレース等）に分配すること，の二つの役割がある。したがって，長期荷重に対して故障のでないこと，および面内のせん断力に対して剛であることが必要である。

特に長期荷重に対しては，単に配筋計算のみでなく，たわみの検討（特に大面積の場合，片持ちスラブの場合等）が必要であり，施工面では，鉄筋（特に上筋）の下がりに留意しなければならない。また，床に開口がある場合は，長期の面，面内剛性の面共に十分な検討が必要であり，大面積の床の場合は，小梁をも含めてたわみの検討をする。屋根は，構造上床と同じに扱われるが，一般床の検討に加えて，屋上積載物（高架水槽・クーリングタワー等）や積雪の荷重を見込んでおかなければならない。

配筋

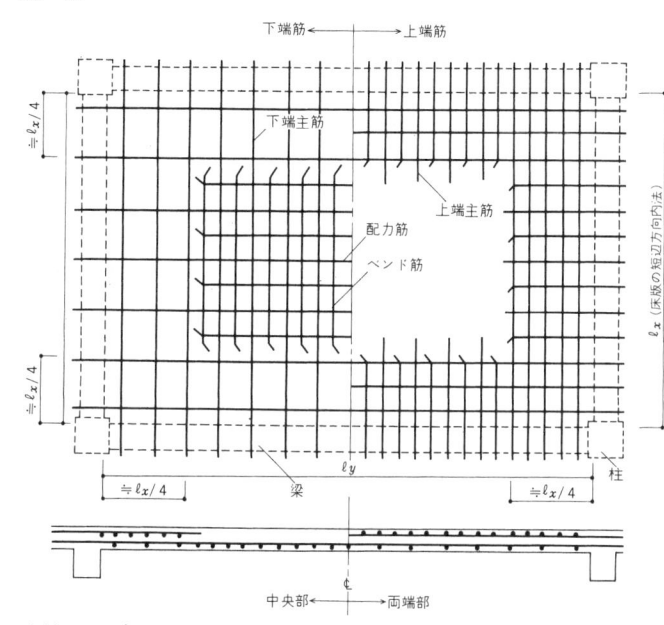

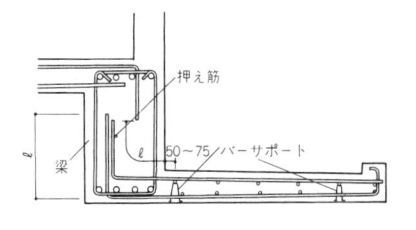

ラーメン構造の床

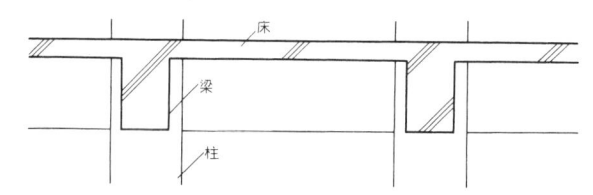

フラットスラブ（無梁板）

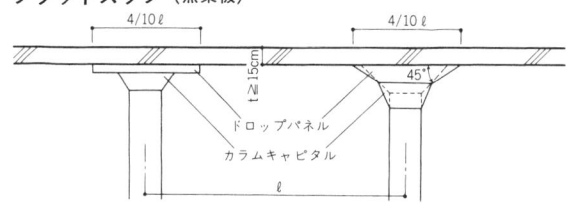

矩形スラブ（2方向配筋）

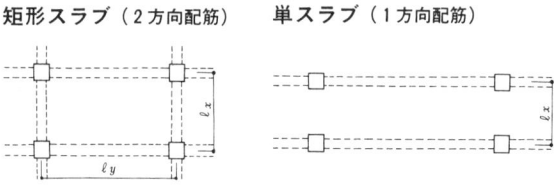

単スラブ（1方向配筋）

片持スラブ

段差付き

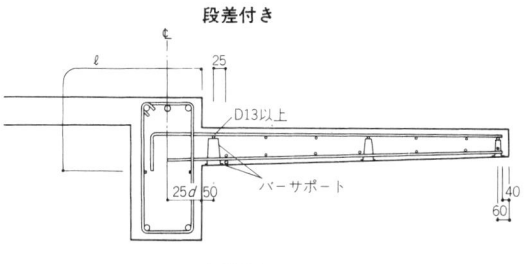

段差なし

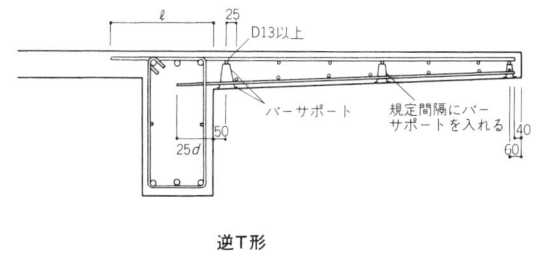

逆T形

開口補強(1)

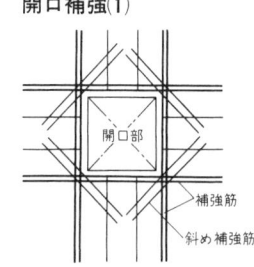

開口補強(2)

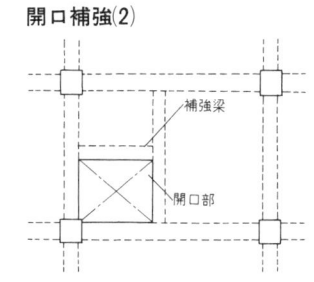

リブ付プレストレスト薄肉PCa版型枠兼用工法

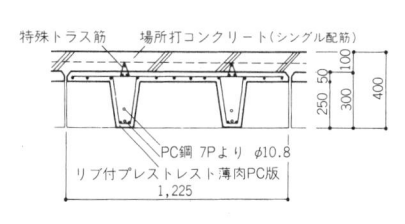

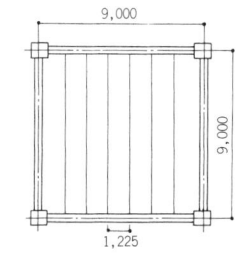

壁

壁は，耐震（力）壁と非耐震（力）壁とに分けられる。耐震壁は，わが国に耐震構造が取り入れられて以来，重要な耐震要素となっている。壁の剛性は柱に比べて高く，偏在すると地震時に建物がねじれ振動を起こして不利なので，平面的に釣合よく配置しなければならない。従来，非耐震壁は構造計算に取り入れられていなかったが，最近の震害例から構造体に重要な影響を与えることが分かった。

特に垂れ壁・腰壁は柱の変形能力を拘束し，破壊を起こしやすくするので，新耐震設計法においては，構造体と壁の間に隙間（スリット目地）を設ける手法が取り入れられている。施工面では，梁・柱筋との納まり，複筋の場合のかぶり厚さ，鉄筋の間のクリアランス等に注意する。また，極端に薄い壁は，コンクリートが十分に充填しない恐れがあるので，特に注意を要する。

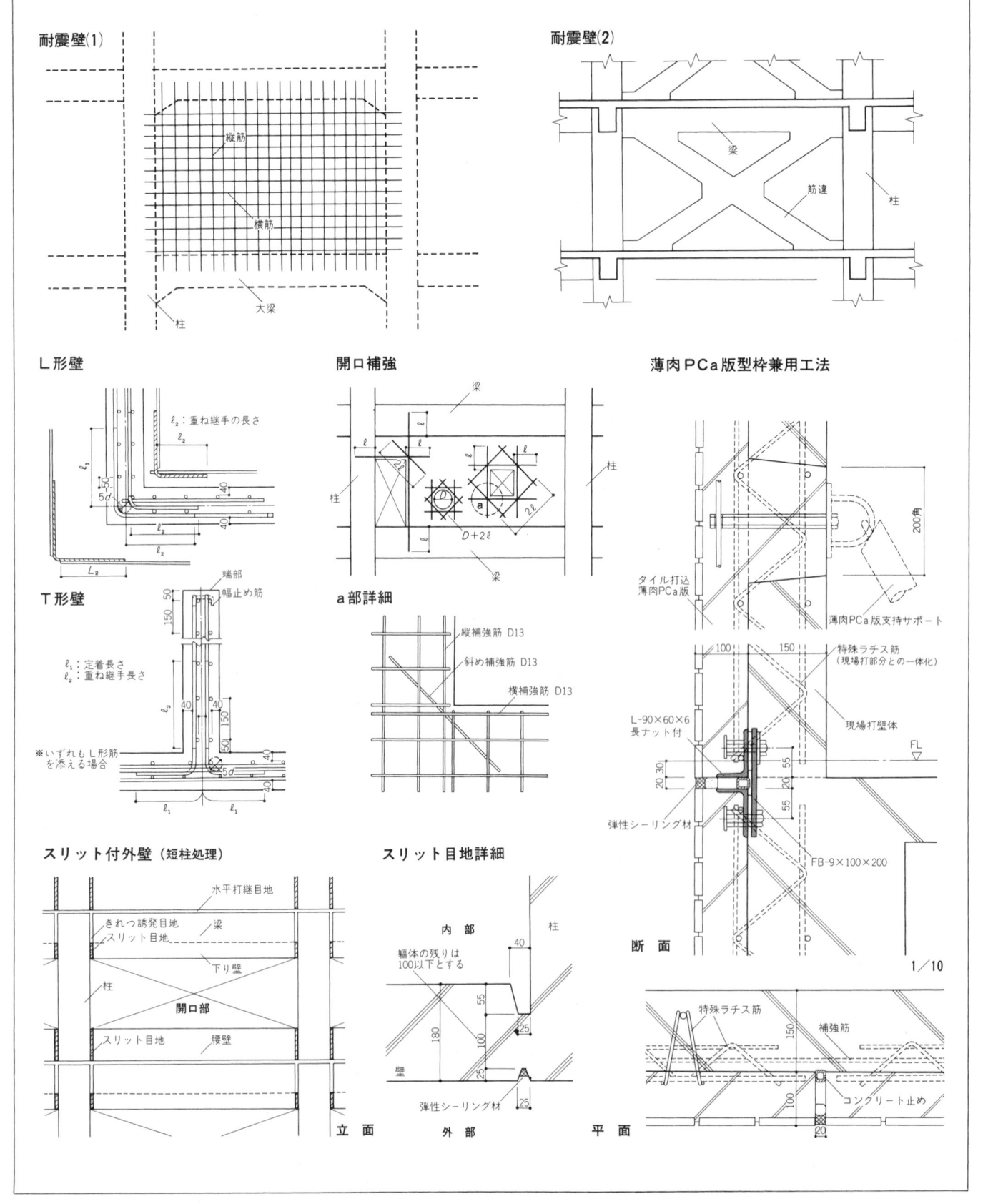

耐震壁(1)

耐震壁(2)

L形壁

開口補強

薄肉PCa版型枠兼用工法

T形壁

a部詳細

スリット付外壁（短柱処理）

スリット目地詳細

断面

立面

外部

平面

参考構造図例

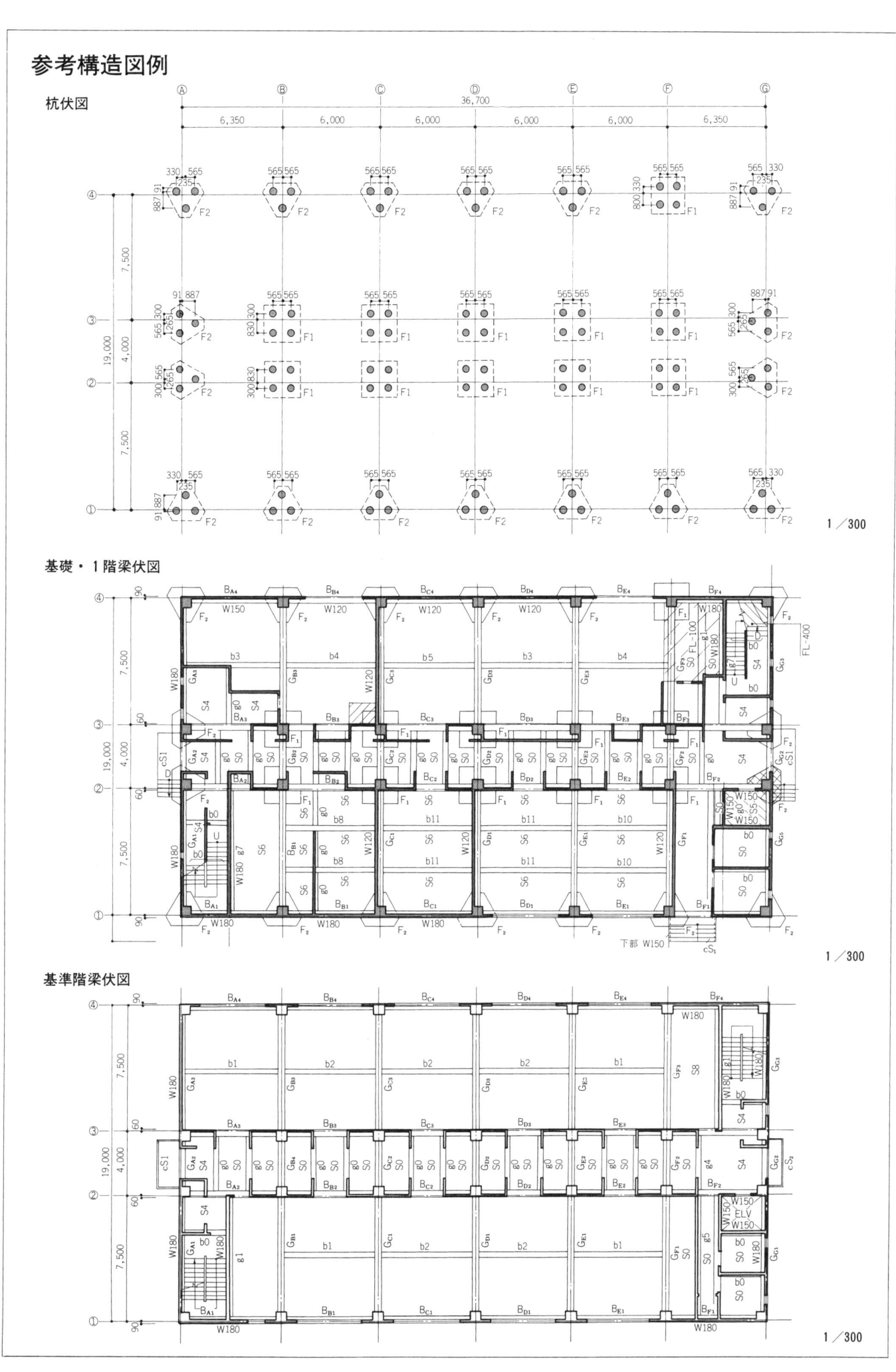

杭伏図

基礎・1階梁伏図

基準階梁伏図

柱リスト

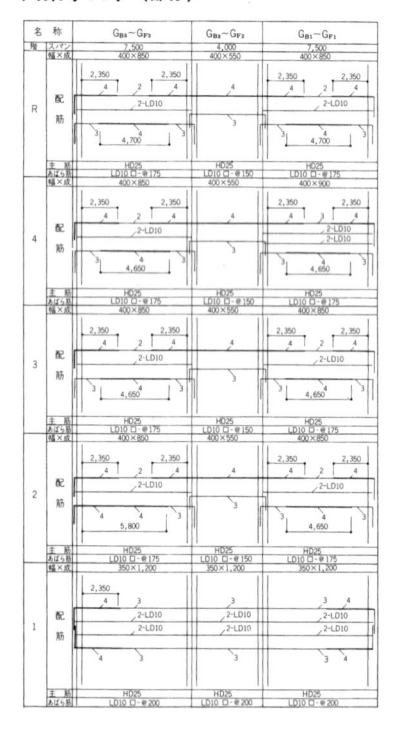

© 通り配筋詳細

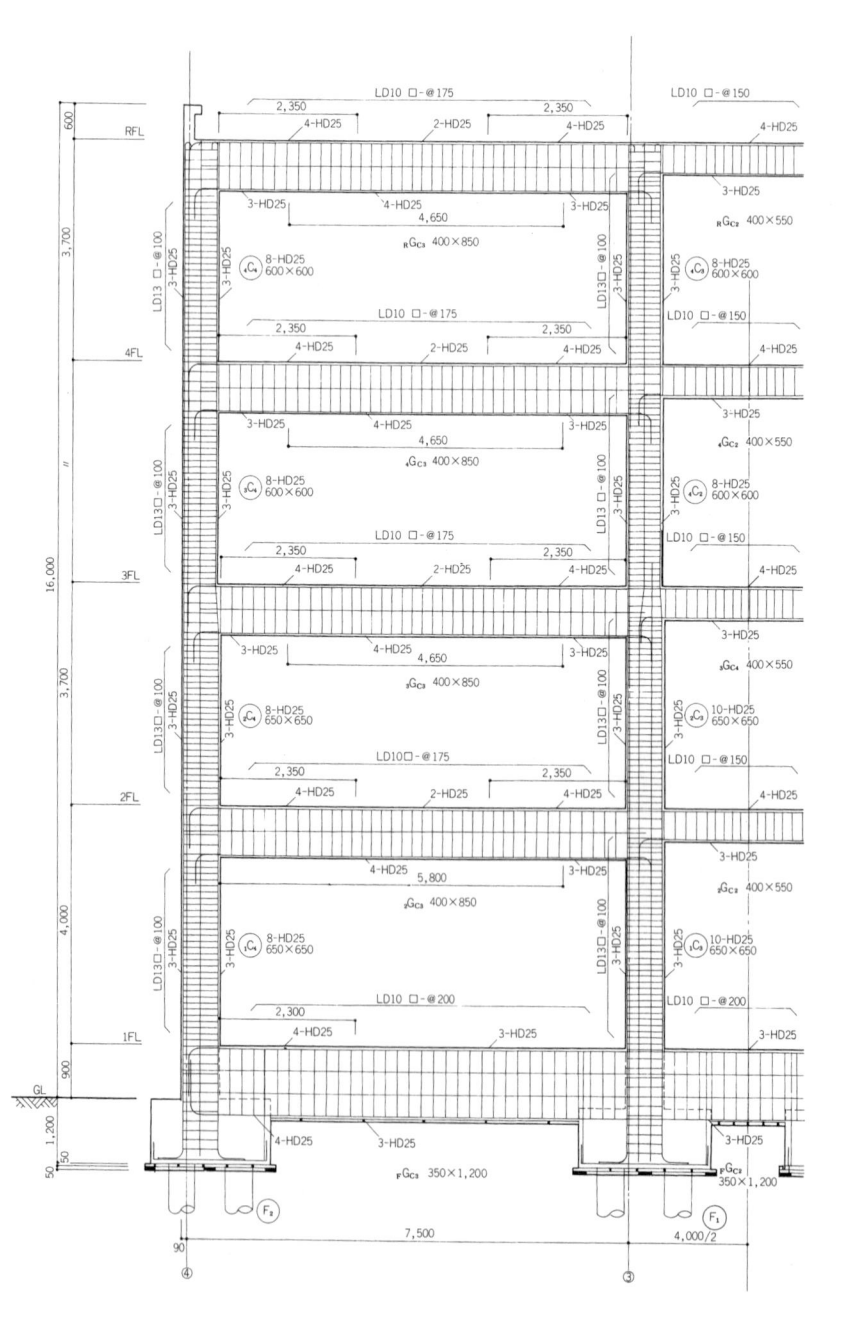

II 部位別ディテール

パラペット・屋根

庇・バルコニー

外壁

開口部

内壁

床

天井

地下

階段

エスカレーター・エレベーター

EXP・J

ディテール部位分類表

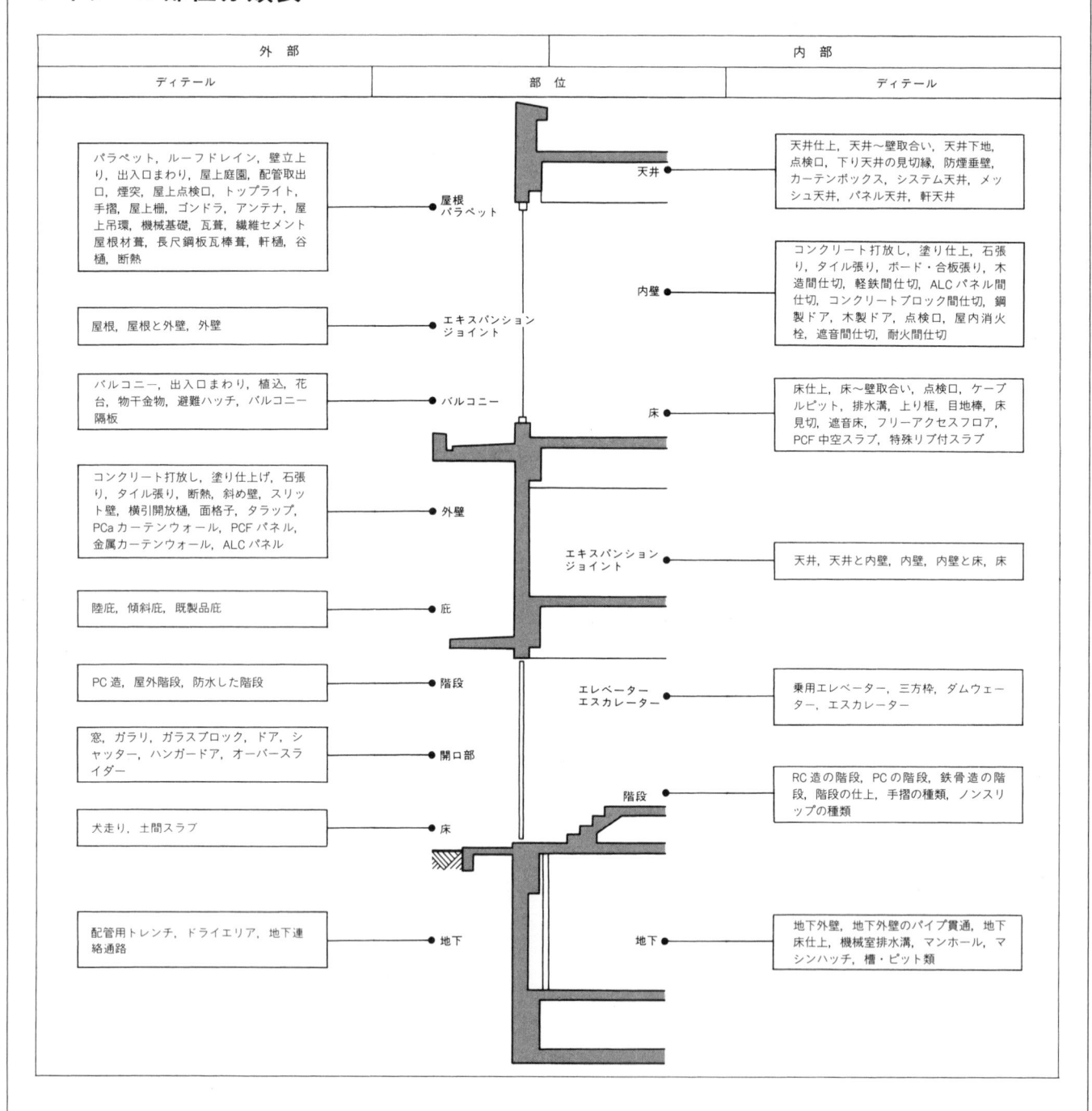

外 部		内 部
ディテール	部 位	ディテール

屋根・パラペット（外部ディテール）: パラペット，ルーフドレイン，壁立上り，出入口まわり，屋上庭園，配管取出口，煙突，屋上点検口，トップライト，手摺，屋上柵，ゴンドラ，アンテナ，屋上吊環，機械基礎，瓦葺，繊維セメント屋根材葺，長尺鋼板瓦棒葺，軒樋，谷樋，断熱

天井（内部ディテール）: 天井仕上，天井〜壁取合い，天井下地，点検口，下り天井の見切縁，防煙垂壁，カーテンボックス，システム天井，メッシュ天井，パネル天井，軒天井

エキスパンションジョイント（外部）: 屋根，屋根と外壁，外壁

内壁: コンクリート打放し，塗り仕上げ，石張り，タイル張り，ボード・合板張り，木造間仕切，軽鉄間仕切，ALCパネル間仕切，コンクリートブロック間仕切，鋼製ドア，木製ドア，点検口，屋内消火栓，遮音間仕切，耐火間仕切

バルコニー: バルコニー，出入口まわり，植込，花台，物干金物，避難ハッチ，バルコニー隔板

床: 床仕上，床〜壁取合い，点検口，ケーブルピット，排水溝，上り框，目地棒，床見切，遮音床，フリーアクセスフロア，PCF中空スラブ，特殊リブ付スラブ

外壁: コンクリート打放し，塗り仕上げ，石張り，タイル張り，断熱，斜め壁，スリット壁，横引開放樋，面格子，タラップ，PCaカーテンウォール，PCFパネル，金属カーテンウォール，ALCパネル

エキスパンションジョイント（内部）: 天井，天井と内壁，内壁，内壁と床，床

庇: 陸庇，傾斜庇，既製品庇

階段（外部）: PC造，屋外階段，防水した階段

エレベーター・エスカレーター: 乗用エレベーター，三方枠，ダムウェーター，エスカレーター

開口部: 窓，ガラリ，ガラスブロック，ドア，シャッター，ハンガードア，オーバースライダー

階段（内部）: RC造の階段，PCの階段，鉄骨造の階段，階段の仕上，手摺の種類，ノンスリップの種類

床（外部）: 犬走り，土間スラブ

地下（外部）: 配管用トレンチ，ドライエリア，地下連絡通路

地下（内部）: 地下外壁，地下外壁のパイプ貫通，地下床仕上，機械室排水溝，マンホール，マシンハッチ，槽・ピット類

主な略記号

■一般
- W, w：幅
- L, l：長さ
- H, h：高さ
- @, P：間隔
- φ：直径
- R, r：半径
- FL：基準床面
- CH：天井高
- UP：上がる
- DN：下がる
- DS：ダクトスペース
- PS：パイプスペース
- EPS：電気配管用スペース
- EV：エレベーター

- LGS：軽量形鋼
- PL：プレート
- FB：フラットバー（平鋼）
- HL：ヘアーライン仕上
- GL工法：石こうボード直張り工法

■建具
- SD：鋼製扉（戸）
- FSD：防火扉（戸）
- SSD：ステンレス製扉（戸）
- SSH：ステンレス製シャッター
- AW：アルミ製窓
- AG：アルミ製ガラリ
- FLG：フロート板ガラス
- PWG：網入みがき板ガラス
- FWG：網入型板ガラス

■塗料
- SOP：合成樹脂調合ペイント
- EP：合成樹脂エマルションペイント塗り
- VE：塩化ビニル樹脂エナメル塗り
- FE：フタル酸樹脂エナメル塗り
- AE：アクリル樹脂エナメル塗り
- 2-UE：2液形ポリウレタンエナメル塗り

■シーリング材
- PU-2：2成分形ポリウレタン系シーリング
- PS-2：2成分形ポリサルファイド系シーリング
- MS-2：2成分形変成シリコーン系シーリング
- SR-2：2成分形シリコーン系シーリング

屋根・パラペット

機能 屋根は外壁とともに建物の外部を構成し、雨露や雪をはじめ、直射日光・風・音・温湿度・衝撃や、視線・外敵を遮断するという機能をもっている。特に我が国のような多雨の気候の土地では「雨仕舞」ということが、屋根面のディテールでは最大のポイントである。この雨仕舞をはじめとする各機能を果たすため、種々の屋根形状が、各種の材料、構法、内部空間の構成などに応じて今日まで考えられてきたが、これは建築の外観を決める上での大きな要素で、逆にデザイン上から屋根の形状や構法が決まってくる場合も結構多い。

形状 屋根の形状は、気候・風土・材料・構法・デザイン上と総合して決定されるが、一般的には屋根の最も基本的な機能の雨仕舞ということから、勾配屋根と陸屋根の二つをベースに、各種の屋根形状が考えられてきた。その具体的な形状として、勾配屋根では切妻や片流れ屋根、意匠上の工夫を加えた寄せ棟、方形、入母屋屋根、また採光や通風を考慮したものにのこぎり屋根や越し屋根があり、その他ドーム、各種シェル、折板など多種多様であるが、陸屋根には変形が少なく、パラペットのあるものとないものとに分けられる。

各部の名称 屋根面は勾配、陸屋根とも一般に水はけを良くするために傾斜させる。水平面に対し屋根面のなす角度を勾配といい、分子を1とした分数で表す。この屋根面に水の流れる方向を流れといい、傾斜の高い部分、低い部分をそれぞれ水上、水下と呼ぶ。水上部分が集まって作る稜線を棟といい、水下部分の流れの集まる凹所が谷で、雨仕舞上最も注意を要する。また切妻・片流れ屋根の両側面を妻といい、壁面より突出している屋根の部分が軒である。

勾配 屋根勾配は、その土地の雨量の多少や風圧、積雪量、屋根葺材料等によって決められるが、屋根面積や勾配長さも決定の重要な要素である。このような屋根では相当量の雨水が流れるので、勾配を急にして水はけを良くするとか、屋根葺材の選択などに注意を要する。また積雪地方で雪下ろしを行わないところでは、雪の滑りやすいように勾配を急にする必要がある。

主体構造と仕上げ 屋根の主体構造は屋根の自重を支えるのと同時に、屋根に加わる外力を支持し、また屋根葺材料の下地としての役割をもつ。RC造屋根の主体構造は、現場打ちコンクリートと、工場で製作されたプレキャストコンクリート、プレストレストコンクリート、ALCなどがあり、陸屋根、勾配屋根やシェルなど、各種の形状が可能である。

屋根の仕上げは、一般に勾配屋根では下地を設けた上に仕上材を葺き並べる形式が多く、陸屋根は屋根全体を防水材料で一体に覆う形式が多い。RC造においても、木下地やパーライトモルタル下地の上に、瓦、金属、アスファルトシングル葺などの勾配屋根の例も多い。防水材料で一体に覆う場合は、そのまま露出する場合と、防水層の上にコンクリート押えとする場合とがあり、前者は非歩行、後者は歩行屋根に使用されることが多い。

パラペット

パラペットは外壁面のトップ、建物のスカイラインを形成し、デザイン的には重要な部位であるが、設計や施工の不備によりしばしば漏水の原因になりやすい、雨仕舞上も重要な部位である。陸屋根の場合、このパラペット部分に防水層を立ち上げ、れんがなどで押さえたり、成形パネルで保護する。この防水層が所定の立上り寸法のあることと、適正な防水層端末処理とれんが押えおよび笠木コンクリートの亀裂防止と水切り処置などがディテール上のポイントである。

パラペット

防水層の立上りは，一般に 300 mm 以上を確保することが望ましい。この立上り部をれんが押えとする場合は，防水層より 20 mm 内外離して積みたて，この隙間にモルタルを充填する。最近は乾式工法でこの立上り部を成形パネルで保護するケースが多く，この場合は防水層端末は押え金物で留めつける。最近の防水層の故障は，端末まわりが大半といわれるので，防水層の立上り端末はシールや金物で，確実に処理をする。

アスファルト断熱防水歩行用［立上り：成形パネル］

アスファルト防水歩行用［立上り：成形パネル］

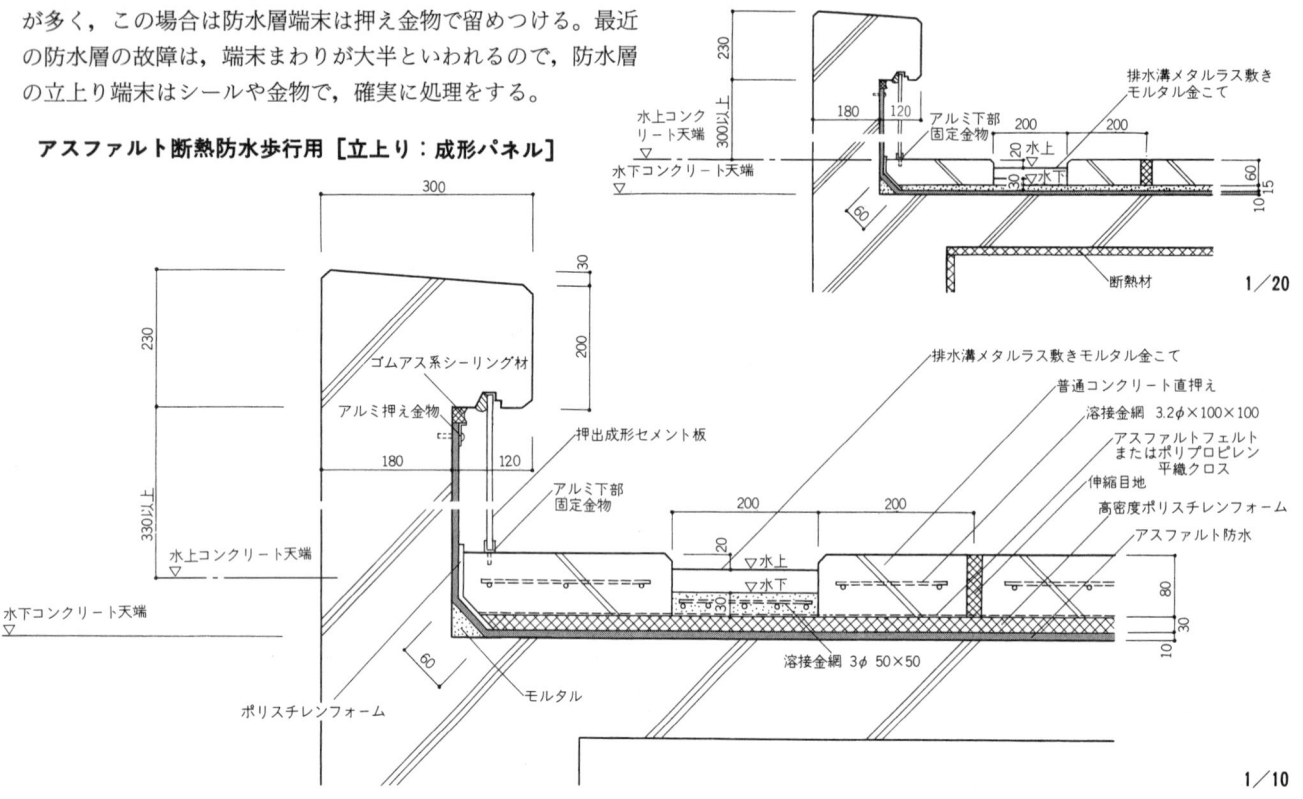

アスファルト断熱防水歩行用［立上り：れんが］

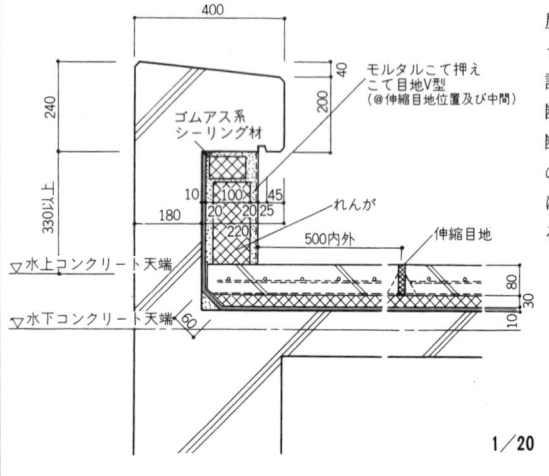

屋根の断熱仕様は，スラブの上下に断熱材を設けることにより，外断熱（断熱防水）と内断熱とがあり，外断熱の場合は，通常断熱材は防水層の上に設ける。

アスファルト防水歩行用［立上り：れんが］

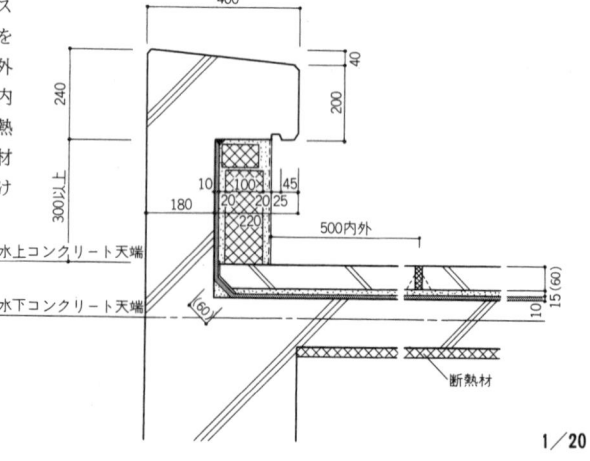

伸縮目地

伸縮目地は，押えコンクリートの伸びの影響が立上り部に及ばないように設けるもので，一般的に中央部の目地間隔は 3 m 内外，周辺部はパラペット立上りより 300〜600 mm 間に設け，目地幅は中央部で 20 mm，周辺部で 25 mm が標準である。また，伸縮目地材は押えコンクリートの伸びの影響に追従できるものとし，発泡スチロール板小端立ての上に溶融アスファルトを注入する。ただ最近では工場生産の既製品である非加硫ブチル系の目地材を使用するケースが多くなっている。

充填工法

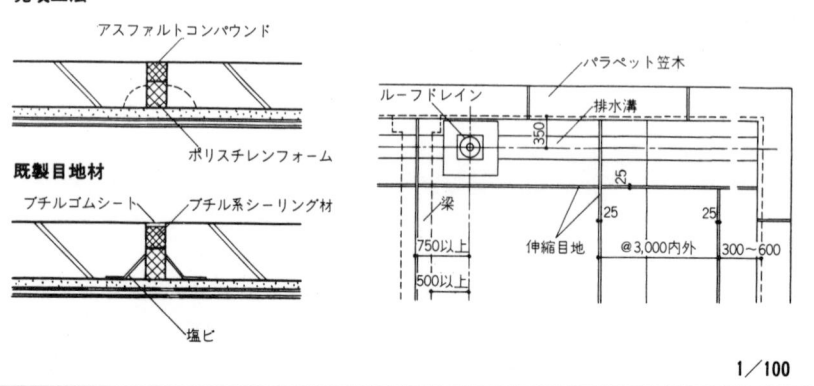

既製目地材

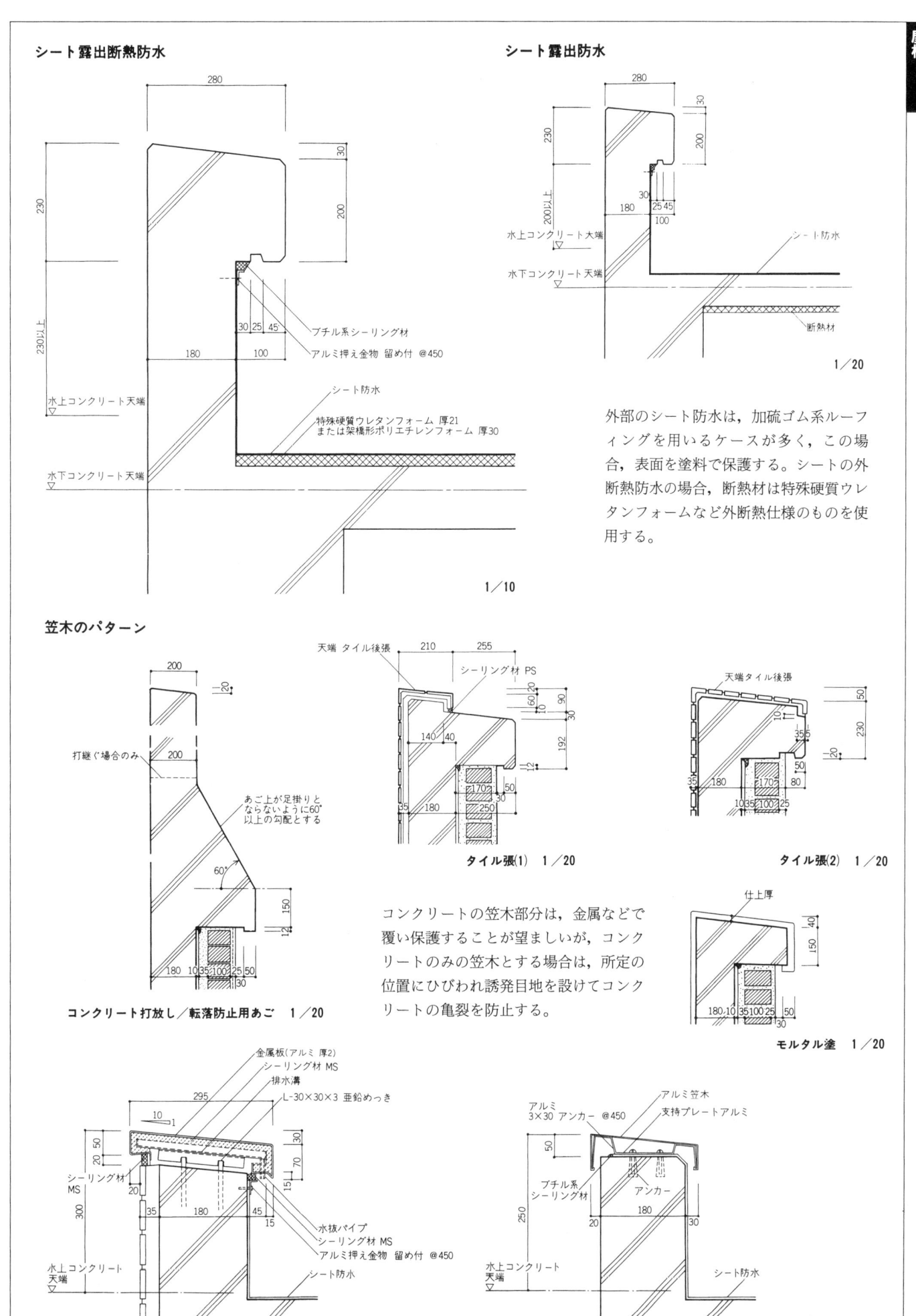

シート露出断熱防水

1/10

シート露出防水

1/20

外部のシート防水は，加硫ゴム系ルーフィングを用いるケースが多く，この場合，表面を塗料で保護する。シートの外断熱防水の場合，断熱材は特殊硬質ウレタンフォームなど外断熱仕様のものを使用する。

笠木のパターン

コンクリート打放し／転落防止用あご 1/20

タイル張(1) 1/20

タイル張(2) 1/20

コンクリートの笠木部分は，金属などで覆い保護することが望ましいが，コンクリートのみの笠木とする場合は，所定の位置にひびわれ誘発目地を設けてコンクリートの亀裂を防止する。

モルタル塗 1/20

金属製パラペット笠木 1/10

金属製パラペット笠木（既製品） 1/10

ルーフドレイン

排水する屋根面積を算出し，余裕をもってルーフドレインの数と径を決定する。その際，当該屋根から立ち上がっている塔屋などの壁を流下する雨水も算入することに注意する。また，平面的に偏らず，速やかに排水できる位置に配置する。ルーフドレインは原則として屋根には2カ所以上設ける。ただし，小面積の場合は1カ所をオーバーフローに代えてよい。ルーフドレインは排水能力や詰まりにくさから竪型を原則とする。呼び樋をスラブ下へ出せない場合等に横型を使用し，この場合は，梁天端の欠損が生じるので100 mm程度梁天端を下げる。また，いずれの場合もコンクリート打込みを原則とする。ストレーナー（ごみよけの格子）は竪型ではせいの高いもの，横型ではたいこ状に突き出たものが望ましい。

竪型アスファルト防水歩行用（外断熱）

横型シート露出防水非歩行用（外断熱）

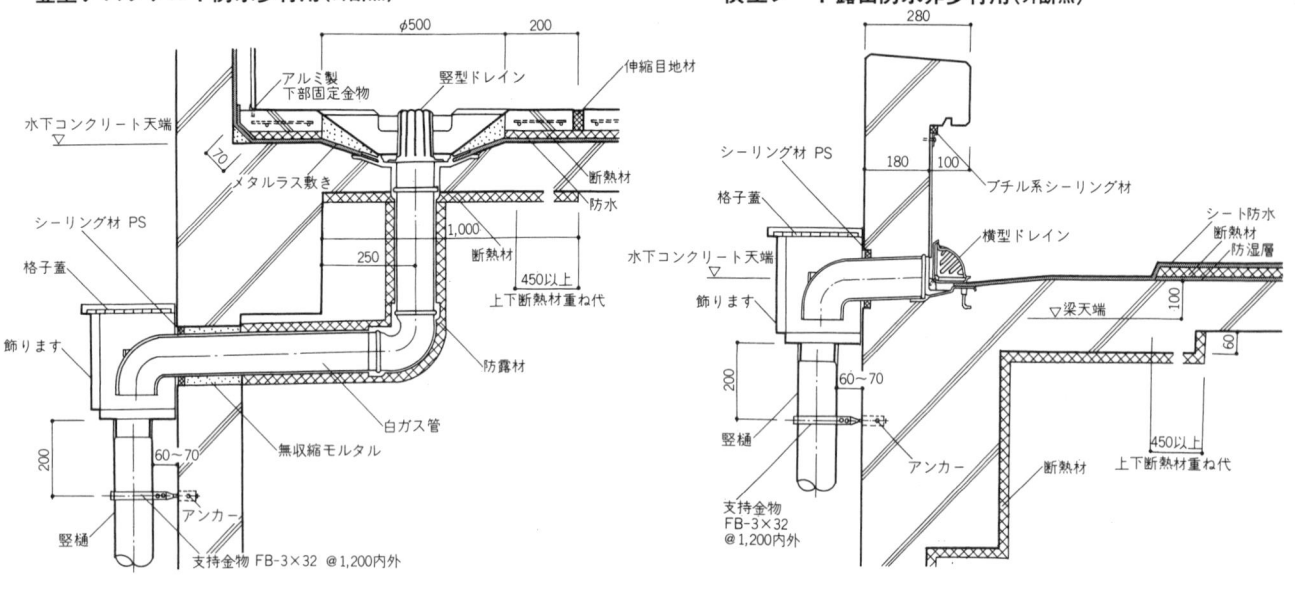

竪型アスファルト露出防水非歩行用（外断熱）

横型アスファルト防水歩行用（内断熱）

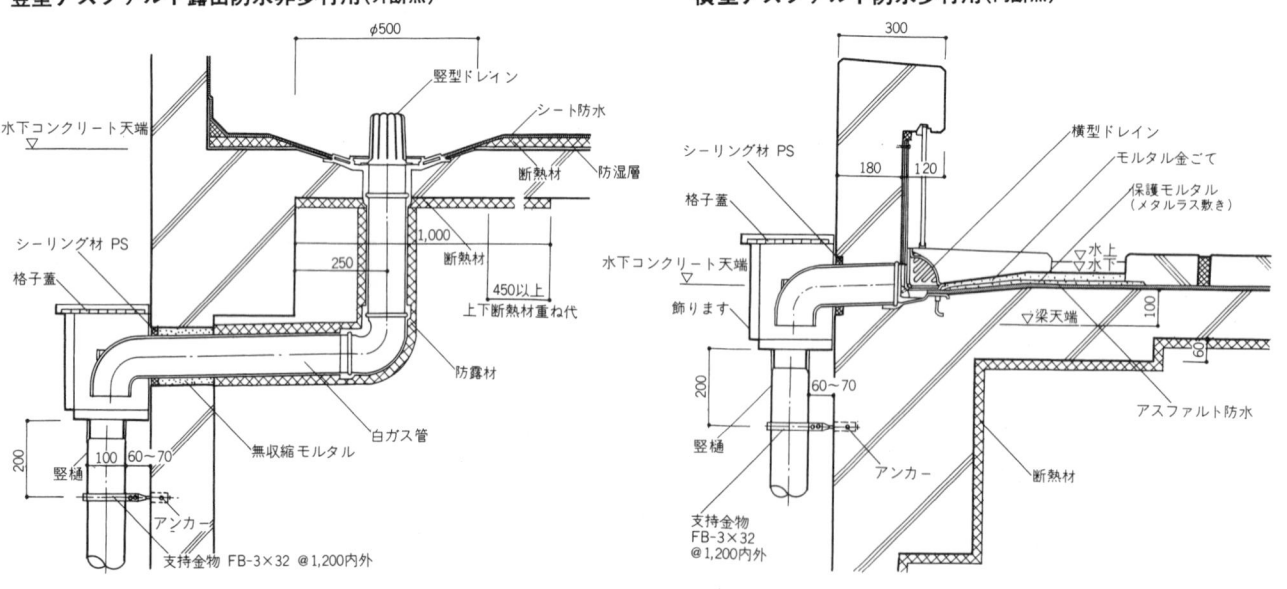

竪型ルーフドレイン回り平面（アスファルト防水歩行用）

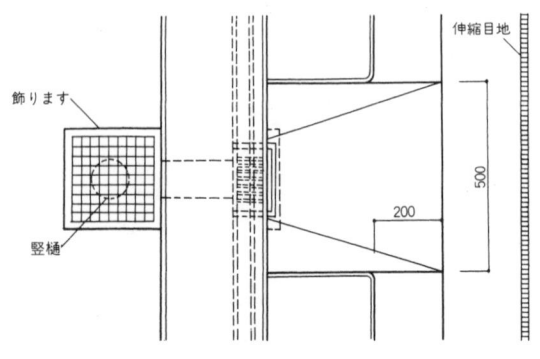

横型ルーフドレイン回り平面（アスファルト防水歩行用）

壁立上り

壁立上りとは，主として建物外周まわりの通常のパラペットと違い，壁付きのパラペットをいい，屋上防水層と建物内部側の壁と取り合う部分で，基本的な注意事項はパラペットに同じである。しかし，壁立上りの納まりは，地下のあるエントランスや中庭，低層部の屋上広場など，使用頻度の高い屋上に多く用いられるので，あごを設けられないケースが多く，また出入口部と取り合うケースがある。これらの場合は雨仕舞上不利になるので，端末の処理や立上りの押えに十分注意しなければならない。

アスファルト防水／コンクリートあご

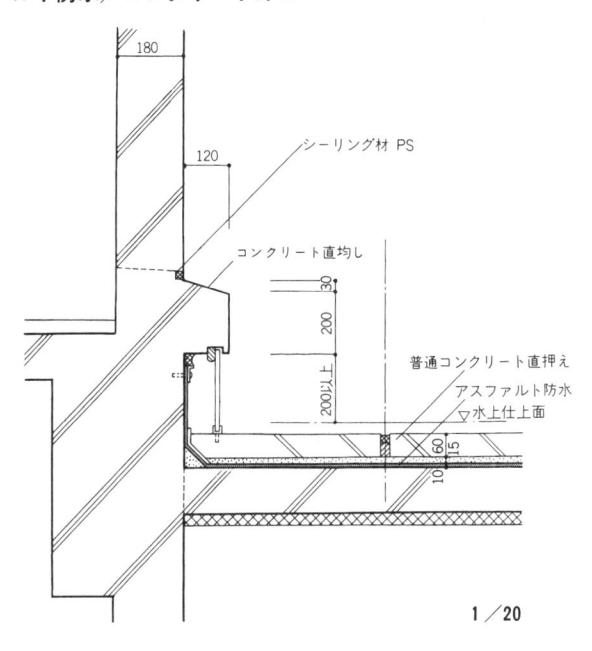

シート防水／コンクリートあご

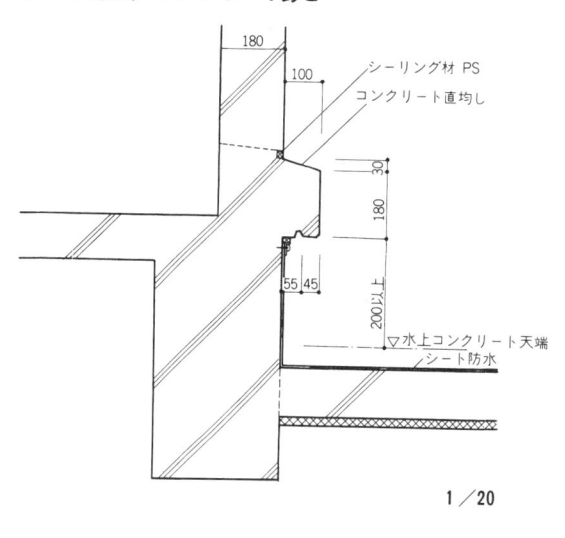

出入口まわり

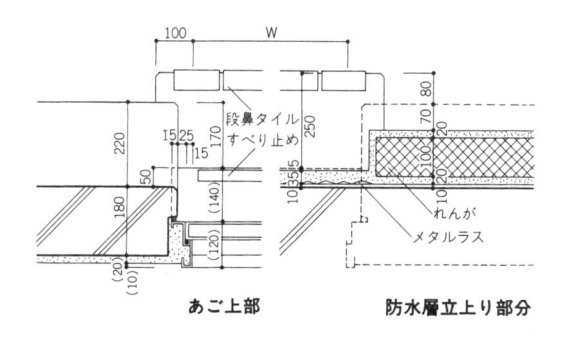

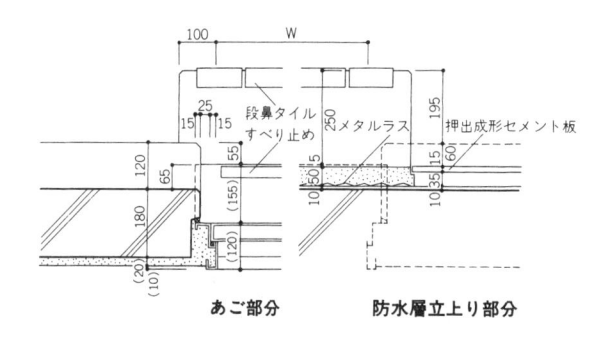

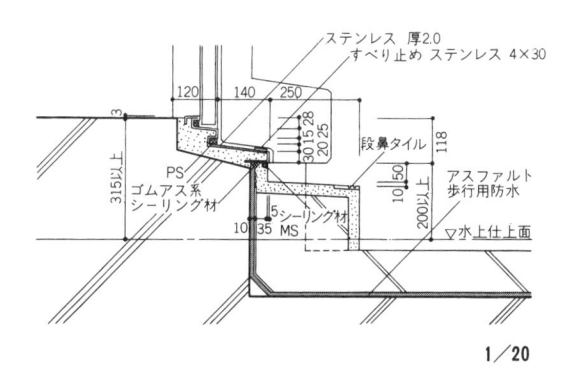

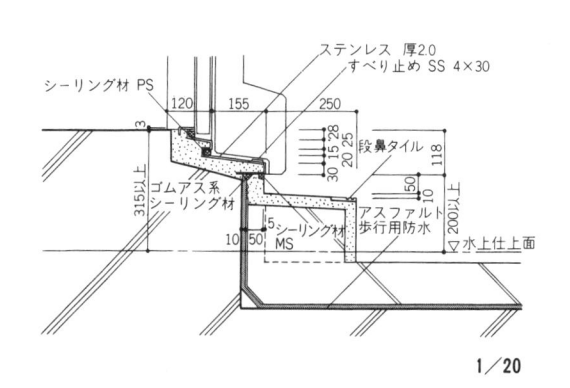

あご上部　　防水層立上り部分　　あご部分　　防水層立上り部分

屋上庭園

屋上の植栽部分は，防水層の上に水を含んだ土が常に載っており，防水層の耐久性上非常に不利である。したがって防水層への影響を緩和するためにはプラントボックス状とすることが望ましい。押えコンクリート上にじかに土を敷く場合は，防水仕様のグレードを上げる，押えコンクリートを厚くする等の対処を要する。

また，防水立上り部に土が接しないように納めることが望ましいが，接する場合は防水立上り天端を土の天端より150mm以上高くする。植栽部分の排水は土砂を含んでいるので，集水部にサンドピットを設け，排水管への土砂の流入を防ぐ。

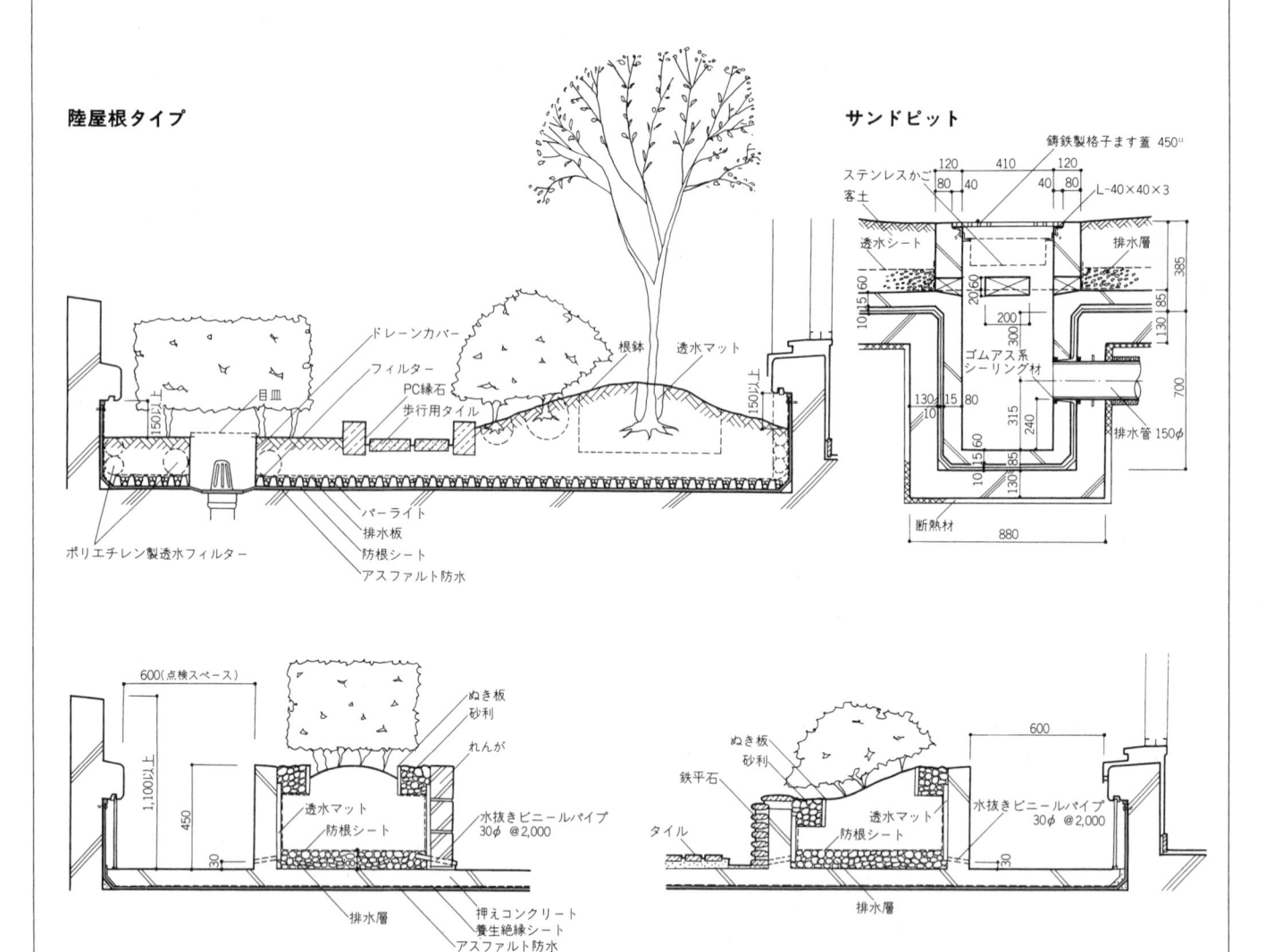

陸屋根タイプ

サンドピット

傾斜タイプ

低層階屋上から地盤面にかけて斜面状に庭園が展開した例で，この間に遊歩道がスロープ状に走る。アスファルト防水の上に押えコンクリート，焼石灰発泡黒曜石により排水層を設け，さらに荷重軽減と排水性，保水性を考慮して土にも混合している。豪雨や地震による斜面の滑りだしを防止するため，要所に土留めや擁壁を設けている。

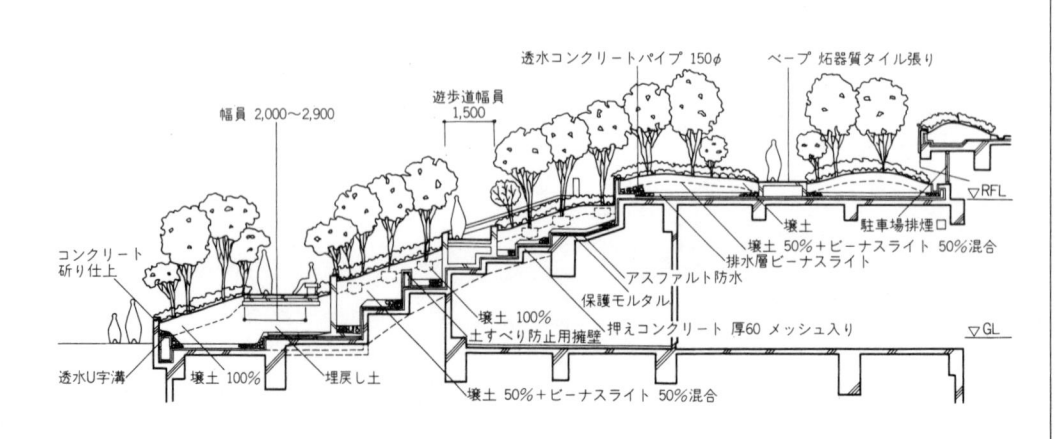

配管取出口

屋上スラブを貫通して立ち上がる設備配管は，その貫通部を直接露わすことや，外部への取出部を垂直面に設けることは避ける。配管のスラブ貫通が3本以上と多くなる場合は，スラブ開口としその周辺に立上げ壁，屋根を設けて配管を囲うハト小屋タイプとする。その配管周囲の壁にはパラペットと同じくあごを設けて防水層の端末処理を行い，また側面からの配管貫通周辺は入念にシールする。最近ではこのハト小屋をコンクリート打ち工法でなく，工場生産による既製品も多く使われている。

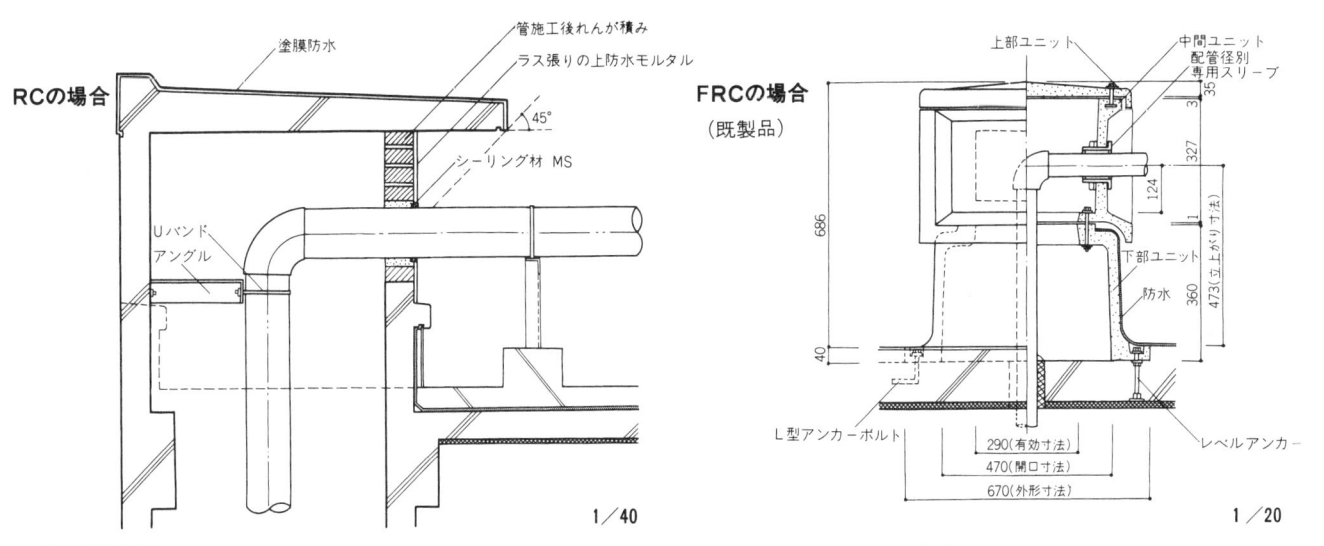

煙突

現在の煙突構築法は，鉄筋コンクリート造建物の場合は既製の繊維入成型パイプをコンクリートに打ち込む工法が主流であるが，燃料種別や煙突内予想温度によってライニング板の適切な材質や厚さを選択することが重要なポイントである。

陣笠を設けない場合は，雨水吹込みによる急冷でライニング板が破損することがあるので，ライニング板上端を煙突天端より600mm程度下げる。

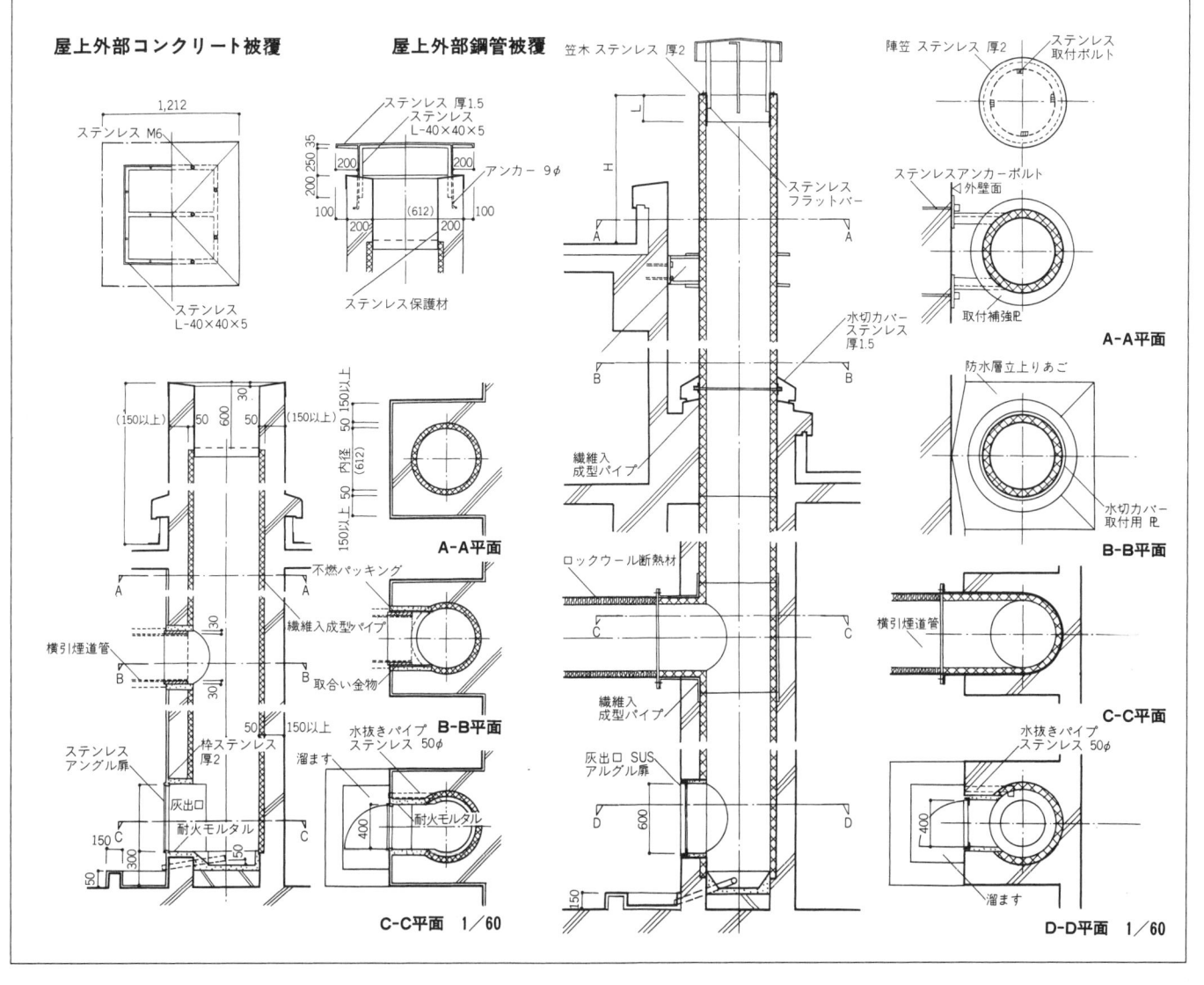

屋上点検口

屋上で一般の人が行かない場所や、使用頻度が少なく階段までは必要のない場所へのメンテナンス用としてタラップや点検口を設ける。点検口にはその材質、大きさに応じて種々のタイプのものが市販されている。点検口周辺にはパラペットに同じくあごつきのコンクリート壁を設けて防水処理し、そのあご天端に点検口を堅固に取り付ける。また、防水層の立上り寸法はパラペット高さ以上とする。

トップライト

トップライトの採光面には合成樹脂やガラスなどが用いられ、合成樹脂製品には波形や丸型や角型に加工した既製品が取付け金物も含めて市販されている。コンクリートとの取付け部の取合いの止水処理と、ガラスなどの採光面の防露対策がこのトップライトのポイントである。
また人が乗らないようにステッカー等で表示し、必要に応じてガラス上部にステンレス溶接金網を設けるなどの安全対策を講じることもポイントである。

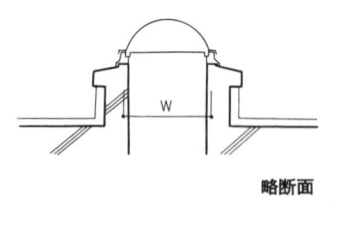

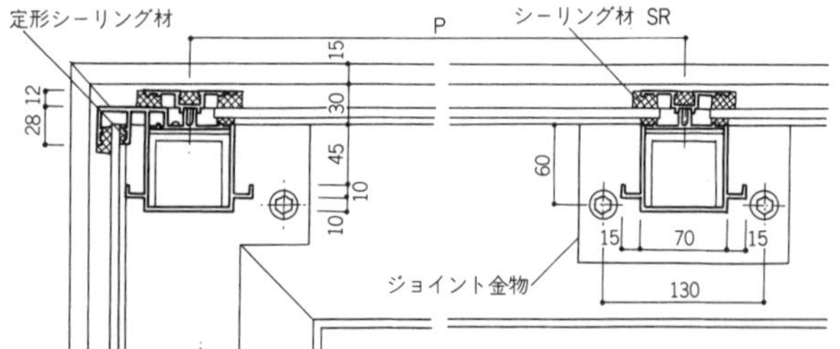

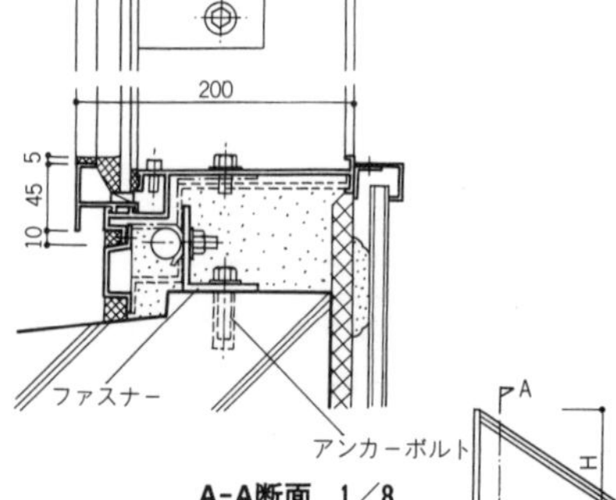

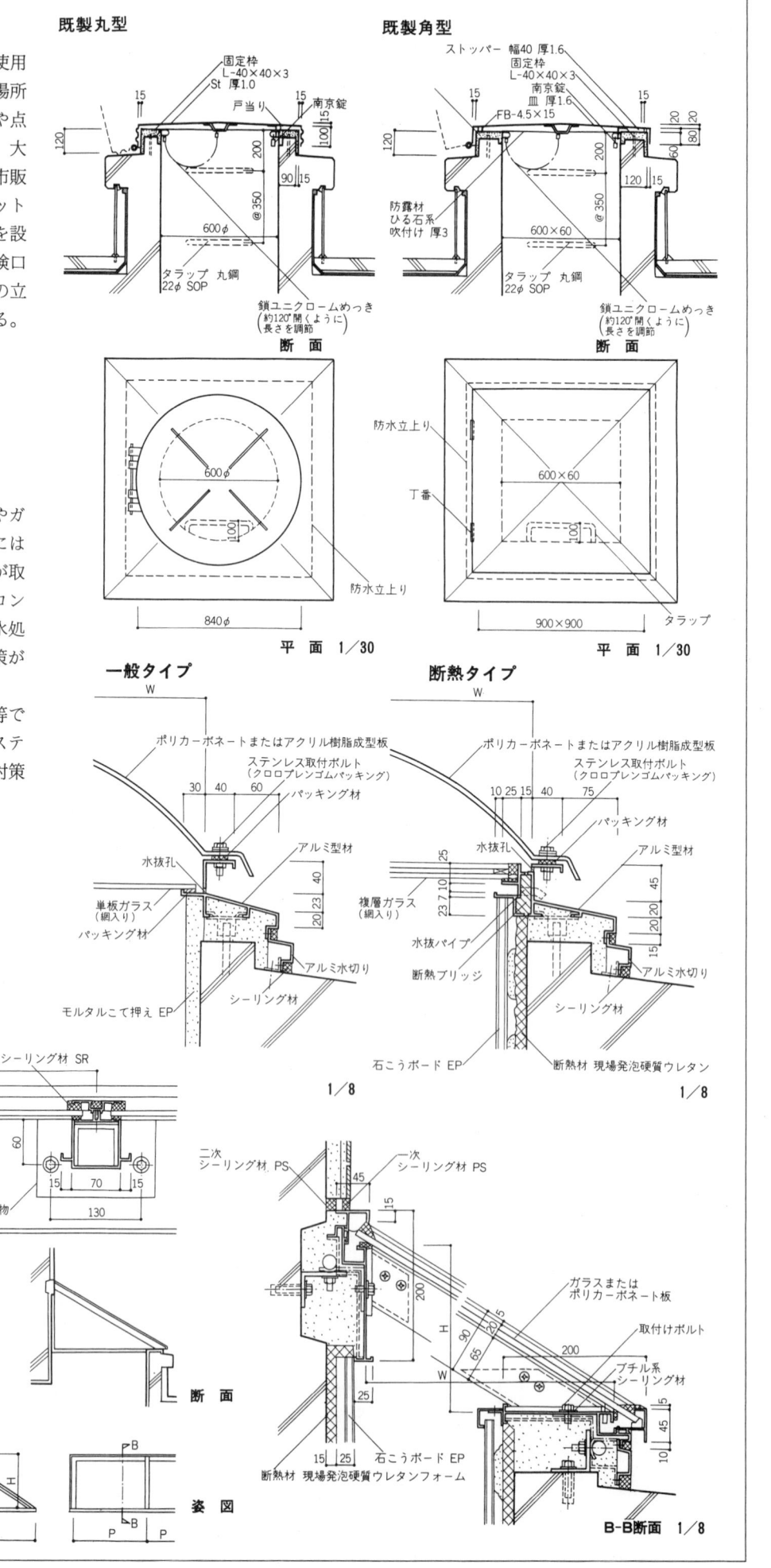

手摺

人が使用する屋上には手摺，柵を設ける。デザイン的にも大きな要素となるが，安全機能の確保が重要で，幼児の転落や物の落下防止など細心の配慮が必要である。その部材は人の力や衝撃に絶え得る強度と堅固な取付け方法が必要である。また，屋外の手摺の笠木部分は温度変化による伸縮を考慮し，所定の間隔で伸縮継手を設ける。

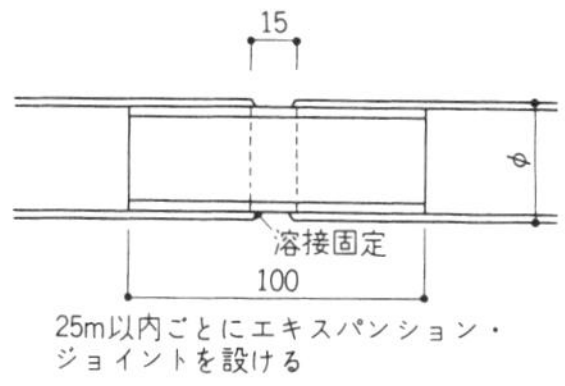

屋上設置

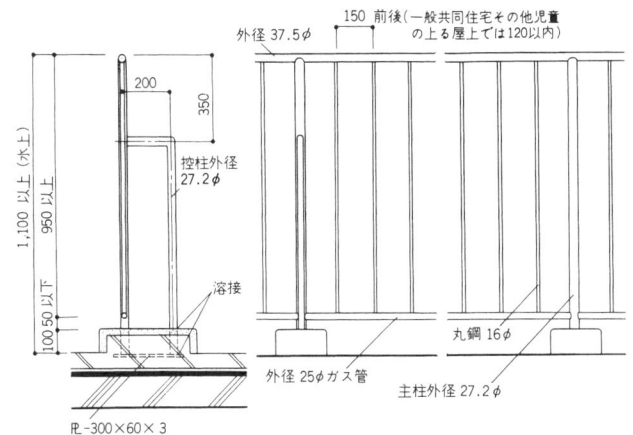

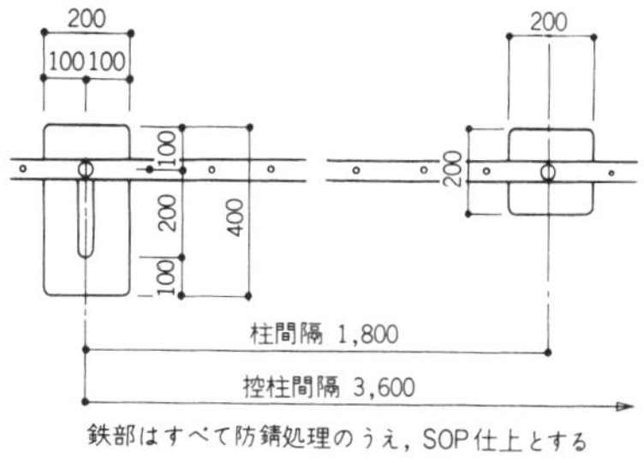

パラペット付き

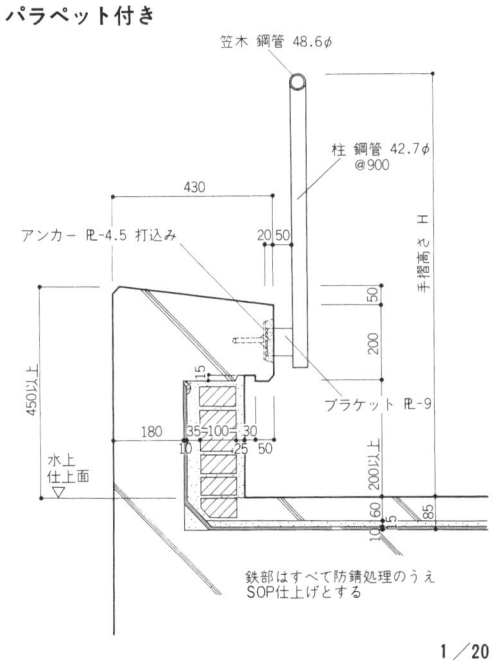

アルミ既製品

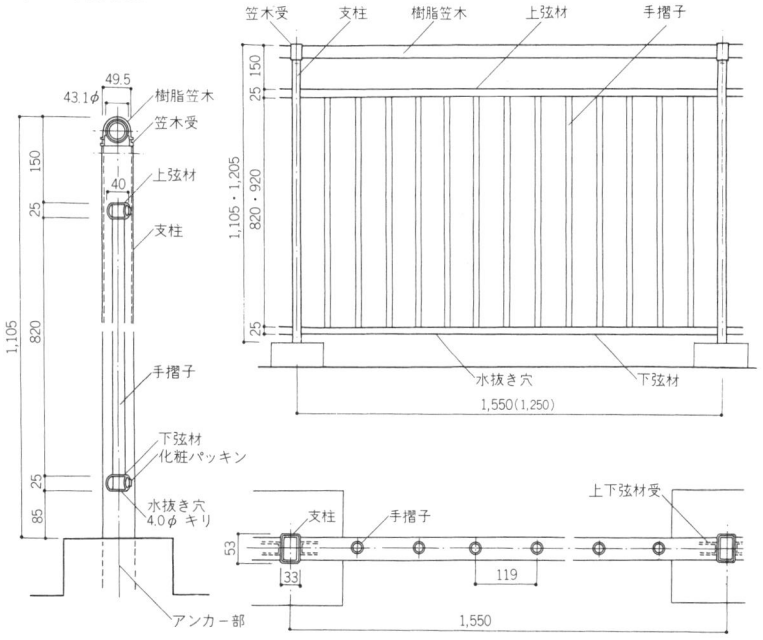

屋上柵

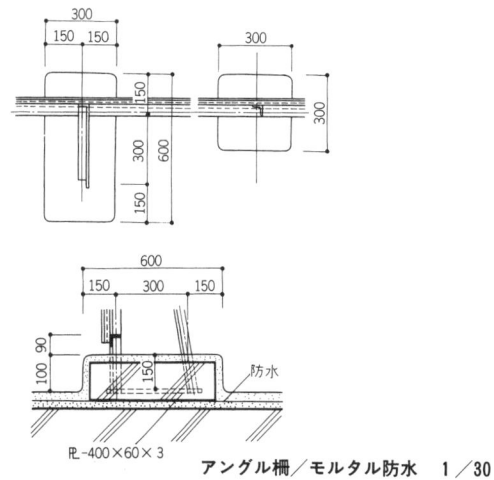

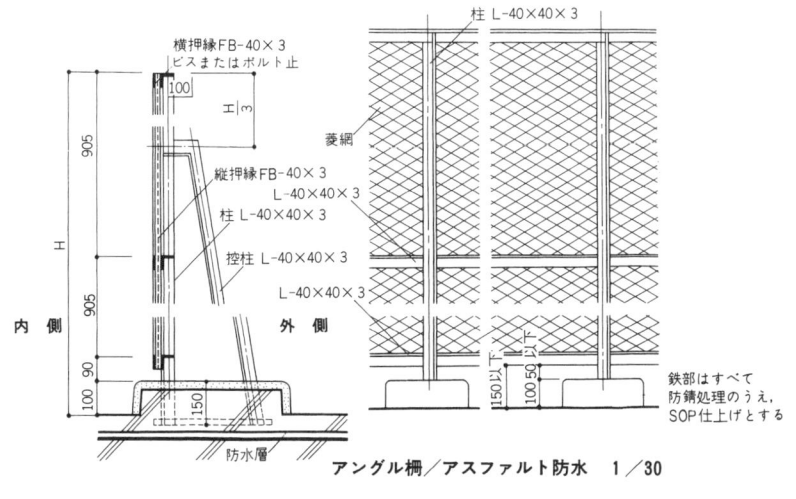

ゴンドラ

- 俯仰式アーム
- ルーフカー走行軌道式人力清掃ゴンドラ設備の例
- ルーフカー
- 走行装置
- ワイヤーロープ
- 走行レール
- レール用基礎
- 有人ゲージ
- リミットスイッチレバー

1/80

- レール [-250×125×7.5×12.5]
- ボルト回りシーリング材
- ベースプレート
- 防振ゴム
- アンカーボルトスラブ筋に溶接

ゴンドラ走行レール基礎部分詳細 1/20

屋上吊環

パラペット(成形パネル)に付く場合

- D10
- D13
- 9φ腹筋に溶接 20φ
- D13 ℓ=250
- FB-12×65 スチール溶融亜鉛めっきまたはステンレス
- 吊環19φ 溶融亜鉛めっきまたはステンレス
- 溶接

1/10

アンテナ

- アンテナマスト鋼管 51φ
- 亜鉛メッキ鋼管 60φ
- 防水キャップ
- アンカーボルト 9φ ℓ=300
- FB-60×4
- PL-6.0

鉄部はすべて防錆処理のうえ，OP仕上とする

1/30

機械基礎

軽量の場合

- 機械架台
- 据付モルタル
- アンカーボルト
- 押えコンクリート
- 均しモルタル
- アスファルト防水層

重量の場合

- 機械架台
- 据付モルタル
- アンカーボルト
- 押えコンクリート
- 均しモルタル
- アスファルト防水層

1/20

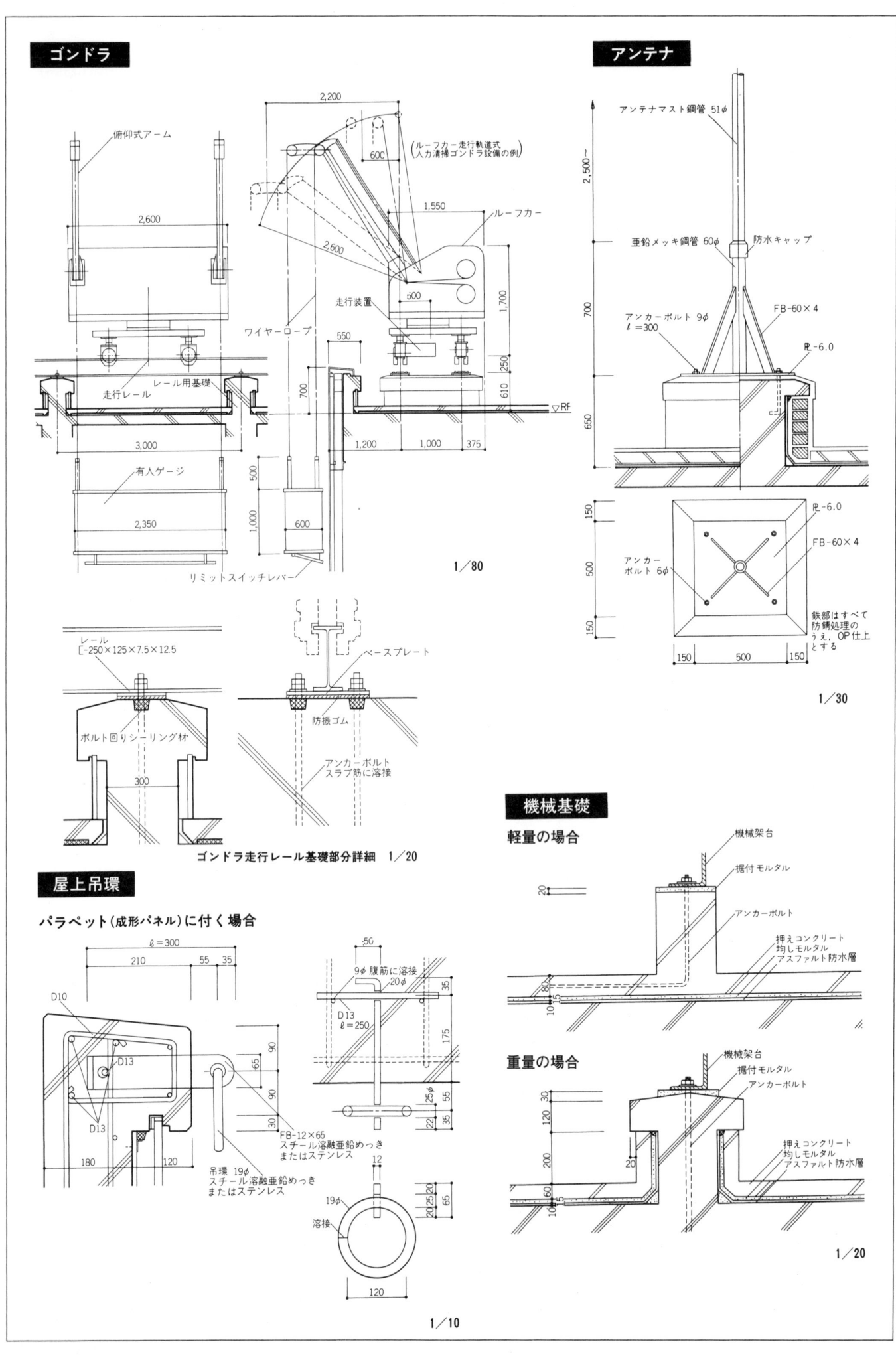

瓦葺

RCスラブへの瓦の留付けは、コンクリート打込みの木れんがまたはスラブ上に塗ったパーライトモルタルに瓦桟を打ち付け、瓦を釘併用で引っ掛ける工法が一般的である。特に緩勾配の瓦葺は、雨水が瓦裏へ回る可能性が大きいので、スラブ面にアスファルトルーフィングを敷き込む。また、瓦は取合い部における雨仕舞の自由性が少ないので、壁立上り際や谷部には必ず金属製の隠し樋を設ける。

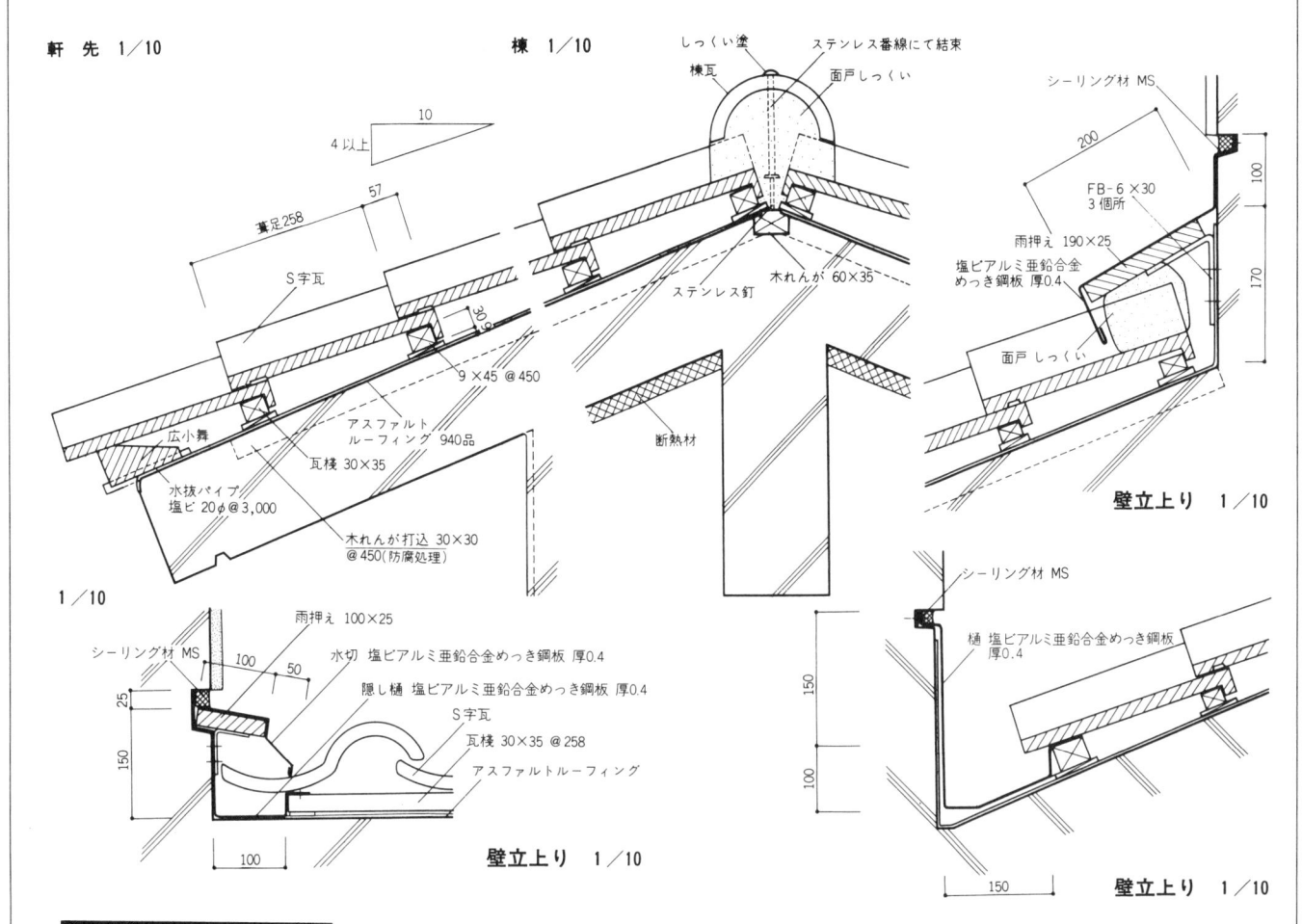

繊維セメント屋根材葺

彩色繊維セメント板は、専用の留付け釘により下地に固定する。この留付け下地としては、コンクリートにメッシュ入りのパーライトモルタルを塗るケースが多い。屋根で局部負圧を生ずる部分は補強専用釘で2倍の増留めを行い、また高さ10mを超える場合は計算により耐風圧強度を確認し一枚当たりの留付け釘の本数を決める。

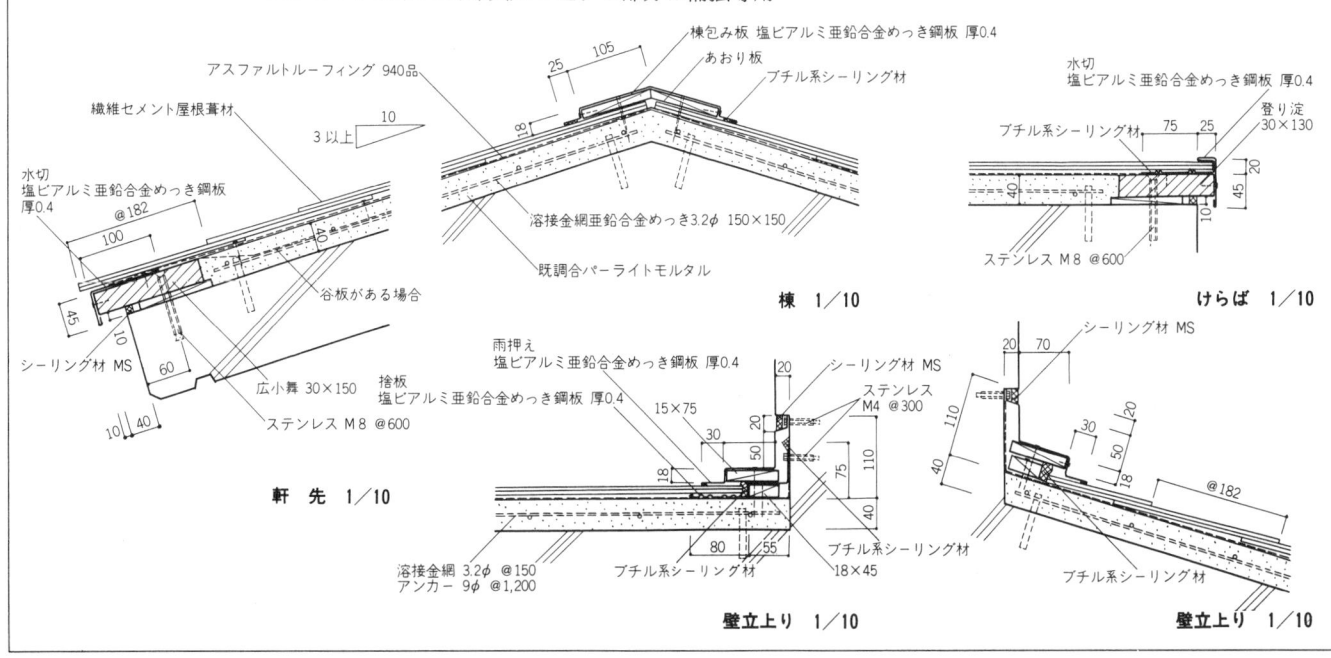

長尺鋼板瓦棒葺

繊維セメント屋根材葺と同様，留付下地にはパーライトモルタルを用いることが多いので，同じ注意が必要である。

鉄板葺は，葺材自体が軽量であるため，吹上げによるめくれなど，風による事故が多い。したがって，軒先・けらばはフラットバーなどによる強固な下地を設け，それに葺材の鉄板をしっかりと留め付けるディテールと施工が求められる。

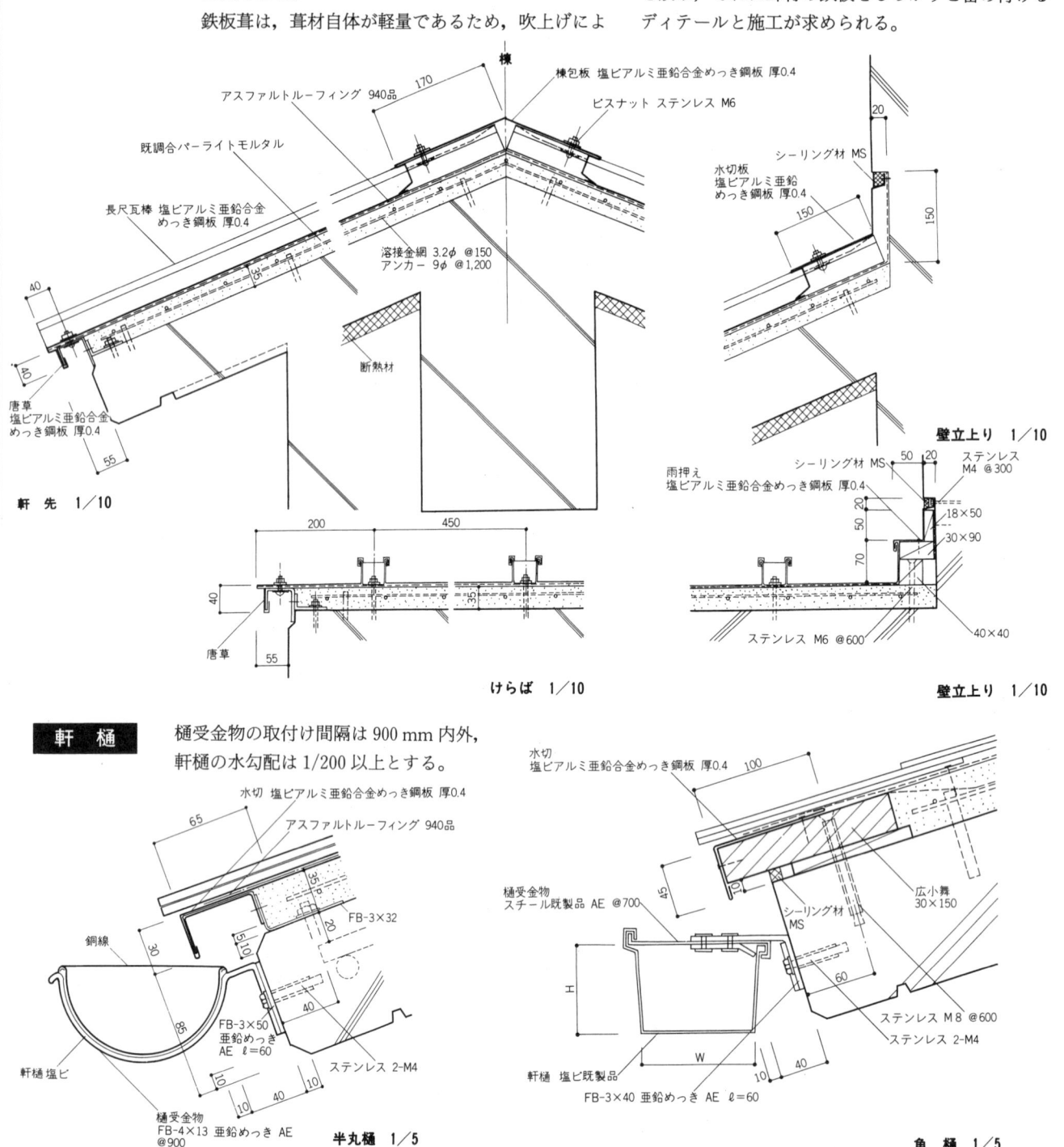

軒樋

樋受金物の取付け間隔は 900 mm 内外，軒樋の水勾配は 1/200 以上とする。

谷樋

谷樋の水勾配は 1/100 以上とし，2カ所以上の縦樋かオーバーフロー1カ所を設ける。

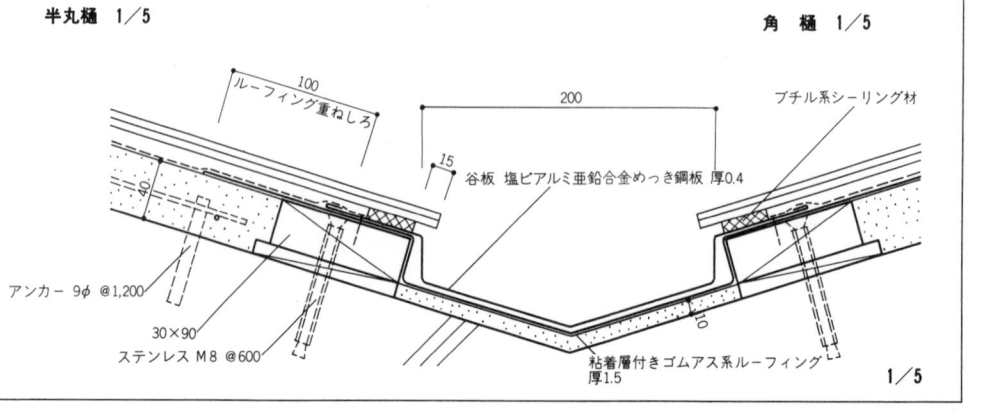

断熱

RC造の屋根断熱では，屋根スラブ内側（下側）へ発泡ポリスチレン板を打ち込む工法が最も多く用いられている。断熱面に欠損があるとヒートブリッジとなり結露の原因となるので，特に梁部分やルーフドレインまわりなど欠損となりやすい部分では，断熱線が連続するよう注意する。現場発泡ウレタンの吹付工法は，欠損防止には有効である。最近，最上階のじか天井化，内装の不燃化，太陽熱からの軀体の保護等のニーズから，スラブの外側（上側）へ断熱材を設ける外断熱工法が普及してきた。現在，数種の工法が実施されているが，いずれにも断熱材と防水層が取り合うので，防水層に破断や劣化などの悪影響を及ぼさないように，仕様や納まりを設定しなければならない。

断熱材の種類と適用――使用頻度の多いもの

種　　　類		熱伝導率（kcal／m・h・℃）	主　な　用　途
合成樹脂系発泡体	ポリスチレンフォーム	0.024〜0.032	RC造の打込み・後張り、断熱防水
	硬質ウレタンフォーム	0.021	RC造の後張り・吹付け、デッキプレートへの吹付け
	ポリエチレンフォーム	0.030〜0.032	金属屋根への張付け、露出断熱防水
	ユリア樹脂発泡体	0.035	木造、RC造の既存改修
無機質繊維	ロックウール	0.030〜0.033	木造・S造の敷設、RC造の補助的使用
	グラスウール	0.035	同　　　　　上
	軟質繊維板	0.042	木造の壁、屋根下地

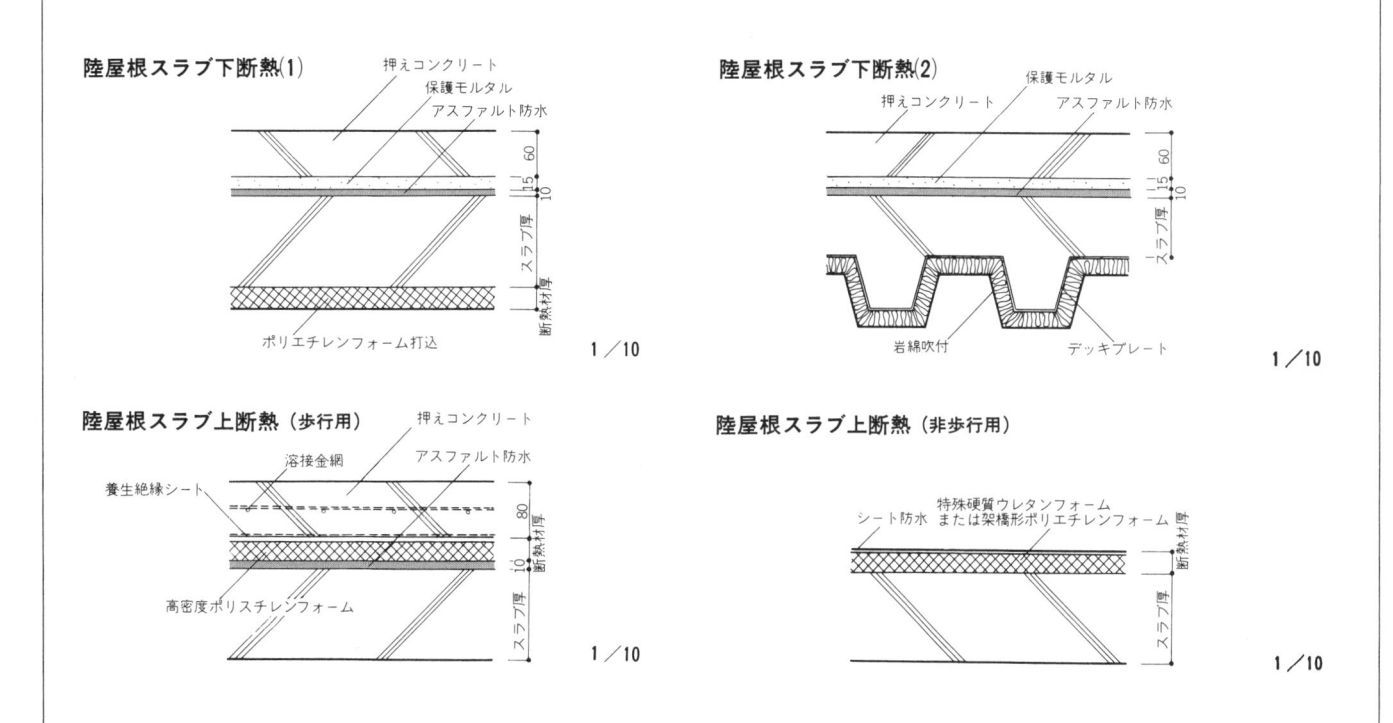

陸屋根スラブ下断熱(1)　1/10

陸屋根スラブ下断熱(2)　1/10

陸屋根スラブ上断熱（歩行用）　1/10

陸屋根スラブ上断熱（非歩行用）　1/10

バルコニー・庇

バルコニーと庇に共通していることは、それぞれ建物の外周面に付属、あるいは突出して、建物の機能維持や生活空間の快適性・安全性を保持する、シェルターの一部としての役割を果たしていることである。

バルコニー

バルコニーは、外部空間に向かってオープンされた建築空間で、特に集合住宅では、家族の日光浴や子供の遊び場、洗濯や物干しのための主婦の作業場、また四季の花々に囲まれた花壇、さらに非常時には避難通路になるなどその機能は多種多様である。

したがってそのディテールも、これら各種の機能を満足するものでなければならないが、そのポイントは防水と安全設計である。集合住宅の漏水事故は、ほとんどバルコニーからで、防水設計の不備がその原因の過半である。室内への浸水を防ぐため、バルコニーの床面は室内床面より10cm以上は下げ、不可能な場合はコンクリートで立上りを設ける。屋根に比べて小面積で、排水計画もやや甘く見がちであるが、居室に近いだけより慎重にあたりたい。

普通、竪樋はバルコニーの先端と外壁際の位置に設ける場合とがあるが、いずれの場合も雨水が渋滞しない適切な水勾配と竪樋管径が必要である。防水仕様の選定は、バルコニーの主用途や、下階の状況によるが、下階に居室や二重天井のある場合は、原則としてアスファルト防水を施す。バルコニーの雨仕舞のポイントは、バルコニー先端部分と建物本体取合い部分の処理で、特に開口部建具の下端取合い部分は、最小限塗膜防水材を塗布し、この間よりの室内の侵入水を完全に遮断する。

また、バルコニーの床版は亀裂漏水の例が多い。広い面積、長さのあるバルコニーは、壁面と同様に亀裂対策目地を、所定の位置に設ける要がある。

幼児の遊び場として、特に集合住宅のバルコニーは、細部にわたる緻密な安全設計が必要である。特に手摺は、建物のデザイン上も大きな要素であるが、安全確保の機能上、最重要である。手摺の高さ寸法など、もちろん法の定めによるほか、幼児が転落する原因となる危険な足掛り部や隙間のないよう、笠木や手摺子まわりのディテールには、慎重な注意が必要である。

庇

庇は、壁面から突出して、出入りの人・外壁・開口部に対して、日射や風雨から保護する機能をもつ。この部分は、しばしば風に吹き上げられて天井材が剥離・剥落したり、また積雪やつららなどで損傷を受けやすく、さらに火災時には、いちばん延焼を受けやすいので、材料の選択やディテールには注意を要する。デザイン的には、建物の外観上大きなアクセントになるので、その形状、材料とも数多いが、ディテール上のポイントは雨仕舞につきる。表面仕上材には機能にそった適切な防水仕様を選定し、また防水層の端末処理方法や外壁躯体との取合い部の納まりなどが注意事項である。雨水を集水せず、そのまま垂れ流す庇の場合は、その庇先端は水切れの良い材料や形状を選んで、汚れやしみなど生じないようにする。

特に玄関庇は、意匠の上で大きな要素となるので、機能面の要素を慎重に整合したディテールが望まれる。

バルコニー

下階に居室や軒天井を張らない場合はバルコニー面は防水のモルタル程度を施す。最近ではコンクリート直均し仕上げとする場合も多い。水勾配は外部側に50分の1程度。通常はバルコニー先端の排水溝を通じて竪樋にて雨水を排水する。

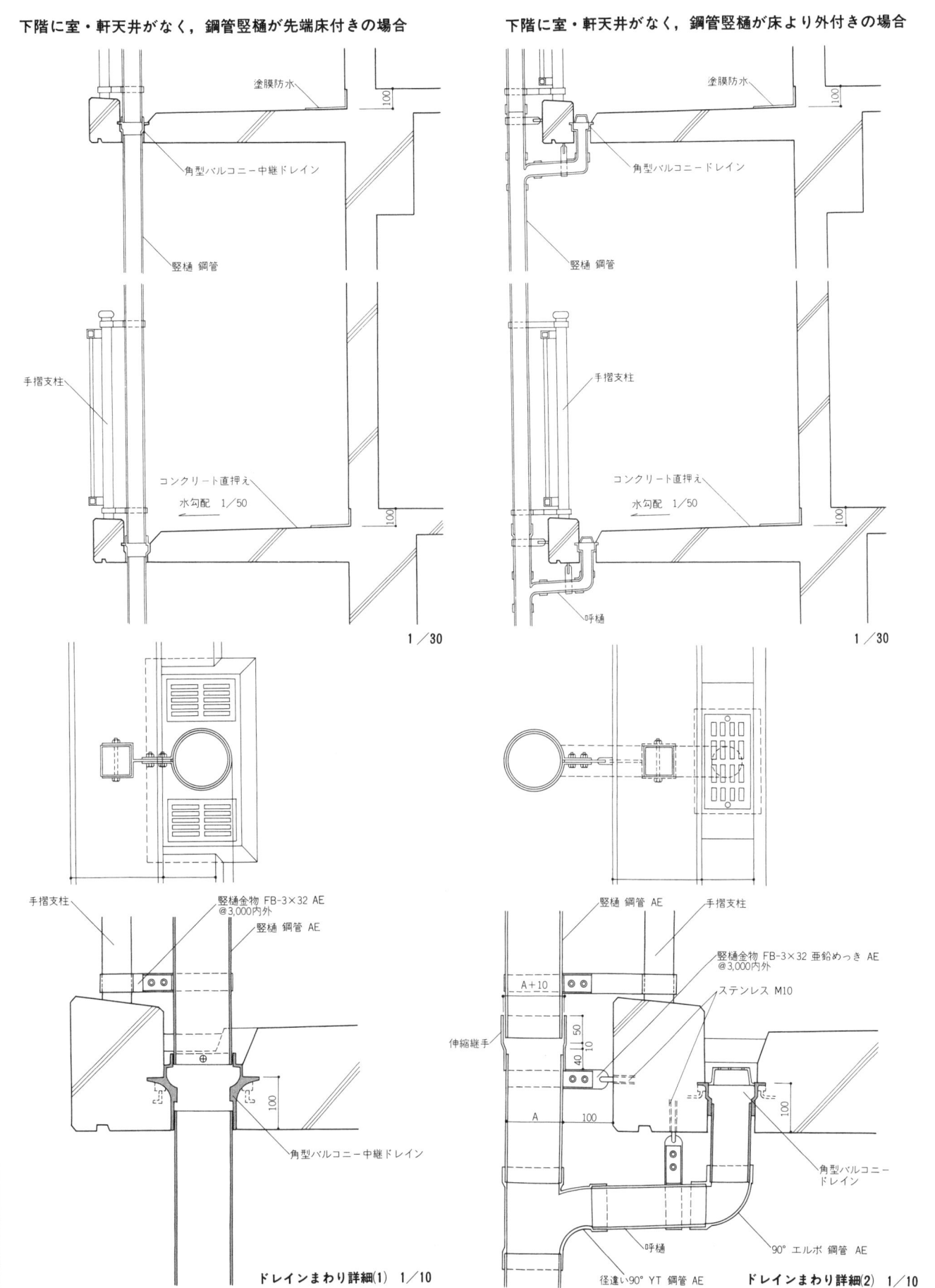

下階に室・軒天井がなく，鋼管竪樋が先端床付きの場合

- 塗膜防水
- 角型バルコニー中継ドレイン
- 竪樋 鋼管
- 手摺支柱
- コンクリート直押え
- 水勾配 1/50

1/30

下階に室・軒天井がなく，鋼管竪樋が床より外付きの場合

- 塗膜防水
- 角型バルコニードレイン
- 竪樋 鋼管
- 手摺支柱
- コンクリート直押え
- 水勾配 1/50
- 呼樋

1/30

ドレインまわり詳細(1) 1/10

- 手摺支柱
- 竪樋金物 FB-3×32 AE @3,000内外
- 竪樋 鋼管 AE
- 角型バルコニー中継ドレイン

ドレインまわり詳細(2) 1/10

- 竪樋 鋼管 AE
- 手摺支柱
- 竪樋金物 FB-3×32 亜鉛めっき AE @3,000内外
- ステンレス M10
- 伸縮継手
- 角型バルコニードレイン
- 呼樋
- 90°エルボ 鋼管 AE
- 径違い90°YT 鋼管 AE

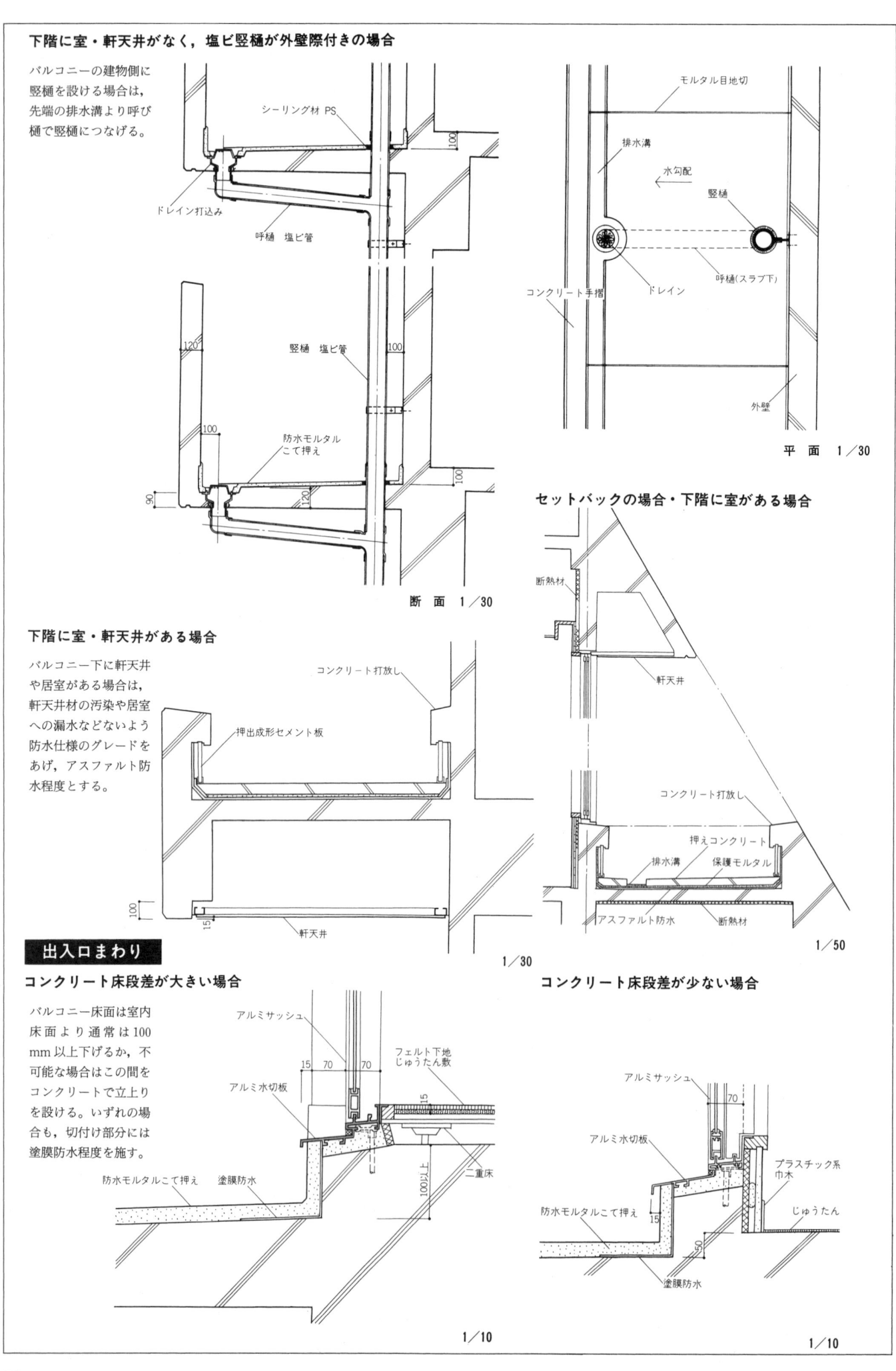

下階に室・軒天井がなく，塩ビ竪樋が外壁際付きの場合

バルコニーの建物側に竪樋を設ける場合は，先端の排水溝より呼び樋で竪樋につなげる。

断面 1/30

平面 1/30

セットバックの場合・下階に室がある場合

1/50

下階に室・軒天井がある場合

バルコニー下に軒天井や居室がある場合は，軒天井材の汚染や居室への漏水などないよう防水仕様のグレードをあげ，アスファルト防水程度とする。

1/30

出入口まわり

コンクリート床段差が大きい場合

バルコニー床面は室内床面より通常は100mm以下下げるか，不可能な場合はこの間をコンクリートで立上りを設ける。いずれの場合も，切付け部分には塗膜防水程度を施す。

1/10

コンクリート床段差が少ない場合

1/10

植込

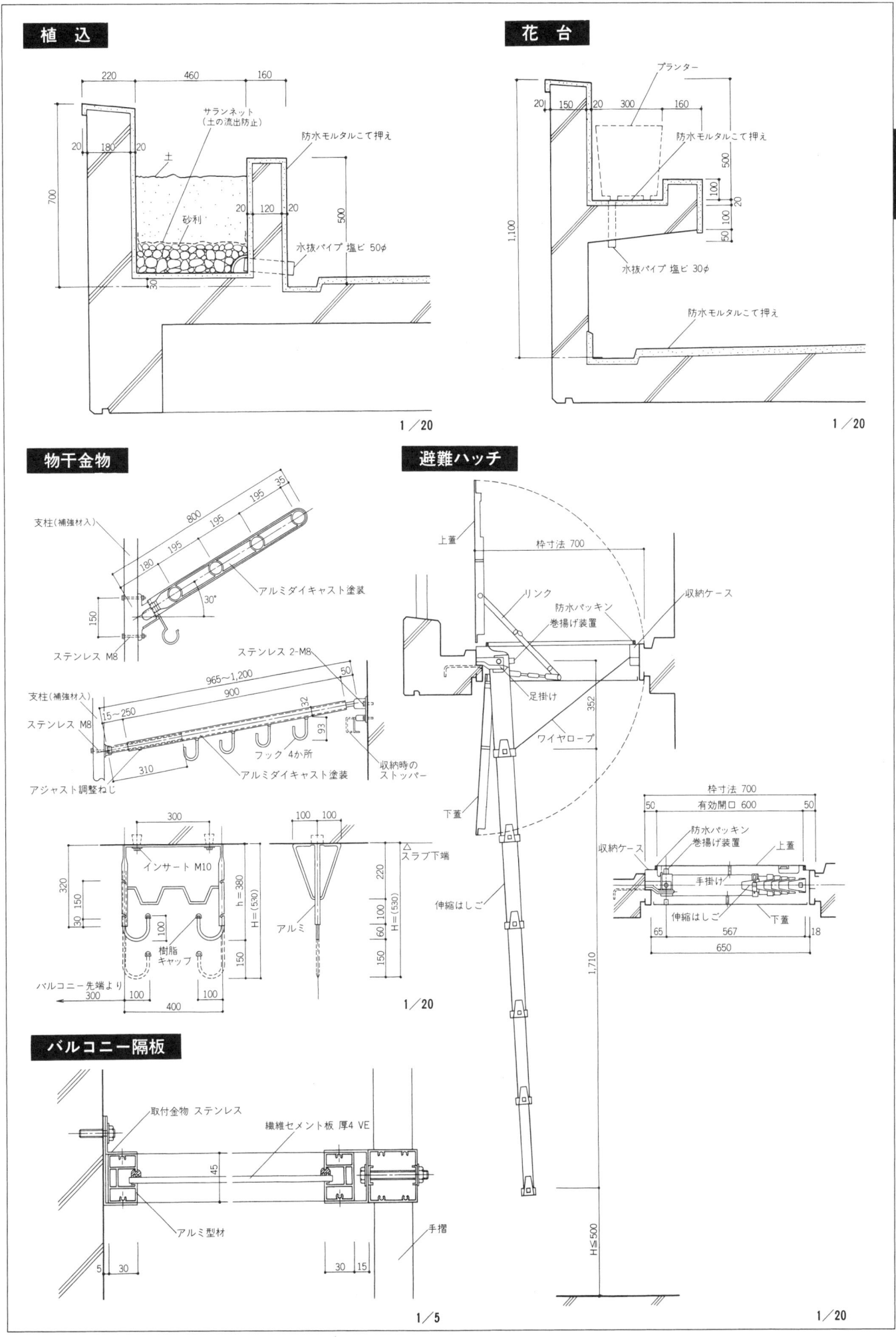

花台

物干金物

避難ハッチ

バルコニー隔板

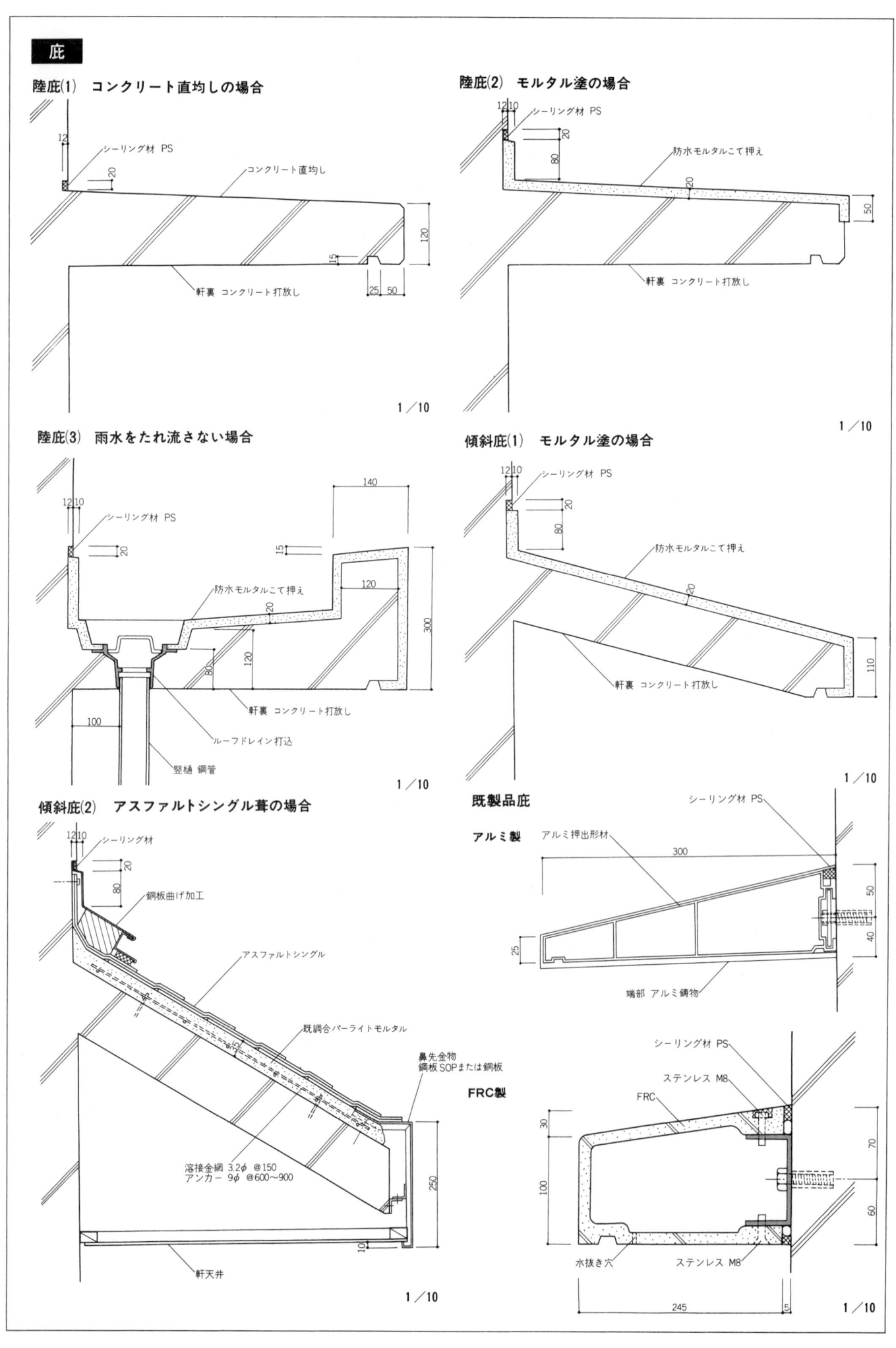

庇

陸庇(1)　コンクリート直均しの場合

- シーリング材 PS
- コンクリート直均し
- 軒裏 コンクリート打放し

1/10

陸庇(2)　モルタル塗の場合

- シーリング材 PS
- 防水モルタルこて押え
- 軒裏 コンクリート打放し

1/10

陸庇(3)　雨水をたれ流さない場合

- シーリング材 PS
- 防水モルタルこて押え
- 軒裏 コンクリート打放し
- ルーフドレイン打込
- 竪樋 鋼管

1/10

傾斜庇(1)　モルタル塗の場合

- シーリング材 PS
- 防水モルタルこて押え
- 軒裏 コンクリート打放し

1/10

傾斜庇(2)　アスファルトシングル葺の場合

- シーリング材
- 鋼板曲げ加工
- アスファルトシングル
- 既調合パーライトモルタル
- 鼻先金物 鋼板 SOPまたは銅板
- 溶接金網 3.2φ @150
- アンカー 9φ @600〜900
- 軒天井

1/10

既製品庇

アルミ製

- シーリング材 PS
- アルミ押出形材
- 端部 アルミ鋳物

FRC製

- シーリング材 PS
- ステンレス M8
- FRC
- 水抜き穴
- ステンレス M8

1/10

外壁

機能 外壁は屋根とともに，雨・風・熱・音・視線などの遮断と，風圧や衝撃などの荷重に耐える強度と耐久性をもつシェルターとしての役割を果たす部位である。しかし屋根と違って地上や床に近く人間の生活域に密着した位置にあるだけに，その要求性能は多種多様である。内・外壁を含めて壁は，建築空間の性格を決める上でかなり大きな比重をもつ部位であることの認識が，ディテール設計上必要である。特に外壁の場合，過酷な外的条件に対して壁1枚という単体でこたえねばならないので，材料の選択やディテールには注意を要する。例えば，防水機能も，垂直部位であるため屋根に比べて水の処理は容易であるようにみえるが，開口部やバルコニー，庇との取合い，さらにコンクリート亀裂の問題など防水上弱点になるところが多いため，外壁の防水設計のウェートはかなり大きい。最近，外壁の性能要素として断熱・遮音性が重要視されてきた。高温・多湿の我が国にあっては，外壁の断熱・保温による結露防止は当然必要であるが，外壁の熱負荷削減という省エネルギー的な面での断熱性について見直されており，また都市の騒音公害が大きくなってくるにつれ，外壁の遮音性能の要求も高まってきた。火災に対しては，特にRC造外壁の場合は，耐火時間・延焼防止などについて最低限，法の基準を満足する必要がある。外部からの視線の遮断は，外壁の大きな機能の一つであるが，採光のための開口部では，障子やカーテン，ブラインドがこの役割を果たす。最近，鏡面効果によって外部からの視線を遮る熱線反射ガラスが，多くの建物で使用されている。

壁体の形式 外壁の構法は，一般にはその主体構造と仕上構法とに分けられる。主体構造は，それを構成する材料により木造・S造・RC造・コンクリートブロック造などに分類できる。

一般的に，外壁を構造耐力上より分類すると，耐力壁（bearing wall）と，非耐力壁（curtain wall）に分けられる。これをRC造の外壁でみると，壁式構造の耐力壁，柱と柱に囲まれたラーメン構造で水平力を負担する耐震壁，さらに建物に加えられる外力に抵抗する必要のない帳壁の三つに大別できる。RC造外壁の特徴は，構造物と一体に作られる造形上の自由度のあることが大きく，耐震・耐火・耐久・遮音性などにも最も優れた構法といえる。ただRC造外壁の最大の問題点は，現場打ちコンクリートの施工の悪さにより防水・耐久性などの性能が確保しにくいことであり，厳密な施工管理が望まれる。これらの問題点の解消と，施工の合理化とが結びついて，いわゆる外壁カーテンウォールが，RC造の建物においても多く採用されるようになった。

仕上げ 外装材は外壁躯体とともに厳しい外部条件に耐えねばならない。したがって，材料の選定とそのディテールについては慎重な検討が必要である。
RC造の仕上構法を分類すると，コンクリート打放し仕上げのように構造体自身がそのまま外壁仕上面になるものと，表面に仕上げを施すものとに大別できる。表面仕上材には，まず板類張付け仕上げがあり，RC造の場合には金属板張りが比較的多い。塗壁仕上げは，モルタル塗が最も一般的であるが，外装材としては亀裂の発生などの問題点も多い。張付け仕上げのうちタイル・石張りなどは，今日でも好んで使われ，タイルの先付けや乾式板張りなど，工法の改良も盛んである。その他，塗壁仕上げをはじめ吹付けタイルや化粧用各種吹付材による吹付け仕上げなど，外装仕上材料は多種多様である。

外壁亀裂 RC造にはコンクリートの宿命ともいうべき亀裂の問題があり，特に外壁では建物の美観を害するだけでなく，仕上材の剥離・剥落という重大事故につながる。カーテンウォール工法は，この問題解決と施工の省力化を図ったものであるが，コンクリート亀裂対策としても，スランプ値・壁厚に一定の基準を設けたり，亀裂誘発目地を設けるなどコンクリートの品質管理活動が高まってきた。また仕上材についても，前述のようにタイルを現場にて型枠に先付けしてコンクリートと一体に打ち込むなど，亀裂対策上有効な工法が開発されてきた。また，PCF（プレキャストフォーム）は工場にてタイルなどを打ち込んだ薄肉プレキャスト板を現場にて外壁コンクリートに打ち込む，最近多く使われている工法である。このように，外壁は建物のなかで要求性能と構法の組合せが多種多様で，今後さらに工業化されていく部位であるので，ディテール設計の役割は特に重要である。

コンクリート打放し

コンクリートのはだ合いを生かして，そのまま仕上げとしたものである。その手法としては，型枠を外したままのもの，コンクリート面を斫り仕上げとしたもの，あらかじめ型枠に模様をつけたものなどがある。型枠は種々の小幅板，耐水合板，鋼製型枠など，いずれも精度の高い型枠を組み必要がある。コンクリートの素地仕上げの場合は，表面仕上材による防水被膜が形成されないので，コンクリートの亀裂対策に十分留意する。目地部分に亀裂を集中させる亀裂誘発目地の設置などは，かなり有効である。

表面のパターン

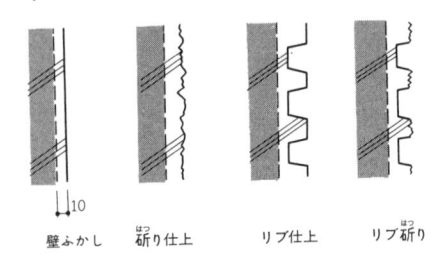

壁ふかし　斫り仕上　リブ仕上　リブ斫り

出隅・入隅

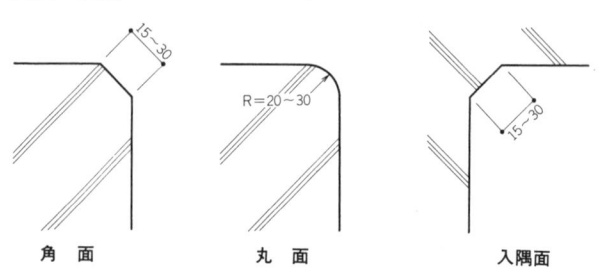

角面　丸面　入隅面

亀裂誘発目地

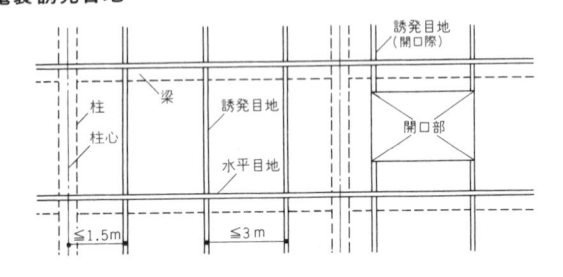

目地形状

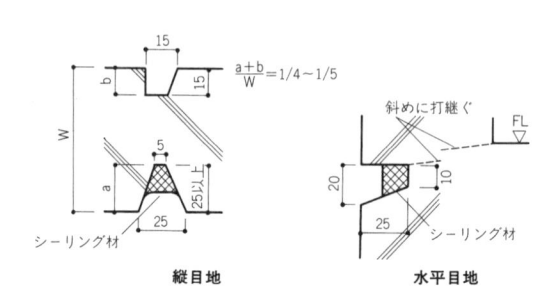

$\dfrac{a+b}{W} = 1/4 \sim 1/5$

縦目地　水平目地

塗り仕上げ

仕上の種類

モルタル　リシンかき落し

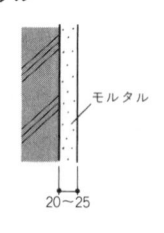

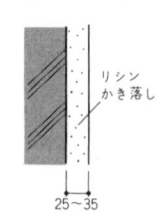

人造石研出し　　人造石塗叩き
目地割は1m²以内とする　　目地割は2m²以内とする

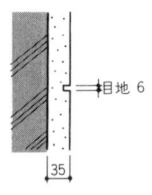

人造石洗出し
目地割は2m²以内とする

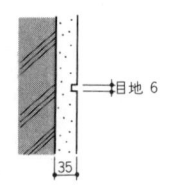

塗壁はなまの原材料を現場で調合し施工するので，技能工の熟練度による仕上りや品質が左右される。また何層も塗り重ねるので，気象条件なども重要な要素となる。したがって，亀裂が発生しやすいなどの問題点はあるが，塗壁としての味わいや，遮音・断熱性などが比較的良好などの長所があり，古くから使われている工法である。塗り仕上げの種類はモルタル塗，リシン仕上げ，ガン吹付仕上げ，かき落し仕上げ，人造石の研出し・塗り叩き，洗い出しなどと多種多様である。

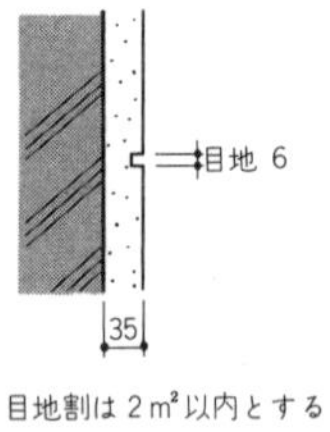

足元まわり

入り巾木　目地巾木　石巾木

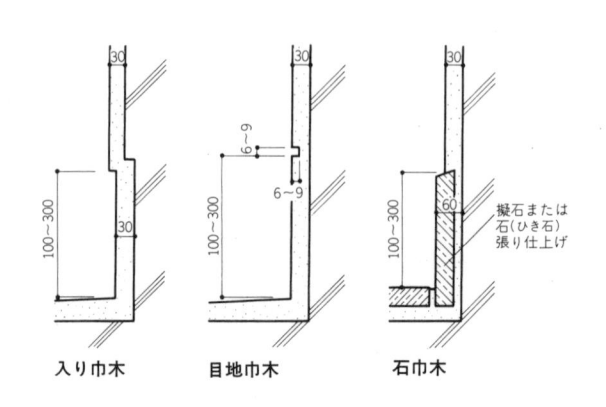

石張り

一般に吸水性も少なく，表面も硬く，人工材にはない天然材の美しさが好まれ，花崗岩などは外装材として最も多く使われている。そのほかに安山岩・砂岩なども使われるが，大理石は雨水に侵されやすく，また酸にも弱いので，外装材としては好ましくない。表面仕上げとしてはこぶ出し，のみ切り，びしゃん叩き，火炎仕上げ，磨きなどである。また，これら自然石の砕石を用いて，色調や仕上りを自然石に模したものに擬石ブロックなどがある。工法としては，だぼを用いて黄銅線，モルタルで固定するいわゆる湿式工法と石を金物のみで取り付ける乾式工法があり，最近は乾式工法が主流である。

石の種類と断面

花崗岩（割石） 1/10

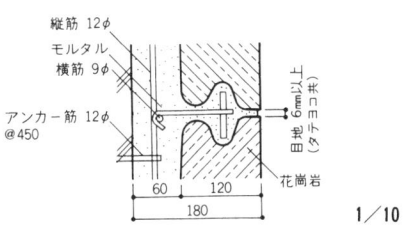

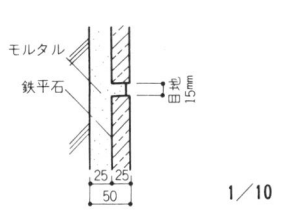

花崗岩（挽石） 1/10

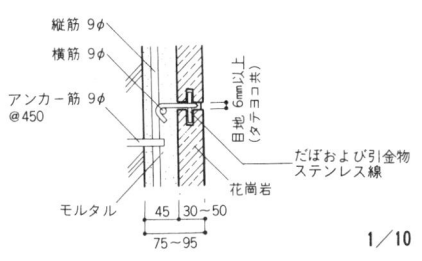

鉄平石（割石） 1/10

凝灰岩（大谷石・龍山） 1/10

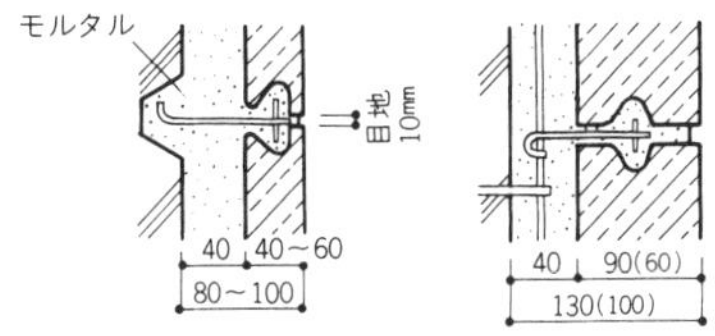

乾式工法

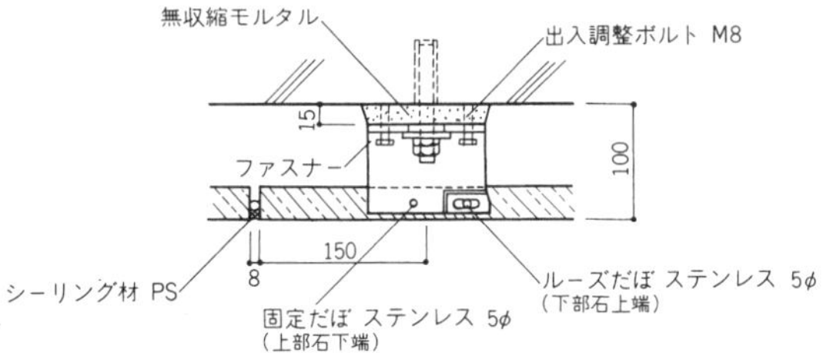

平面 1/10

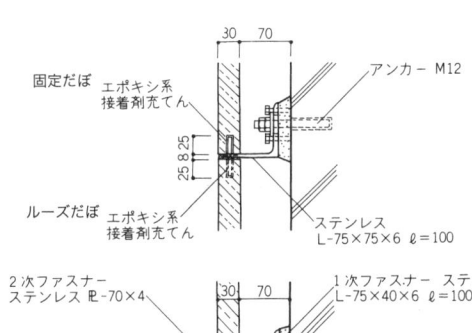

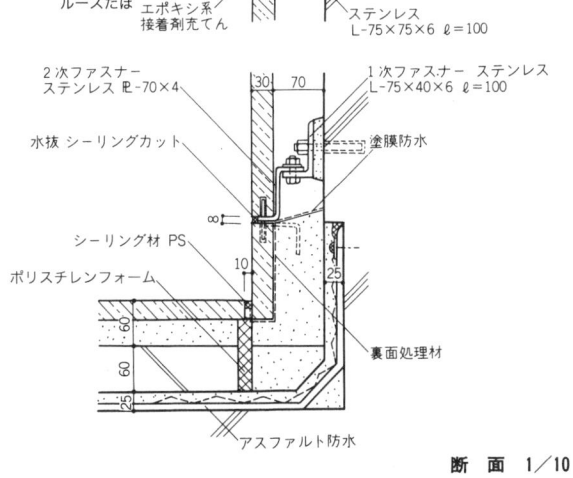

断面 1/10

湿式工法

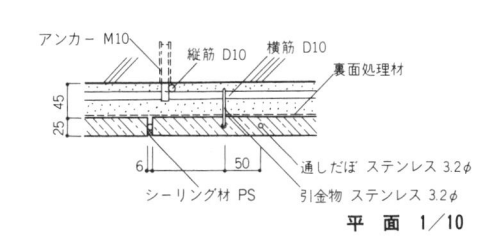

平面 1/10

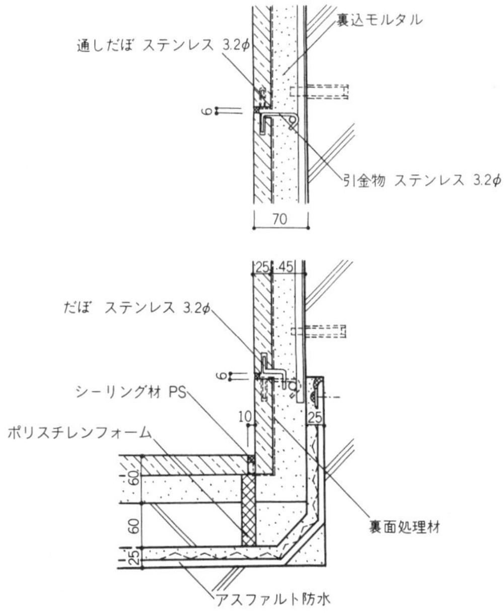

断面 1/10

タイル張り

タイルは長石，陶石，珪砂などと粘土とを焼成したもので，成分により磁器質，せっ器質，陶器質，土器質などに分けられる。凍害に侵されやすい外周壁には，磁器質またはせっ器質のものを使用する。表面の仕上げは施釉と無釉のものがあり，形状はその大きさによって二丁掛，小口，角，モザイクタイルなどがある。タイル張り工法には後張り工法と先付け工法とがある。後張り工法はモルタルにてタイルを張りつける湿式工法で，使用するタイルの形状，大きさに応じて積上げ張り，圧着張り，モザイクタイル張りなどの工法がある。先付け工法は，型枠にあらかじめタイルを固定してコンクリートを打設するいわゆる打込みタイル工法で，とくにタイルの剥落防止に有効な工法である。

タイルの種類と後張り工法　1/10

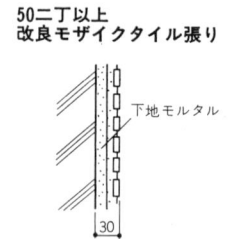

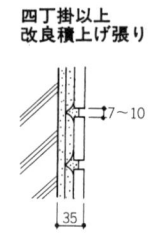

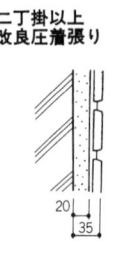

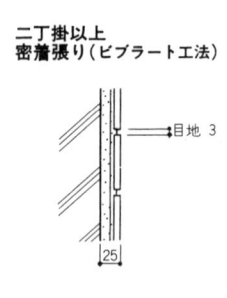

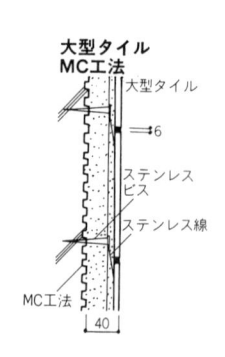

50二丁以上　改良モザイクタイル張り
四丁掛以上　改良積上げ張り
二丁掛以上　改良圧着張り
二丁掛以上　密着張り（ビブラート工法）
大型タイル　MC工法

タイル打込PCF

PCF（プレキャスト・フォーム）構法は，あらかじめタイルなどを打ち込んだ薄肉プレキャスト板を下梁や床などに仮止めし，内側に型枠を取り付けてコンクリートを打設して一体化した外壁を構成する構法で，タイルなどの仕上材の剥落防止や外部無足場による作業安全性，工期短縮などメリットが大きい。

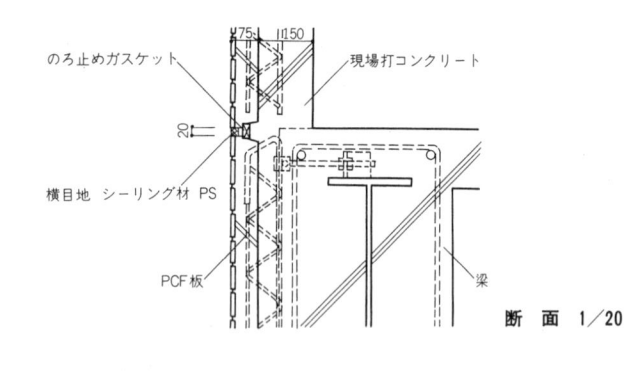

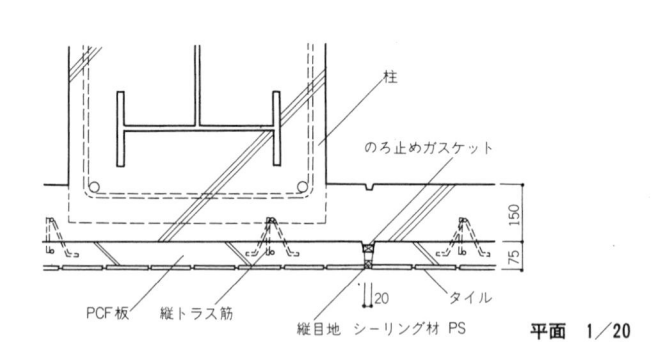

断面 1/20　　平面 1/20

笠木 1/5

金属笠木

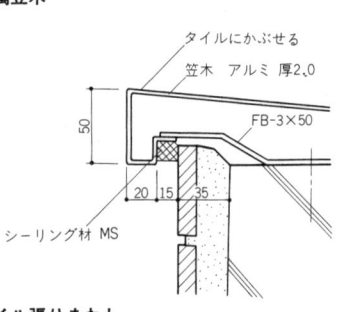

タイル張りまわし

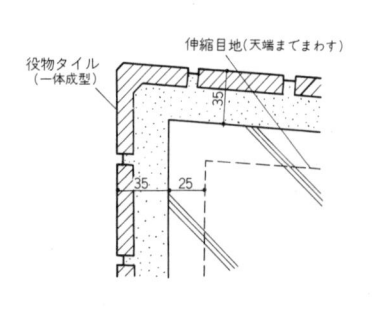

まぐさ 1/5

金属水切

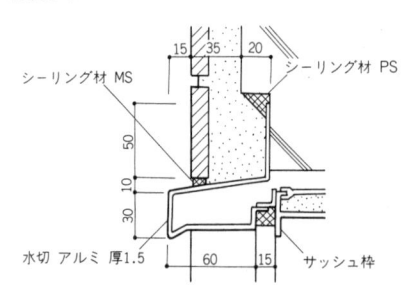

伸縮目地

縦目地

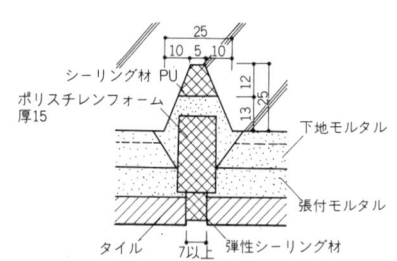

横目地

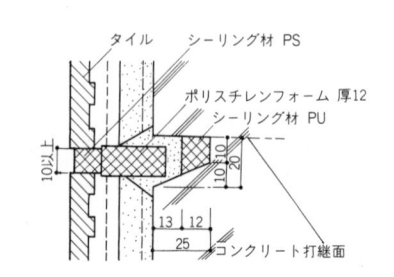

断熱

RC造外壁の断熱は，ポリスチレンフォームなどの断熱材をコンクリート打設時に打ち込み，その上に石こうボードなどをGL工法で仕上げる方法か，仕上材も兼ねたポリスチレンフォームを裏打ちした合板，石こうボードなどを打ち込むいわゆる内断熱工法が一般的である。この断熱材を裏打ちした合板などをGL工法のようにコンクリートとの間に隙間を設けて張る工法は，その空気層で内部結露が発生しやすいので避けたほうがよい。ポリスチレンフォームなどの断熱材を後張りとせざるを得ない場合は，コンクリート面の下地調整をしたのち，適切な接着剤を用いて隙間なく密着させる。コンクリート打設後，イソシアヌレートフォーム系などの現場発泡断熱材を吹き付ける工法が最近多く使われている。これは，施工が簡便でサッシュまわりなどの断熱欠損が生じないなど利点の多い工法であるが，難燃性のある材料を選ぶこと，また施工にあたっては吹付け厚さや火気に対する管理が重要である。

近年，太陽熱からの躯体の保護，内部結露防止，熱負荷の軽減などの目的で，断熱材をコンクリート躯体の外側に配置する外断熱工法が実施されてきている。この場合，断熱材が吸湿しないための配慮と断熱材を保護する外皮の選定がポイントになる。

一般内断熱

ポリスチレンフォーム打込＋石こうボードGL工法

複合板打込

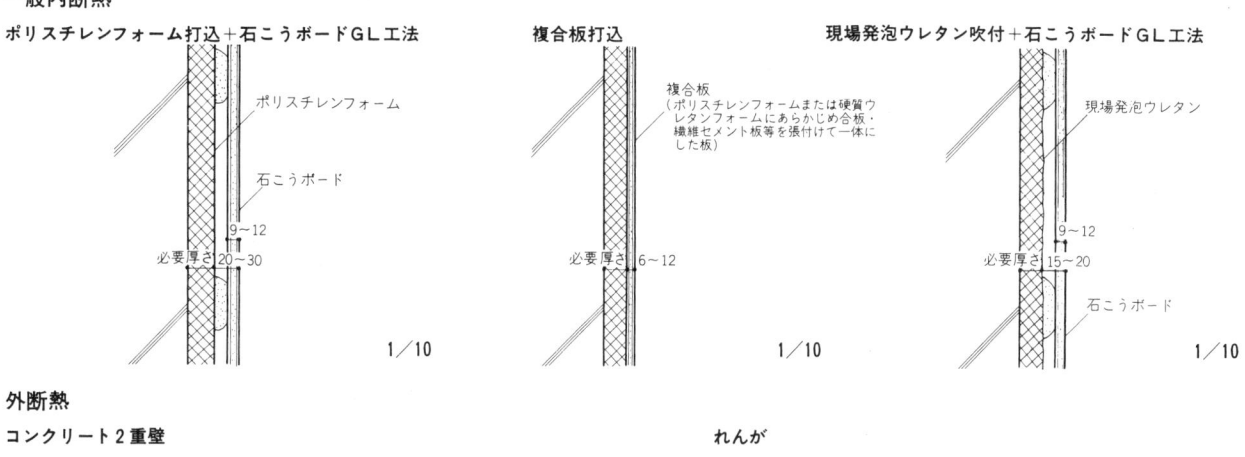

現場発泡ウレタン吹付＋石こうボードGL工法

外断熱

コンクリート2重壁

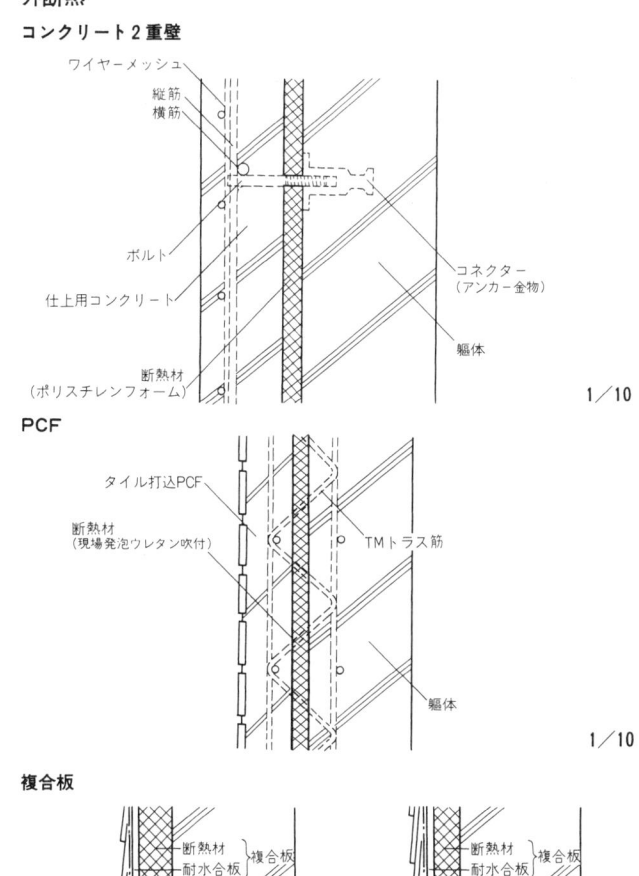

れんが

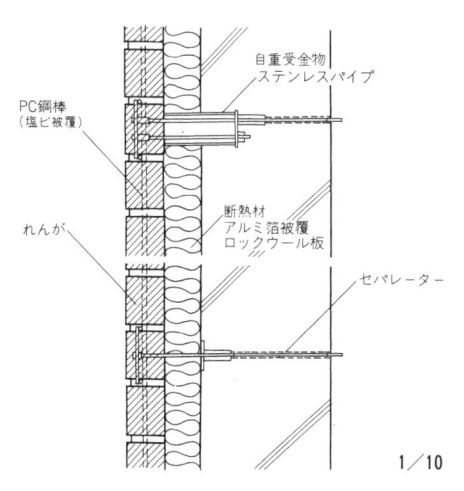

PCF

複合板

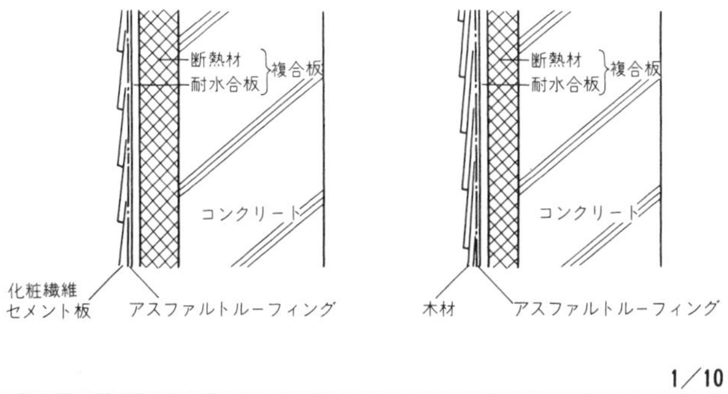

アルミパネル

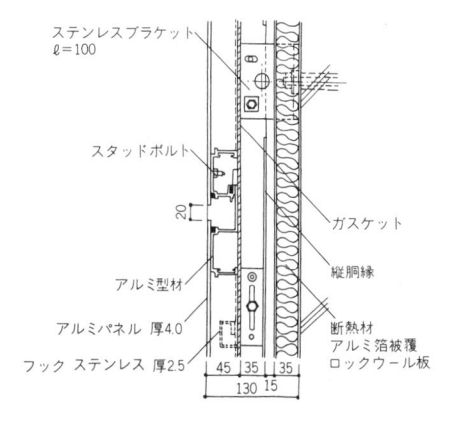

斜め壁

斜め壁は，壁と屋根の中間的な存在であるが，防水という観点では垂直面よりはるかに過酷なので，屋根に準じて考えるべきである。したがって，吹付け仕上げの場合は弾性ゴム系など防水性のあるものが望ましく，タイル張り・葺き仕上げなどで勾配の緩い場合は，防水層（シート・塗膜など）を設けることが望ましい。

また，タイルや各種の葺屋根の場合は下地モルタルの浮き，剝落やずり落ちを防ぐためモルタルに溶接金網を敷きこみ，これを屋根スラブの差筋と固定して塗りこむなどの措置が必要である。

打放し吹付タイル
- 仕上塗材（防水効果のあるアクリル弾性ゴム系等が望ましい）

タイル張
- タイル

繊維セメント屋根材葺
- 溶接金網 3.2φ @150
- アンカー 9φ @1,200
- 既調合パーライトモルタル

アスファルトシングル葺
- アスファルトプライマー塗布の上，シングル全面接着釘打併用
- 溶接金網 3.2φ @150
- アンカー 9φ @1,200
- 既調合パーライトモルタル

防水の上タイル張
- タイル
- 既調合パーライトモルタル
- 溶接金網 3.2φ @150
- アンカー 9φ @1,200
- シート防水（非加硫ブチルゴム 厚2.0）

1/10

耐震スリット壁

欠損スリット(1)
- 内部／柱／外部
- シーリング材 PS
1/6

欠損スリット(2)
- 内部／柱／外壁／外部
- ポリエチレンフォーム
- 既製塩ビスリット目地材
- ポリエチレンフォーム
- シーリング材 PS
- タイル張
1/6

完全スリット
- 内部／柱／外壁／外部
- ポリエチレンフォーム
- 既製塩ビスリット目地材
- セラミックファイバー
- シーリング材 MS
- ポリエチレンフォーム
- 仕上塗材
1/6

横引開放樋

- 樋 PC
- 立面 1/30

- 逆梁
- L型ルーフドレイン打込
- 水切
- シーリング材 PS
- 自然石
- 断面 1/30

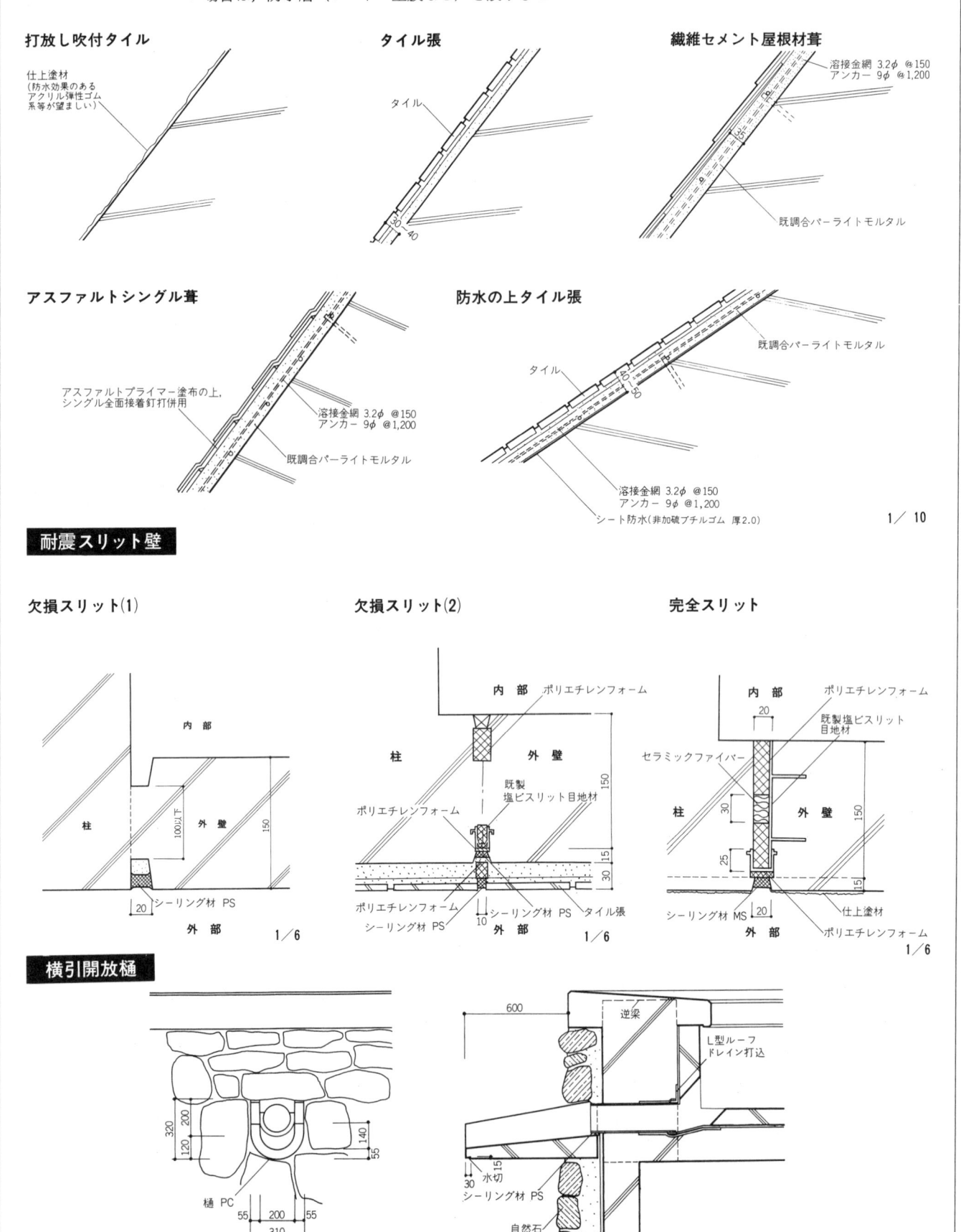

面格子

四方枠タイプ

- 枠 FB-9×25
- 格子 FB-6×25 @75
- FB-6×38
- ステンレス 9φ
- パイプリング ステンレス
- 網戸
- ステンレス M8 緩み止め付
- 800内外
- 〈外部〉〈内部〉

一般タイプ（既製品）

- アルミ角パイプ 40×22
- 塩ビキャップ
- アルミ角パイプ 20×15 @75
- ステンレス FB-3×40 曲げ加工
- ステンレスビス 6φ
- パイプリング ステンレス
- 網戸
- ステンレス M8 緩み止め付
- 〈外部〉〈内部〉

1/20

タラップ

一般タイプ

- パラペット天端
- ステンレスパイプ 32φ
- ステンレス丸鋼 19φ
- 取付アンカー金物 ステンレス FB-6×50 @1,200
- 子供のいたずら防止を考慮する場合

防護柵タイプ

- ステンレス FB-4×40 @1,050
- 取付アンカー金物 ステンレス FB-6×50 @1,200
- ステンレス丸鋼 13φ
- ステンレスパイプ 32φ
- ステンレス丸鋼 19φ
- 防護柵

1/60

- 外壁面
- ステンレス丸鋼 19φ
- かんざし筋
- ステンレス M10 ダブルナット止め
- 外壁面
- 取付金物 ステンレス FB-6×50
- かんざし筋
- アンカー金物 FB-6×50
- 外壁面
- ステンレス FB-4×40
- ステンレス丸鋼 13φ
- r=325

1/20

外壁

カーテンウォール

カーテンウォール（curtain wall）とは，建物の外周を構成する非耐力壁で，躯体にファスナーを介して取り付けられる。性能としては，耐風圧・耐震・耐衝撃・断熱・遮音・水密・気密・耐久性等が求められる。カーテンウォールを材料的に分類すると，金属系とコンクリート系がありさらに繊維セメント系が付け加えられる。金属（メタル）カーテンウォールにはアルミ，ステンレススチール，スチール，アルミキャストが主に使われ，コンクリートカーテンウォールでは軽量骨材コンクリート，発泡コンクリート，ALCパネルなどが用いられている。繊維セメント系としては，セメントを主原料とし補強繊維を混入し押出し成形した押出成形セメント板が多く用いられる。構成としては方立（マリオン）式とパネル式がある。方立式は方立を一定の間隔に配し，各階の床や梁の先端に取り付け，この方立間に壁パネルや窓をはめ込んでいく方法で，メタルカーテンウォールに多い方式である。

パネル方式とは，窓と壁を一体にしたパネルを同じく取り付ける方法であり，コンクリートカーテンウォールに比較的多いタイプである。これらカーテンウォールの取付けに当たっては，地震や温度伸縮による建物の変形に対応したディテールが求められる。地震に対しては，地震入力をカーテンウォールに伝えない免震工法が一般的に採用される。パネル式にあっては，ファスナーにルーズホールを設けてパネルをスライドまたは回転させ，建物の層間変位を吸収する。方立式では，方立は建物と一緒に変形させ，ガラスののみ込み代で変位を吸収する方法がとられる。カーテンウォール部材の温度伸縮についても，それぞれ部材支持部にルーズホールを設け，部材を変形させない配慮が必要である。また一般に，カーテンウォールは結露防止や暖冷房時の負荷の軽減のため，断熱性を高める必要がある。

普通単一材料だけでは金属，コンクリートとも不十分であり，グラスウール，岩綿などの断熱材の併用が必要である。雨仕舞ではジョイント部の処理がポイントで，単にシーリング材に頼るだけでなく，浸入水の二次的排水処理まで考慮する必要がある。シーリング材は，許容変形率をふまえて余裕のある目地設計のもとで使用すべきであるが，いずれにしても耐久年限の短い材料であるので，近年目地内外の等気圧理論を応用したオープンジョイント工法の実施例が増えている。カーテンウォールは構造体と切り離して考えられるので，工場生産が可能であり，品質の向上，現場作業の省力化・合理化が図れるなど，RC構造においてもしばしば採用されている。

カーテンウォールの種類

材料による分類

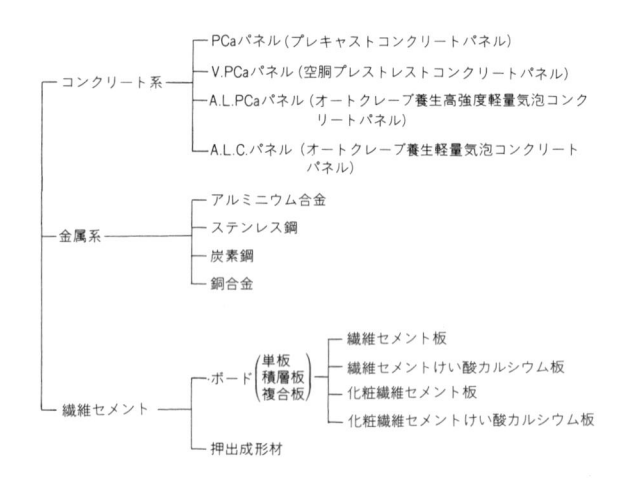

- コンクリート系
  - PCaパネル（プレキャストコンクリートパネル）
  - V.PCaパネル（空胴プレストレストコンクリートパネル）
  - A.L.PCaパネル（オートクレーブ養生高強度軽量気泡コンクリートパネル）
  - A.L.C.パネル（オートクレーブ養生軽量気泡コンクリートパネル）
- 金属系
  - アルミニウム合金
  - ステンレス鋼
  - 炭素鋼
  - 銅合金
- 繊維セメント
  - ボード（単板／積層板／複合板）
    - 繊維セメント板
    - 繊維セメントけい酸カルシウム板
    - 化粧繊維セメント板
    - 化粧繊維セメントけい酸カルシウム板
  - 押出成形材

構法による分類

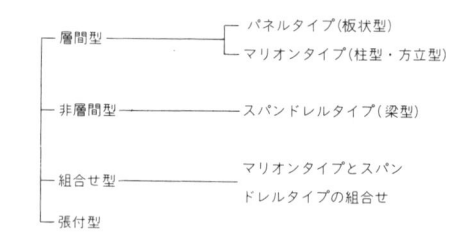

- 層間型
  - パネルタイプ（板状型）
  - マリオンタイプ（柱型・方立型）
- 非層間型
  - スパンドレルタイプ（梁型）
- 組合せ型
  - マリオンタイプとスパンドレルタイプの組合せ
- 張付型

変形吸収方式と目地設計

変形吸収方式

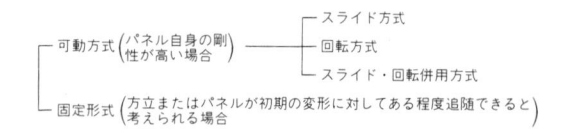

- 可動方式（パネル自身の剛性が高い場合）
  - スライド方式
  - 回転方式
  - スライド・回転併用方式
- 固定方式（方立またはパネルが初期の変形に対してある程度追随できると考えられる場合）

目地設計

温度変化に伴うジョイントの動き，風・地震による層間変位，被着体の材質および大きさ，固定方法，目地幅と深さの関係，施工時期などを考慮して最大変形量を想定し，シーリング材の許容変形率の限界を超えないよう目地幅を決定する。

$$設計目地幅 \geq \frac{目地の変形量}{シーリング材の許容変形率} \times 100 + 設計目地幅寸法の許容差$$

シーリング材の種類と性能

シーリング材の許容変形率（％）

シーリング材の種類		伸縮 長期[1]	伸縮 短期[2]	せん(剪)断 長期[1]	せん(剪)断 短期[2]	耐久性の区分[3]
シリコーン系	2成分形	20	30	30	60	10030
シリコーン系	1成分形	15	30	30	60	10030、9030
		(10)	(15)	(20)	(30)	9030 G
変成シリコーン系	2成分形	20	30	30	60	9030
変成シリコーン系	1成分形	10	15	15	30	9030、8020
ポリサルファイド系	2成分形	15	30	30	60	9030
ポリサルファイド系		10	20	20	40	8020
変成ポリサルファイド系	1成分形	7	10	10	20	8020
変成ポリサルファイド系	1成分形	7	10	10	20	9030
アクリルウレタン系	2成分形	10	20	20	40	9030
ポリウレタン系	2成分形	10	20	20	40	8020
ポリウレタン系	1成分形	10	20	20	40	9030、8020

［注］(1) 長期は熱による伸縮の許容値
(2) 短期は風，地震による伸縮の許容値
(3) JIS A 5758（建築用シーリング材）の区分による
（ ）内の数値は、ガラスまわりの場合

プレキャストコンクリートカーテンウォール

PCaコンクリートカーテンウォールのタイプ

パネルタイプ(板状型) — 柱、梁
マリオンタイプ(柱型) — ガラス、無目
スパンドレルタイプ(梁型) — ガラス、方立
スパンドレルとマリオンの組合せ — ガラス

一般ジョイント目地

縦目地
- (耐火目地材)
- 2次シール 定形シーリング材
- 減圧空間
- バックアップ材
- 1次シール 不定形シーリング材
- 〈内部〉〈外部〉

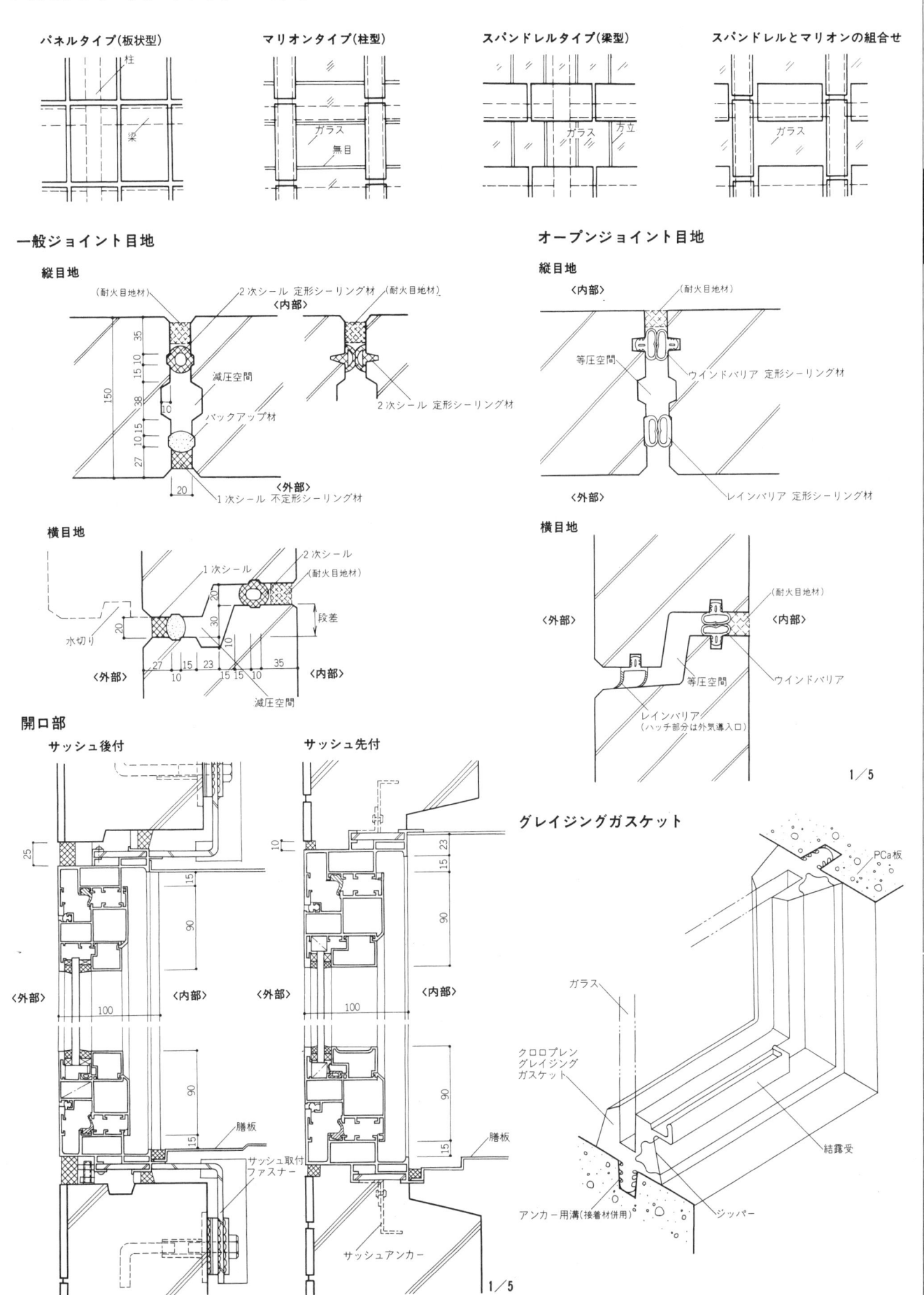

横目地
- 2次シール
- 1次シール
- (耐火目地材)
- 水切り
- 段差
- 減圧空間
- 〈外部〉〈内部〉

オープンジョイント目地

縦目地
- (耐火目地材)
- 等圧空間
- ウインドバリア 定形シーリング材
- レインバリア 定形シーリング材
- 〈内部〉〈外部〉

横目地
- (耐火目地材)
- 等圧空間
- ウインドバリア
- レインバリア(ハッチ部分は外気導入口)
- 〈外部〉〈内部〉

1/5

開口部

サッシ後付 / **サッシ先付**
- 膳板
- サッシ取付ファスナー
- サッシアンカー
- 〈外部〉〈内部〉

1/5

グレイジングガスケット

- PCa板
- ガラス
- クロロプレングレイジングガスケット
- 結露受
- ジッパー
- アンカー用溝(接着材併用)

外壁

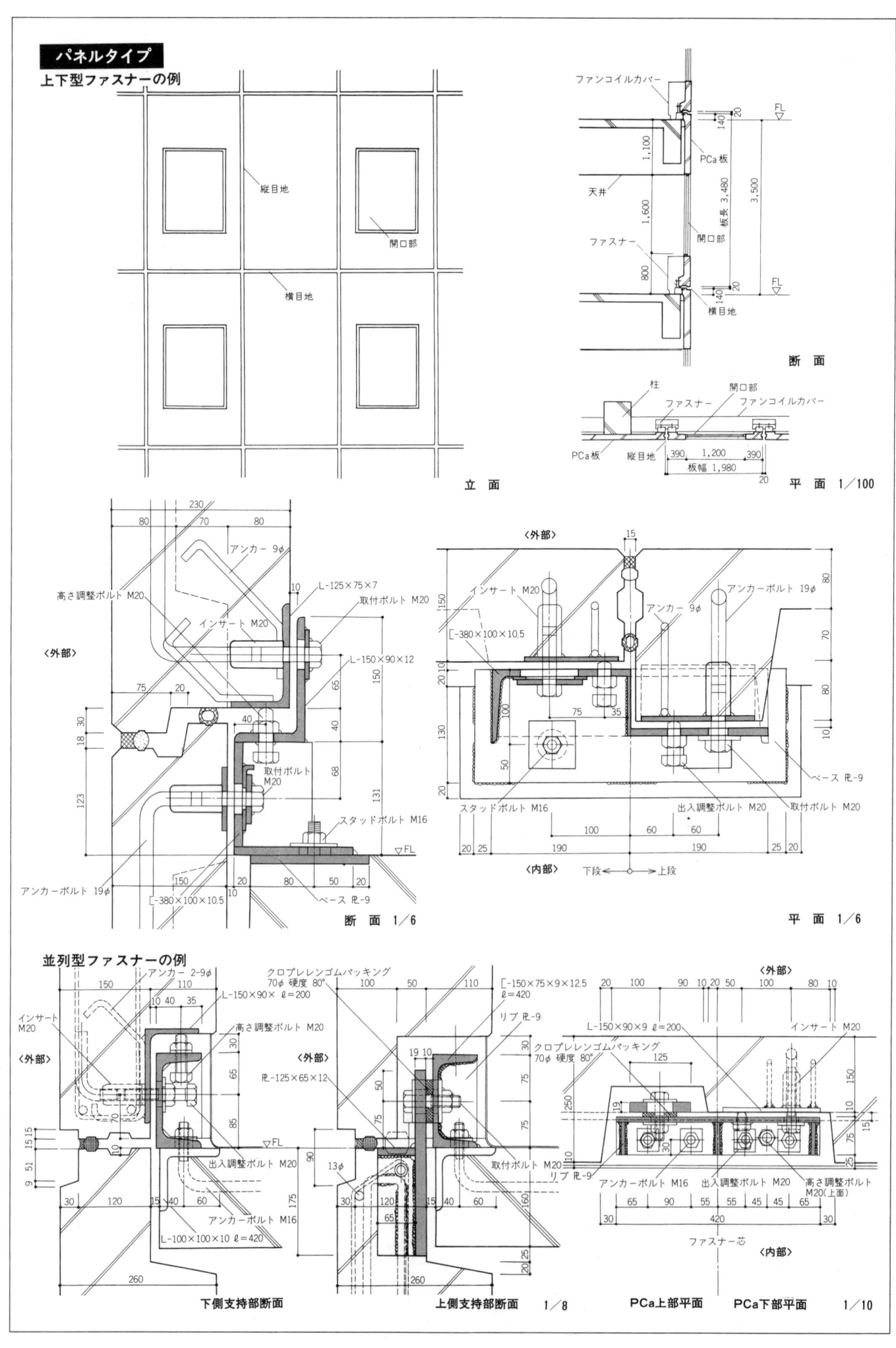

パネルタイプ

上下型ファスナーの例

立面

断面

平面 1/100

断面 1/6

平面 1/6

並列型ファスナーの例

下側支持部断面

上側支持部断面 1/8

PCa上部平面　PCa下部平面 1/10

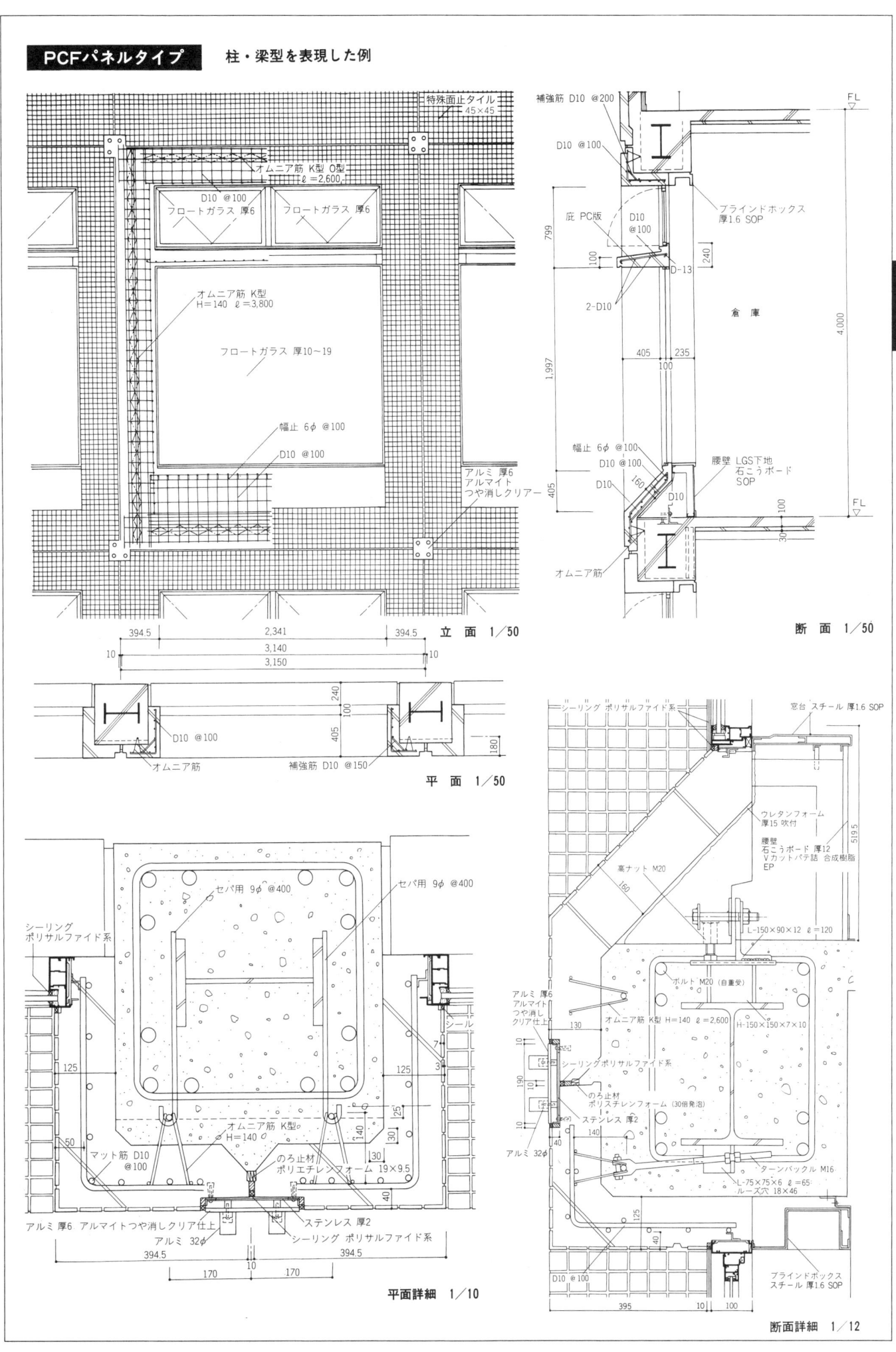

PCFパネルタイプ　柱・梁型を表現した例

外壁

立面 1/50

- 特殊面止タイル 45×45
- オムニア筋 K型 O型 D10 @100 ℓ=2,600
- フロートガラス 厚6
- オムニア筋 K型 H=140 ℓ=3,800
- フロートガラス 厚10～19
- 幅止 6φ @100
- D10 @100
- アルミ 厚6 アルマイトつや消しクリアー

寸法: 394.5 / 2,341 / 394.5 / 3,140 / 3,150 / 10

平面 1/50

- D10 @100
- オムニア筋
- 補強筋 D10 @150

断面 1/50

- 補強筋 D10 @200
- D10 @100
- 庇 PC版
- D10 @100
- 2-D10
- D-13
- ブラインドボックス 厚1.6 SOP
- 倉庫
- 幅止 6φ @100
- D10 @100
- D10
- 腰壁 LGS下地 石こうボード SOP
- オムニア筋

寸法: 799 / 100 / 1,997 / 405 / 240 / 405 / 235 / 100 / 160 / 100 / 30 / 4,000 / FL

平面詳細 1/10

- セパ用 9φ @400
- シーリング ポリサルファイド系
- シール
- オムニア筋 K型 H=140
- マット筋 D10 @100
- のろ止材 ポリエチレンフォーム 19×9.5
- アルミ 厚6 アルマイトつや消しクリア仕上
- アルミ 32φ
- ステンレス 厚2
- シーリング ポリサルファイド系

寸法: 125 / 125 / 50 / 140 / 30 / 25 / 40 / 394.5 / 170 / 10 / 170 / 394.5

断面詳細 1/12

- シーリング ポリサルファイド系
- 窓台 スチール 厚1.6 SOP
- ウレタンフォーム 厚15 吹付
- 腰壁 石こうボード 厚12 Vカットパテ詰 合成樹脂 EP
- 高ナット M20
- L-150×90×12 ℓ=120
- アルミ 厚6 アルマイトつや消しクリア仕上
- ボルト M20（自重受）
- オムニア筋 K型 H=140 ℓ=2,600
- H-150×150×7×10
- シーリング ポリサルファイド系
- のろ止材 ポリスチレンフォーム（30倍発泡）
- ステンレス 厚2
- アルミ 32φ
- ターンバックル M16
- L-75×75×6 ℓ=65 ルーズ穴 18×46
- D10 @100
- ブラインドボックス スチール 厚1.6 SOP

寸法: 519.5 / 160 / 130 / 10 / 190 / 10 / 40 / 125 / 40 / 395 / 10 / 100

金属カーテンウォール

金属カーテンウォールのタイプ

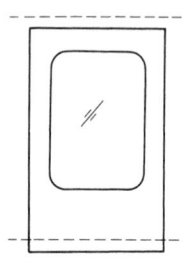

- パネルタイプ（板状型）
- マリオンタイプ（方立型）
- スパンドレルタイプ（梁型）
- スパンドレルタイプとマリオンタイプの組合せ

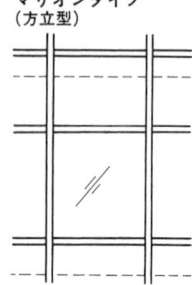

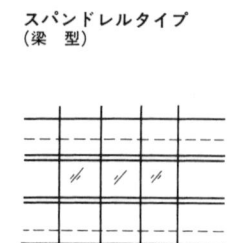

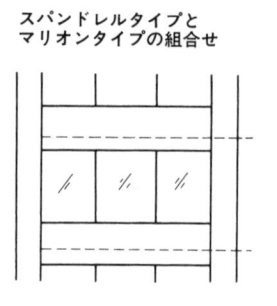

変形とガラスのクリアランス

マリオンタイプやスパンドレルタイプの場合、方立の剛性が低いため、層間変位が生じた場合は、方立は変位なりに変形する。したがって変位の吸収は、方立のガラス溝内での枠とガラスのクリアランスで行わざるを得ない。必要クリアランス(C)は、変形量(Δ)に応じて下式となる。

- ガラスの回転が期待できる場合($h/b>1$)　　$\Delta = 2C \times (1+h/b)$
- ガラスの回転が期待できない場合($h/b<1$)　　$\Delta = 2C$

オープンジョイント

マリオンタイプの方立・無目内に、等圧空間・外気導入口を設け、オープンジョイントとした例。

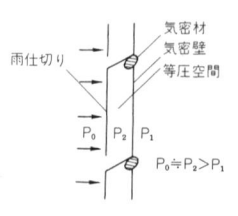

オープンジョイントの基本構成

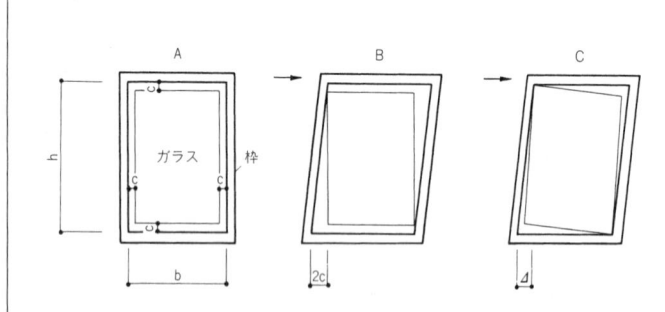

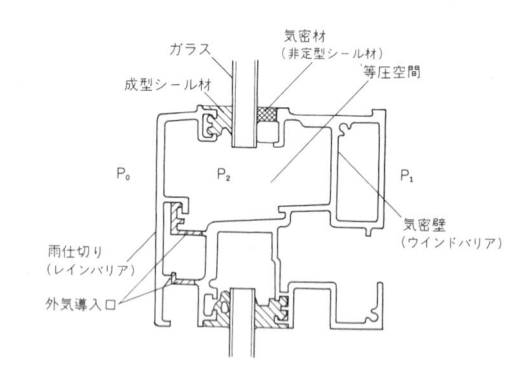

異種金属接触面の電食防止

異種金属の接触部に雨水が飛沫したりすると、電食が促進されるので、下表のように、異種金属接触界面に電気的絶縁材を設けるとともに、雨水が直接かからないようにディテールの配慮が必要である。

組合せ	条件	外部雨掛り部や隠ぺい状態で浸水・湿潤状態になる場合（海水、SO_2・H_2S含有雨水、化学薬品の雰囲気を含む）	隠ぺい状態で浸水・湿潤のおそれのある場合
鉄↕アルミ	鉄 側	溶融亜鉛めっき＋接触部さび止め塗装2回塗り（30ミクロン以上）	亜鉛めっきまたはさび止め塗装2回塗り（30ミクロン以上）
	アルミ側	アルマイト処理（または電解着色）＋瀝青質塗装2回塗り（30ミクロン以上）または合成樹脂パッキング	・アルマイト処理（または電解着色）＋接触部塗装（アクリル系、ウレタン系） ・塗装仕上げの場合はそのまま
アルミ↕ステンレス	アルミ側	アルマイト処理（または電解着色）＋塗装（アクリル系、ウレタン系）	同上
	ステンレス側	接触部塗装（アクリル系、ウレタン系）	無処理
鉄↕銅	鉄 側	合成樹脂パッキング	瀝青質塗装2回塗り（30ミクロン以上）またはさび止め塗装2回塗り（30ミクロン以上）
	銅 側	無 処 理	
アルミ↕銅	アルミ側	アルマイト処理（または電解着色）＋塗装（アクリル系、ウレタン系）	・アルマイト処理（または電解処理）＋接触部塗装（アクリル系、ウレタン系） ・塗装仕上げの場合はそのまま
	銅 側	無 処 理	

［注］表内で厚さの指定のない塗装は7ミクロン以上とする

マリオンタイプ

立面

透明ガラス

透明ガラス

アルミ大型
押出し形材
アルマイト処理

アルミパネル t=2.0
アルマイト処理

1/60

断面

ガラス心

CH 2,500 階高 3,600

1/60

平面

1/60

平面詳細

L-170×110×9
ボルト M12
L-65×65×8 ℓ=70
打込み FB-12×125 ℓ=500
L-125×90×10 ℓ=420
L-65×65×8 ℓ=400
ロックウール吹付 厚20
ボルト M20
ボルト M12
繊維セメント板 厚20
ボルト M10
ステンレスライナー
FB-9×75 加工
シーリング材 PS
シーリング材 PS
アルミ大型押出し形材

1/10

断面詳細

シーリング材 PS
繊維セメント板 厚20
ガラス心
シーリング材 PS
シーリング材 SR
ファンコイルカバー
ボルト M10
ロックウール吹付 厚20
アルミ 厚2
アルミ L-50×50×5 ℓ=50

1/10

ファスナー詳細

ブラケット PL-9
荷揚用吊フック穴 20φ
L-65×65×8 ℓ=70
L-125×90×10 ℓ=420
ボルト M12
ボルト M12
ボルト M10
スタッドボルト M12
打込み FB-12×125 ℓ=500
L-90×90×10 ℓ=360

1/10

外壁

アルミキャストパネルタイプ

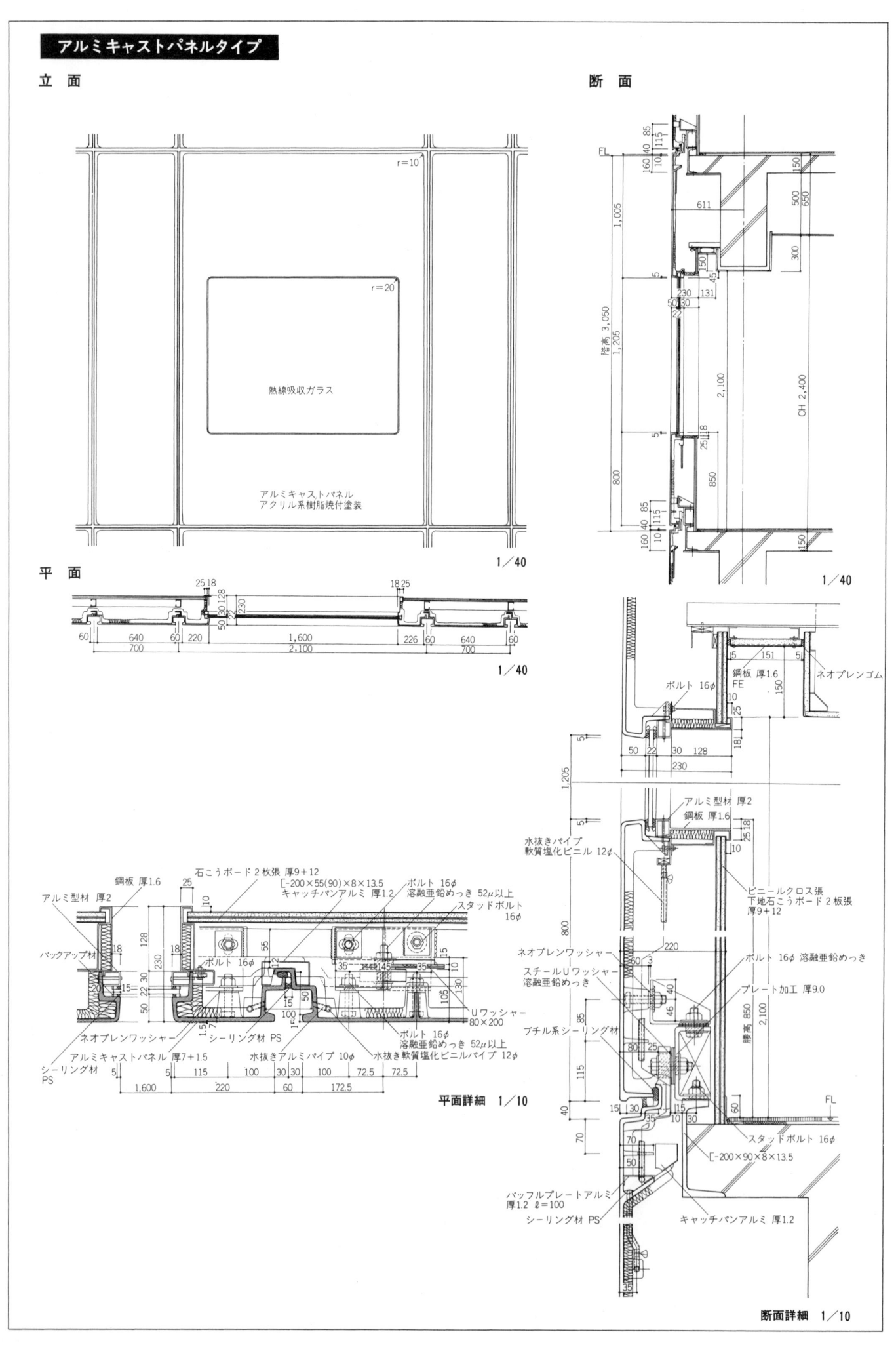

立面

熱線吸収ガラス

アルミキャストパネル
アクリル系樹脂焼付塗装

r=10
r=20

1/40

断面

1/40

平面

1/40

平面詳細 1/10

- 鋼板 厚1.6
- アルミ型材 厚2
- バックアップ材
- ネオプレンワッシャー
- アルミキャストパネル 厚7+1.5
- シーリング材 PS
- 石こうボード2枚張 厚9+12
- [-200×55(90)×8×13.5
- キャッチパンアルミ 厚1.2
- ボルト 16φ
- シーリング材 PS
- 水抜きアルミパイプ 10φ
- 溶融亜鉛めっき 52μ以上
- スタッドボルト 16φ
- ボルト 16φ 溶融亜鉛めっき 52μ以上
- 水抜き軟質塩化ビニルパイプ 12φ
- Uワッシャー 80×200

断面詳細 1/10

- 鋼板 厚1.6 FE
- ネオプレンゴム
- アルミ型材 厚2
- 鋼板 厚1.6
- 水抜きパイプ 軟質塩化ビニル 12φ
- ビニールクロス張 下地石こうボード2板張 厚9+12
- ネオプレンワッシャー
- スチールUワッシャー 溶融亜鉛めっき
- ボルト 16φ 溶融亜鉛めっき
- プレート加工 厚9.0
- ブチル系シーリング材
- バッフルプレートアルミ 厚1.2 ℓ=100
- シーリング材 PS
- キャッチパンアルミ 厚1.2
- スタッドボルト 16φ
- [-200×90×8×13.5

ALCパネル ALCパネルは，地震時に主体構造であるRC構造の動き，すなわち層間変位に追従する納まりである免震工法とする。

縦積み免震工法（ロッキング構法）

一般部
横目地／縦目地　1/15

コーナー部
平板パネルの場合／コーナーパネルの場合　1/15

最上部
1/15

最下部
接地部／防水立上り部　1/15

開口部
1/7.5

開口部

機能 外壁は，壁体部と開口部に分けられ，開口部はいわゆるカーテンウォールと呼ばれる全面建具のものと，柱・梁やウォールガーダーに囲まれた窓，小窓のあるものとに分けられるが，ここでは後者のディテールを示す。

通常，開口部とは窓と出入口の総称として使われる部位で，この部位は遮断と透過という二つの相反する機能をもっているのが特徴的である。外壁・屋根・床といった部位と同様に，風雨や熱・音などの遮断は当然であるが，開口部には人や物の出入り，光線・視線・空気などを必要に応じて透過させねばならない機能が要求される。混在するこの二つの要求機能をまず正確に把握すること，これが開口部ディテールのポイントである。

一般に開口部の透過機能は，採光・通風換気・通行・透視の各機能に分けられる。採光のための開口部面積は，建築法規の定めがあるが，室内空間の快適な明るさの確保は環境衛生的にも重要である。また，開口部による通風換気も，高温・多湿の我が国にあっては必要不可欠である。空調の発達によりビルの開口部ははめ殺しが多いが，最近になって省エネルギーの立場から通風換気可能な窓が見直されてきている。

通行機能は，建物の用途，出入口の性格，通行量などによって決まり，特に通行量の多い商業ビルなどでは，その開閉操作が自動的に行える自動ドアが多く使われている。また視線・眺望などの透視機能は，商業ビルのショーウィンドウなどがその代表的な例で，最近では大型ガラスのジョイントレス構法を用いて効果を挙げている。開口部の遮断機能としては，遮音・断熱・防露・水密・耐風・耐震性能などが重要である。

開口部の遮音性能は，ガラス自身の質量と建具の気密性で決まり，したがって遮音性能を高めるためには，二重ガラスや二重窓にすることや，はめ殺し窓を多くすること，エアタイト，防音サッシなど気密性の高い建具やガラスブロックを使用することなどが挙げられる。開口部におけるガラスの断熱性能は，一般壁の半分以下で，特に断熱性を高める建物にあっては複層ガラス・二重サッシ・断熱サッシなどを考慮する。また，熱線吸収ガラスや熱線反射ガラスなどは，直射日光による熱を防ぐため有効でよく使用される。一般ガラスでは，完全に結露を防ぐことは難しいので，その対策をあらかじめ考慮しておく。サッシに結露受けを設けて，ガラス面より伝わって落ちる結露水を受ける方法，水抜き穴を設けて外部に排出するなどの防露対策を講じる。水密性能は，はめ殺し，可動などのタイプによって異なるが，RC造の場合は水密性の比較的高いアルミサッシが多く使用され，この場合はサッシと躯体取合い部の雨仕舞がポイントである。耐風性能は，枠・框・ガラス厚の検討，耐震性能は地震時の変形により建具・ガラスに破損・脱落のないことなどの検討が必要となる。

材料開閉方式など 一般に，窓障子・出入口扉などを総称して建具といい，建具をはめる枠を建具枠と呼ぶ。建具材料は，木製と金属製建具があり，金属材料には普通鋼材，ステンレス鋼，アルミなどがあり，このうちアルミサッシュは，住宅からビルまで幅広く使用され，建築構成材のうち現在最も進歩し普及率の高い材料と言える。

金属製建具の取付けは，取り付けるコンクリート壁に，あらかじめ埋め込んである取付金属と，建具枠の裏面に設けた取付金物とを溶接して固定後，枠まわりを完全にモルタル充填するのが普通である。

開閉方式によって開口部を大別すると，はめ殺し窓と可動窓とがあり，はめ殺し窓は採光を主目的とし，開閉はできない。可動窓は，引違い・片引き・開き・回転・滑り出し・内倒し窓など，出入口扉では，開き・引き・折畳み・回転ドアなどが，それぞれの用途に応じて選択される。

その他，特殊建具としてシャッターがある。シャッターは，開口部全体を開閉できる建具で防風・防火・防煙・防盗などの役割を果たし，ガレージ・工場・銀行などの出入口やショーウィンドウの前面などに多く設けられる。

窓

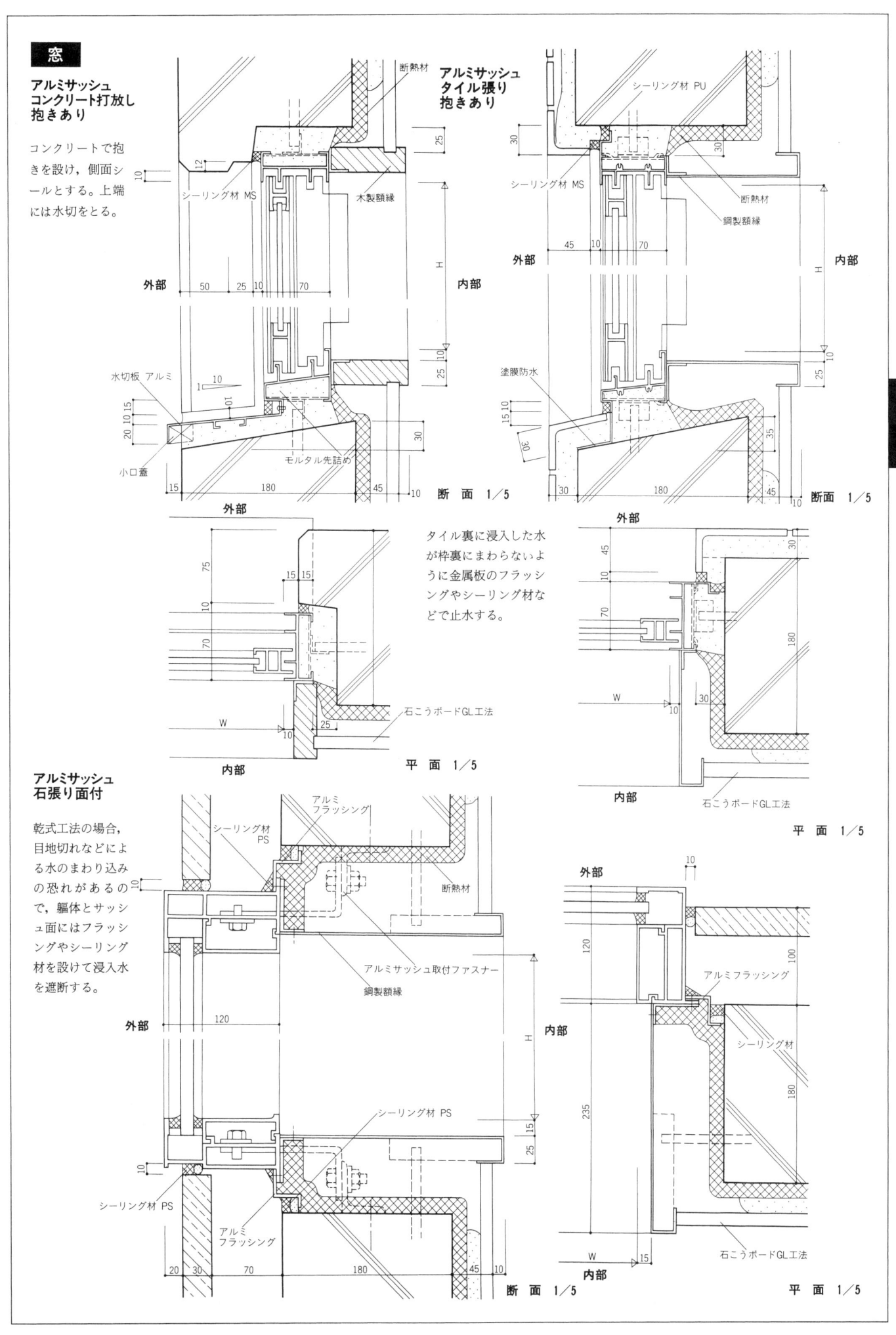

**アルミサッシ
コンクリート打放し
抱きあり**

コンクリートで抱きを設け，側面シールとする。上端には水切をとる。

**アルミサッシ
タイル張り
抱きあり**

タイル裏に浸入した水が枠裏にまわらないように金属板のフラッシングやシーリング材などで止水する。

**アルミサッシ
石張り面付**

乾式工法の場合，目地切れなどによる水のまわり込みの恐れがあるので，躯体とサッシ面にはフラッシングやシーリング材を設けて浸入水を遮断する。

開口部

ガラリ

ガラリの羽根は雨に対して吹き込みにくい形状とする。ただ防水性に重点をおき過ぎると有効開口率が減少するので注意する。また、完全な防水性は期待できないので、内部側で水受けを設けるなどの対策も必要である。

一般ガラリ

ダクト接続ガラリ

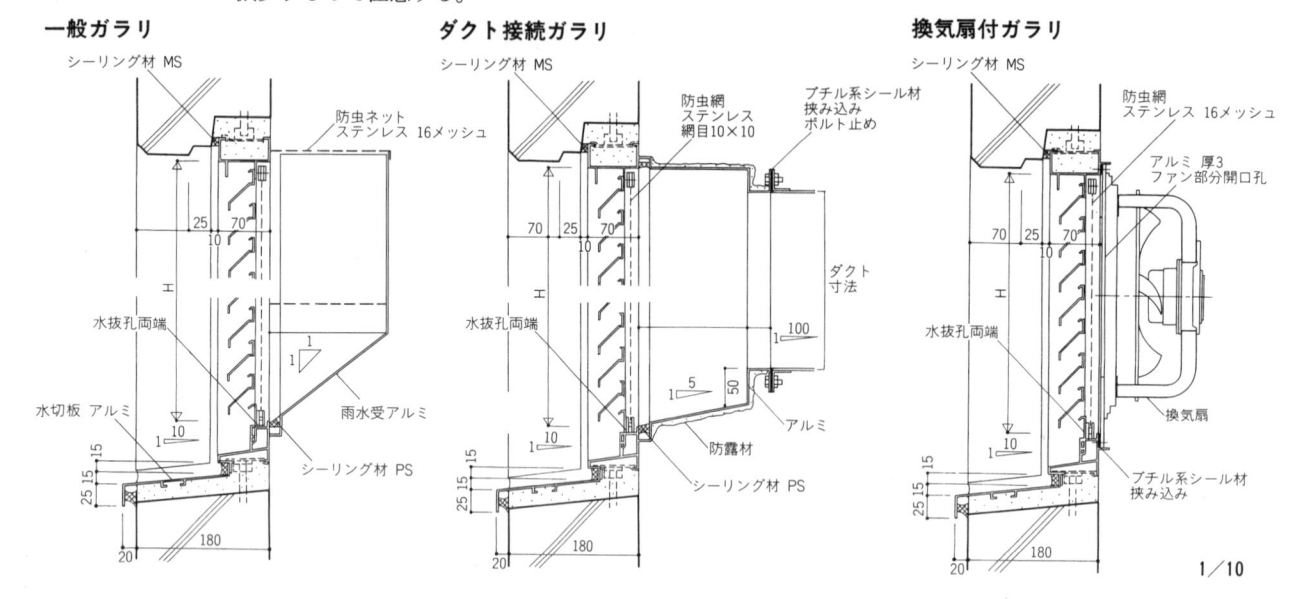

換気扇付ガラリ

1/10

ガラスブロック

四周ともすべり材やクッション材で縁を切り、層間変位に対応する。また、5m内外ごとに伸縮目地を設ける。枠とガラスブロックおよび伸縮目地間は弾性シーリングを充填する。

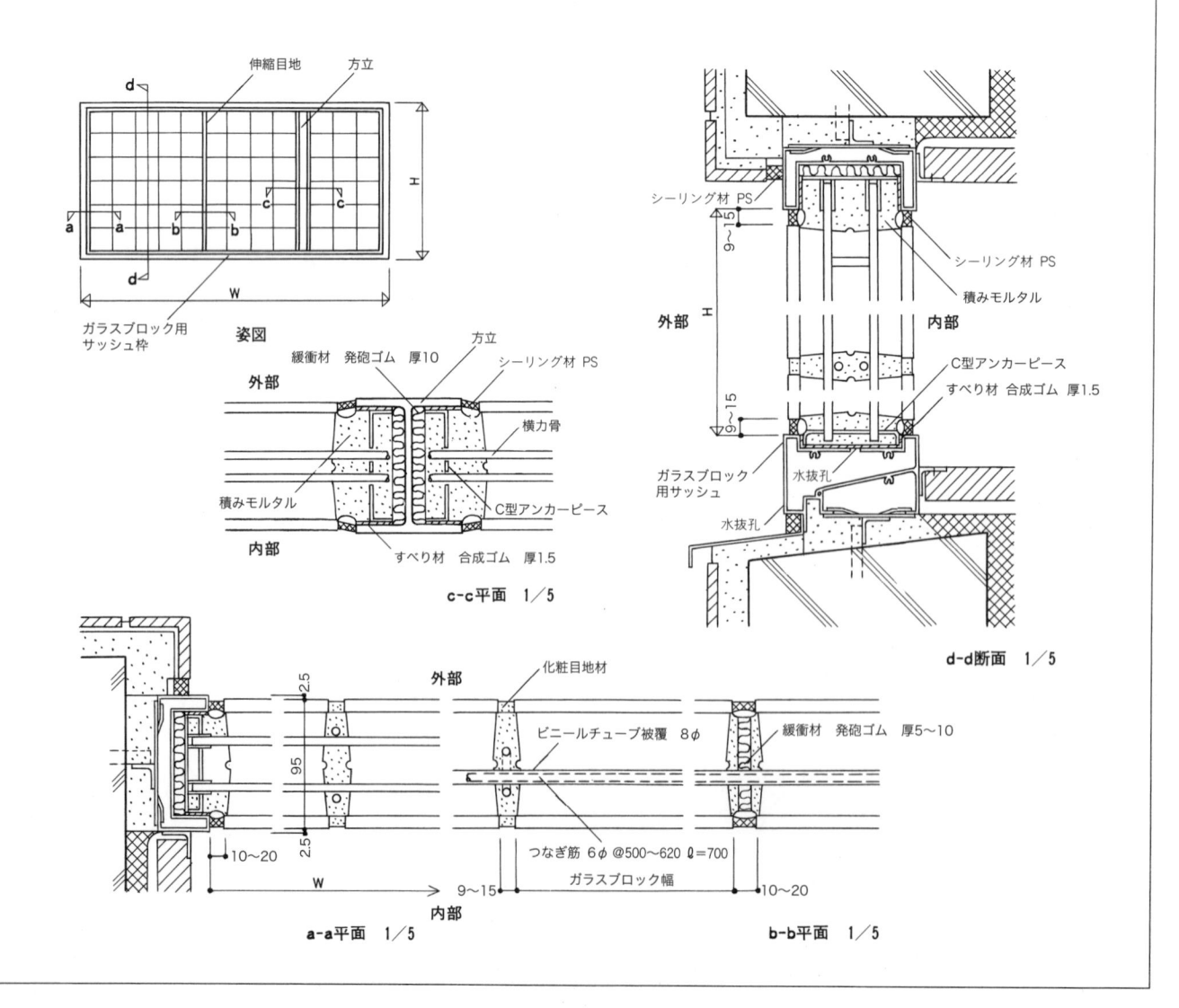

c-c平面 1/5

d-d断面 1/5

a-a平面 1/5

b-b平面 1/5

ドア

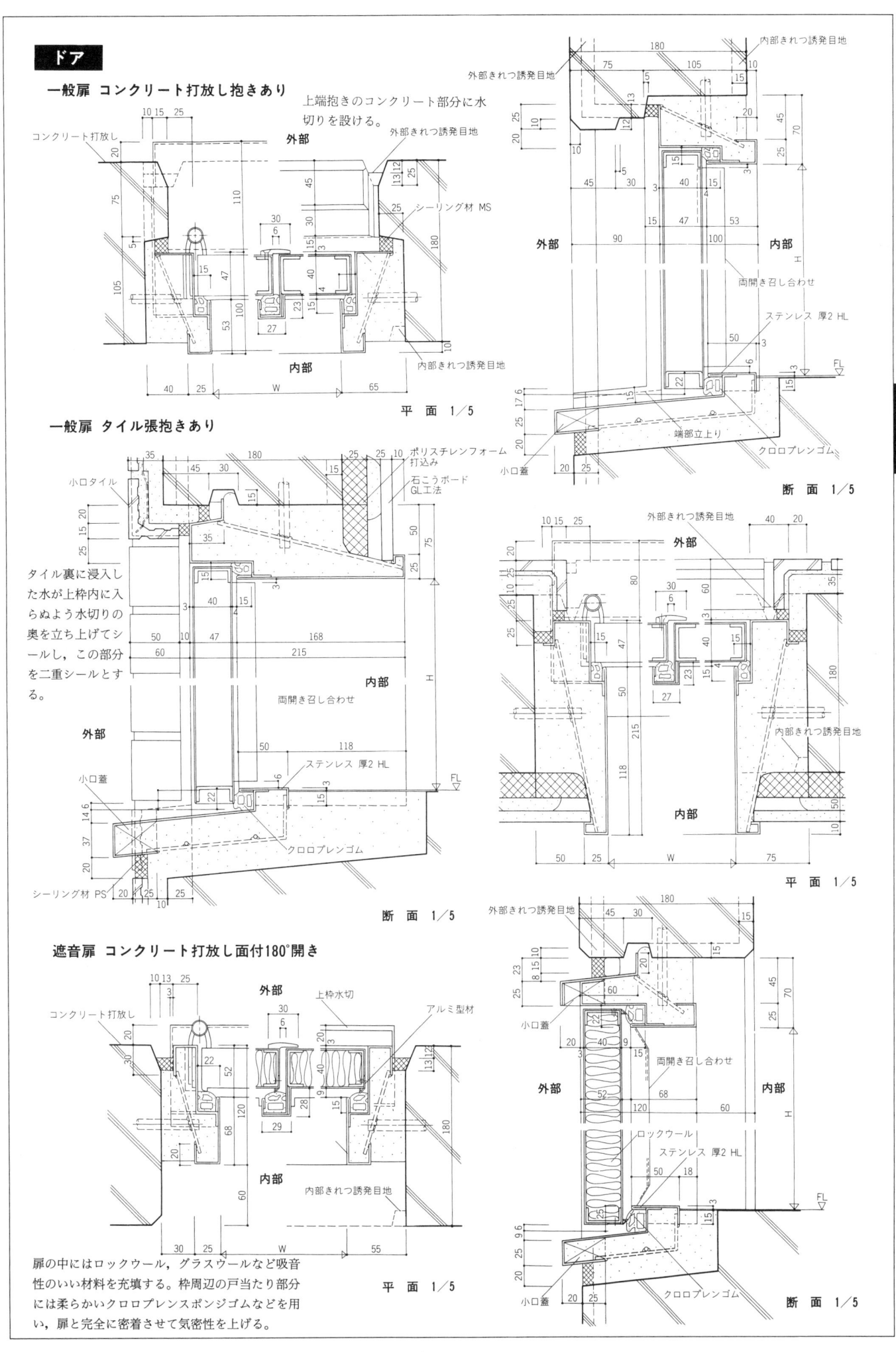

一般扉 コンクリート打放し抱きあり

上端抱きのコンクリート部分に水切りを設ける。

平面 1/5
断面 1/5

一般扉 タイル張抱きあり

タイル裏に浸入した水が上枠内に入らぬよう水切りの奥を立ち上げてシールし，この部分を二重シールとする。

断面 1/5
平面 1/5

遮音扉 コンクリート打放し面付180°開き

扉の中にはロックウール，グラスウールなど吸音性のいい材料を充填する。枠周辺の戸当たり部分には柔らかいクロロプレンスポンジゴムなどを用い，扉と完全に密着させて気密性を上げる。

平面 1/5
断面 1/5

開口部

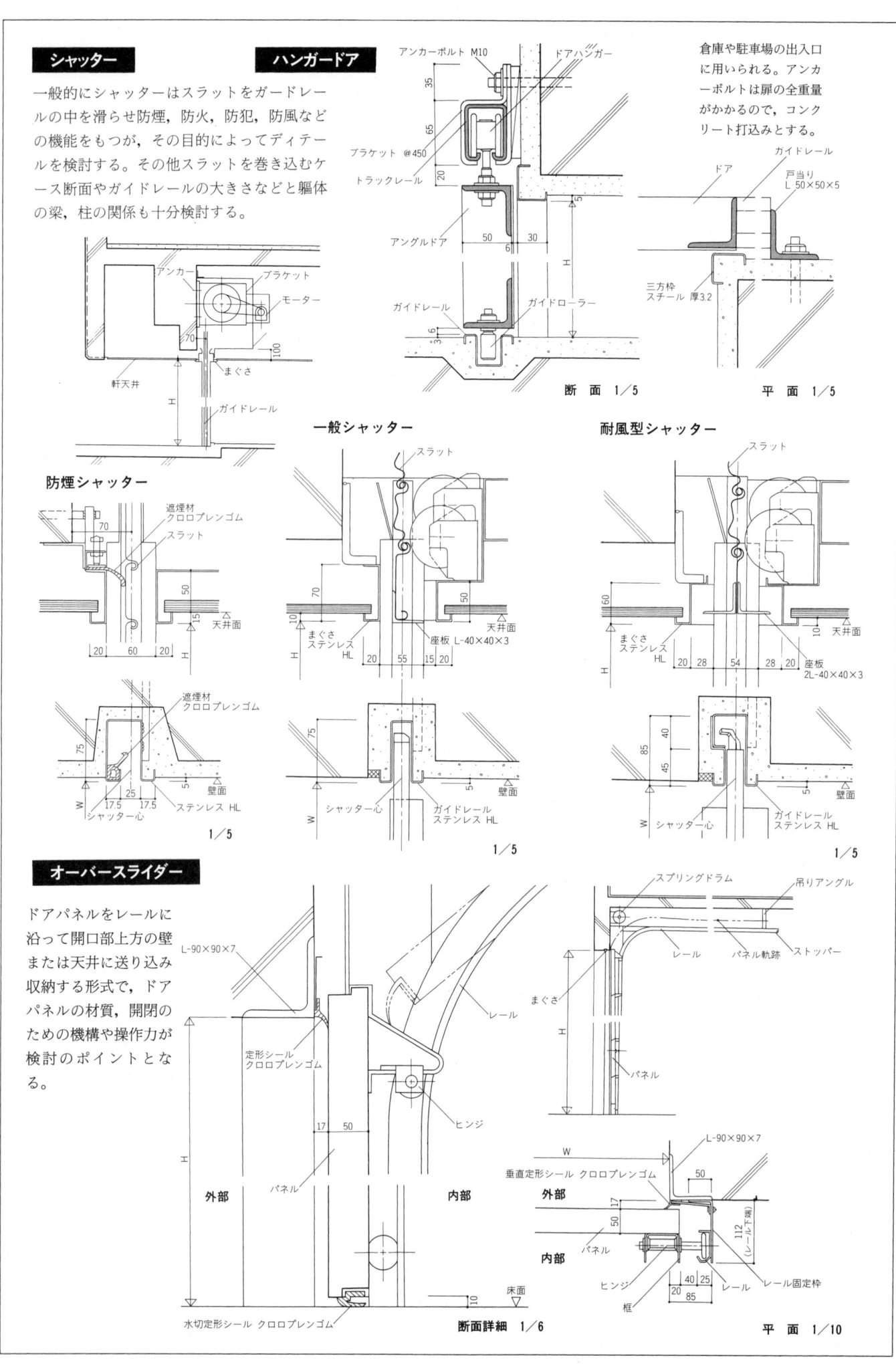

シャッター

一般的にシャッターはスラットをガードレールの中を滑らせ防煙，防火，防犯，防風などの機能をもつが，その目的によってディテールを検討する。その他スラットを巻き込むケース断面やガイドレールの大きさなどと軀体の梁，柱の関係も十分検討する。

ハンガードア

倉庫や駐車場の出入口に用いられる。アンカーボルトは扉の全重量がかかるので，コンクリート打込みとする。

防煙シャッター　　　一般シャッター　　　耐風型シャッター

1/5

オーバースライダー

ドアパネルをレールに沿って開口部上方の壁または天井に送り込み収納する形式で，ドアパネルの材質，開閉のための機構や操作力が検討のポイントとなる。

断面詳細 1/6　　　平面 1/10

内壁

機能 外壁と同様に，内壁も構造上の耐力壁と帳壁（非耐力壁）とがあり，平面計画上はまず構造的な耐力壁が決まり，次いで用途・機能的な間仕切としての帳壁が決まる。帳壁としての間仕切壁は，将来の変更対応の程度に応じて，固定式や可動式が選ばれる。

内壁に要求される機能は，外壁ほど過酷ではないが，その数は非常に多い。

耐衝撃性は，内壁の特徴的な要求性能で，家具や人が突き当たったときに，内壁の仕上げが損傷を受けない強さをいう。また，内壁の断熱性は，隣室も同じ居住条件であれば熱の移動はないが，特殊な部屋や温度差がある場合は考慮する。特にコンクリート外壁の内面壁は断熱が必要で，断熱材の打込みや後張り，吹付けなど，種々の構法がある。内壁の防火性については，防火区画，内装制限，防煙垂れ壁など法の規制になるものが多いが，厨房・湯沸室など火気使用の部屋は特に注意する。浴室・厨房など水場と呼ばれる部屋の内壁は，耐水性が要求される。腰壁などは床の防水層を立ち上げる要があり，その端末処理と仕上げの関連など，ディテール上の対処も慎重を要する。遮音性については，コンクリート壁においてはかなり期待できるが，乾式の間仕切壁では特に注意を要する。中空空気層にグラスウールを厚く充填したり，また上階床下面まで間隙なく区画する要がある。吸音性を要求される場合は，反射音どうしが共鳴しないよう室形状を考慮するとか，内壁にあってはその仕上げに吸音効果のある材料を使用する。内壁の要求性能は，さらに汚れのつき難いこと，目立ち難いことなどの耐汚染性，清掃しやすさ，取り替えやすさのメンテナンス性，退色性，傷害性，発音性など数多い。さらに，質感・色調・感触などのデザイン的要素も内壁の場合は重要である。

構法 RC造の場合の内壁の主体構造は，コンクリート，コンクリートブロック，軽量形鋼，木材，ALC板などがあり，その内壁に要求される性能に応じて選択する。仕上げの形態は，幅木または雑巾摺・腰壁や壁などで構成されるのが普通である。幅木は壁と床の接する部分で，靴先や掃除具などで損傷を受けないよう保護したもので，人や物の触れる度合の多い内壁の出隅も，コーナービードや保護材を設けるなどの処置が必要である。

内壁の仕上材は多種多様であるが，構法的に大別すると，壁体に直接仕上げを行うものと，壁体にフレーム・下地を設けた上に仕上げを施す場合とに分けられる。壁体に直接仕上げを行う場合若干の下地処理は必要であるが，塗壁からタイル・石張りなど多くの仕上げを含む。塗壁は，仕上面は平滑で，ひび割れなど生じないよう所要間隔に目地をとり，特に下地材料の異なる部分を同一面で仕上げる場合は，その位置で目地をとることは亀裂防止上有効である。

タイル張りは，一般に便所・厨房などの水場に多く使用され，防水層との取合いや温度変化の激しい場所では，下地やタイルの膨張・収縮によるタイルの剥落に注意を要する。

壁体の下地やフレームは，木造や軽量形鋼で構成され，その上に板張り・合板・ボード張りなどの乾式工法がRC造の場合に多い。ボードなどのジョイントは亀裂が入りやすいので，目地を設けることが望ましい。ボード類のなかで，下地材を設けず接着剤入モルタルで直接壁体に取り付ける石こうボードGL工法が多く使われている。

内壁には，本格的な間仕切のほかに軽量間仕切または簡易間仕切と呼ばれるものがある。これも室内を仕切る帳壁の一種で，遮音，プライバシーなどがあまり厳しく要求されない部屋の区画に用いられ，床荷重の低減，可動性，工期短縮などにメリットがある。軽量間仕切は，アルミニウムの押出し型材や鋼板パネルを使用したものが多く，工場製品として各社より市販されている。軽量間仕切には可動型と固定型とがあり，それぞれの用途に応じて選定され，その間仕切の種類は，遮音・耐火・テナント用間仕切をはじめ学校建築用，電算室・収納家具用間仕切，さらにトイレットブースからロータイプの間仕切まで，多種多様のものがある。

コンクリート打放し・塗り仕上

コンクリート打放し　（塗装，吹付）

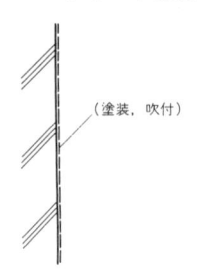

モルタルこて押え　（塗装，吹付／クロス）　20

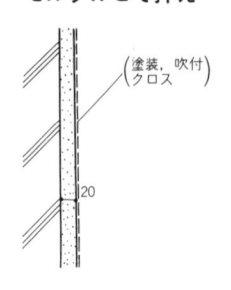

樹脂モルタル薄塗こて押え　（塗装，吹付／クロス）　5

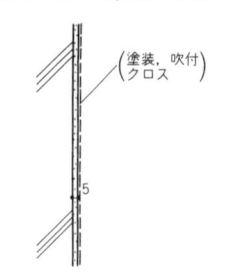

石こうプラスターこて押え　15

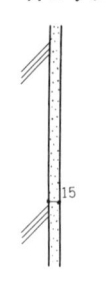

1/10

出隅・コーナーガード・コーナービード

面取り　10／10

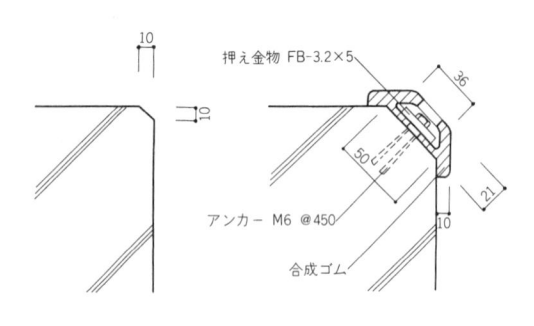

ゴム製面取りコーナーガード
- 押え金物 FB-3.2×5
- 36
- 50
- 21
- 10
- アンカー M6 @450
- 合成ゴム

鋼製面取りコーナーガード
- 凡-3.2
- 25　20
- アンカー FB-25×3 @450

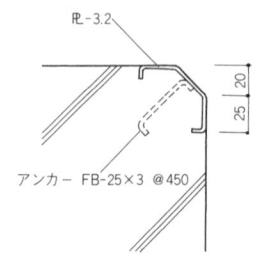

丸面取り　r=6　15〜20

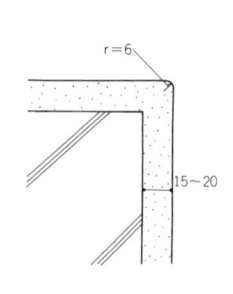

コーナービード
- コーナービード既製品
- 15〜20

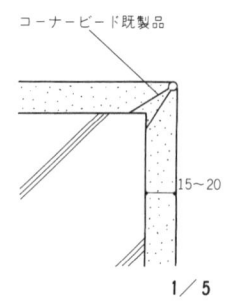

1/5

石張り

花崗岩・大理石——部分とろ工法
- 横筋 D10
- アンカー M12 @450
- 引金物 ステンレス 3.6φ
- だぼ ステンレス 3.2φ
- 急結セメント
- 40
- 20〜30
- 1〜6
- 15

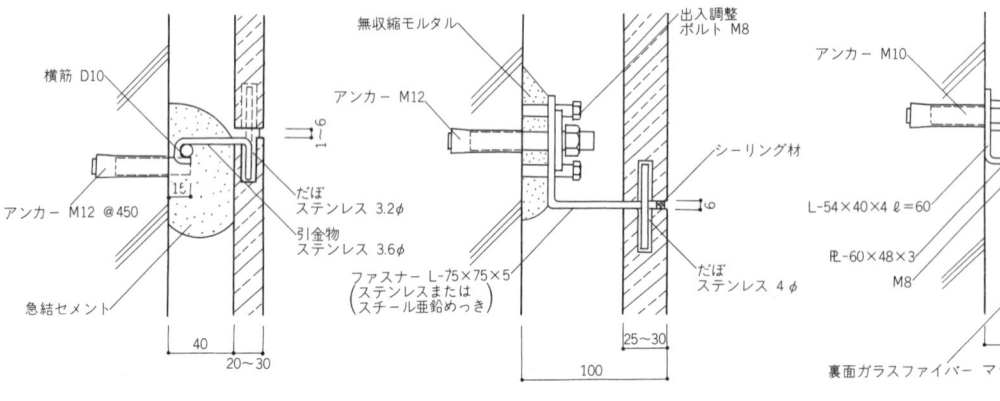

花崗岩・大理石——乾式工法
- 無収縮モルタル
- アンカー M12
- 出入調整ボルト M8
- シーリング材
- だぼ ステンレス 4φ
- ファスナー L-75×75×5（ステンレスまたはスチール亜鉛めっき）
- 6
- 25〜30
- 100

結晶化ガラス——乾式工法
- アンカー M10
- シーリング材
- L-54×40×4 ℓ=60
- 凡-60×48×3
- M8
- バックアップ材
- だぼ ステンレス 3φ
- 15〜17
- 6
- 65
- 裏面ガラスファイバー マット張り

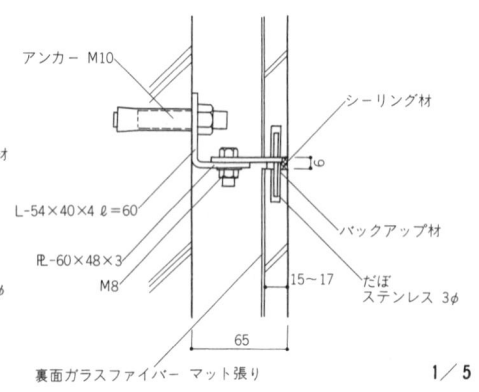

1/5

出隅

一般納り　6　18〜20

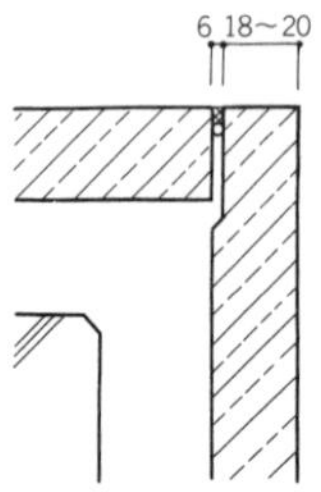

二面切り納り　6　18〜20　3〜15

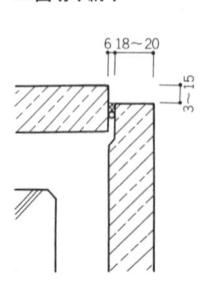

方向性をなくした納り　15〜20　15〜20

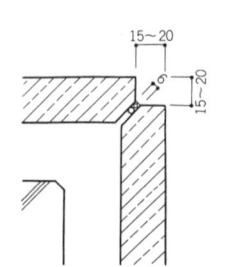

同じ石厚によりコーナー石風に見せた納り　6　25　W　3〜15　3〜15　6　25

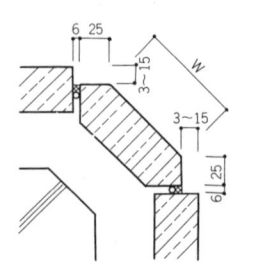

1/5

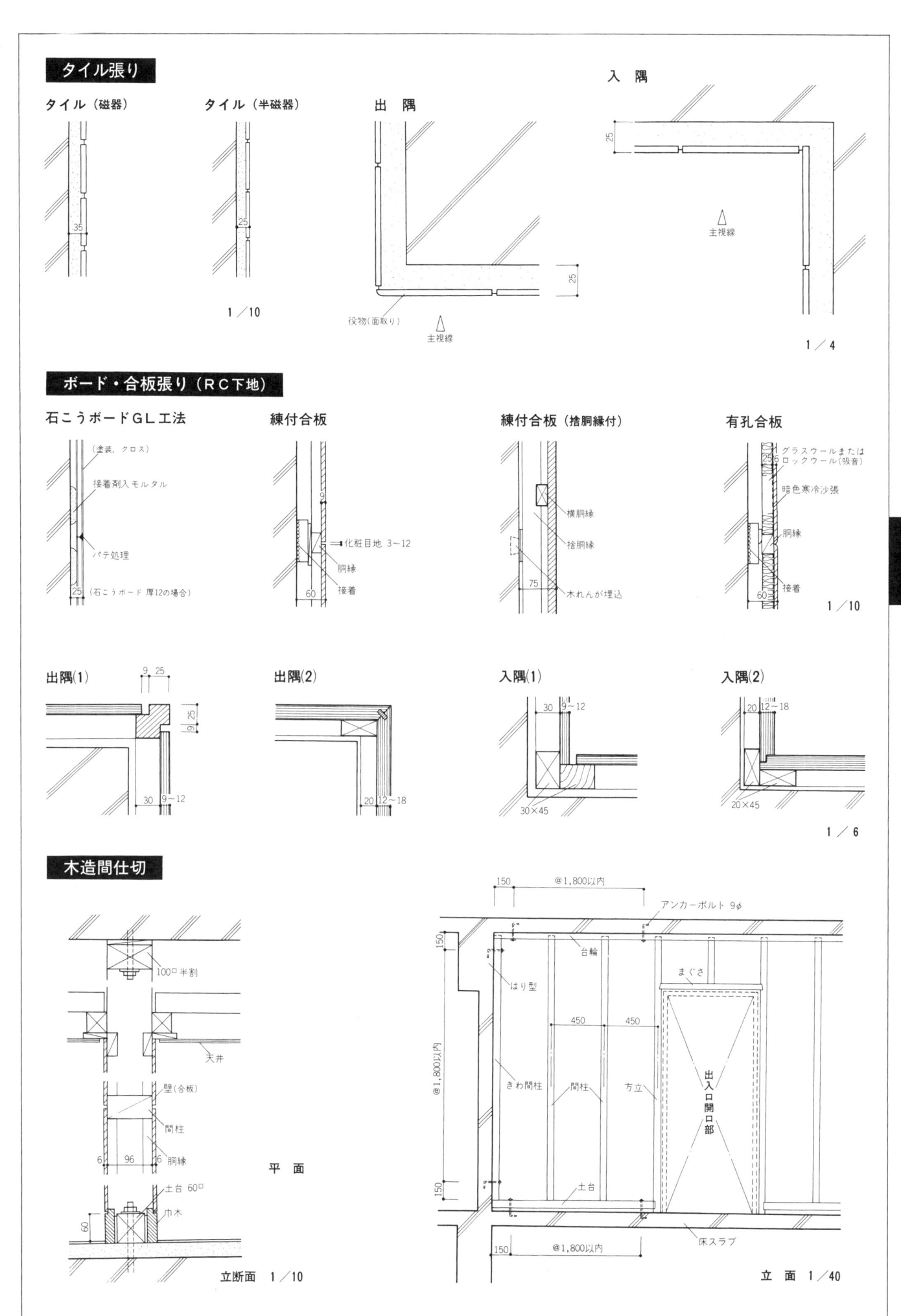

タイル張り

タイル（磁器） — 35
タイル（半磁器） — 25
1/10

出隅 — 25
役物（面取り）
主視線

入隅 — 25
主視線
1/4

ボード・合板張り（RC下地）

石こうボードGL工法
- （塗装，クロス）
- 接着剤入モルタル
- パテ処理
- 25（石こうボード 厚12の場合）

練付合板
- 9
- 化粧目地 3〜12
- 胴縁
- 60 接着

練付合板（捨胴縁付）
- 横胴縁
- 捨胴縁
- 75 木れんが埋込

有孔合板
- 25 グラスウールまたはロックウール（吸音）
- 暗色寒冷沙張
- 胴縁
- 60 接着

1/10

出隅(1) 9　25／9　25／30　9〜12
出隅(2) 20　12〜18
入隅(1) 30　9〜12／30×45
入隅(2) 20　12〜18／20×45

1/6

木造間仕切

- 100□半割
- 天井
- 壁（合板）
- 間柱
- 6　96　6　胴縁
- 土台 60□
- 60 巾木

平面　立断面 1/10

立面 1/40
- 150　@1,800以内
- アンカーボルト 9φ
- 150
- 台輪
- はり型
- まぐさ
- 450　450
- きわ間柱
- 間柱
- 方立
- 出入口開口部
- 土台
- 150　床スラブ
- @1,800以内

内壁

軽鉄間仕切

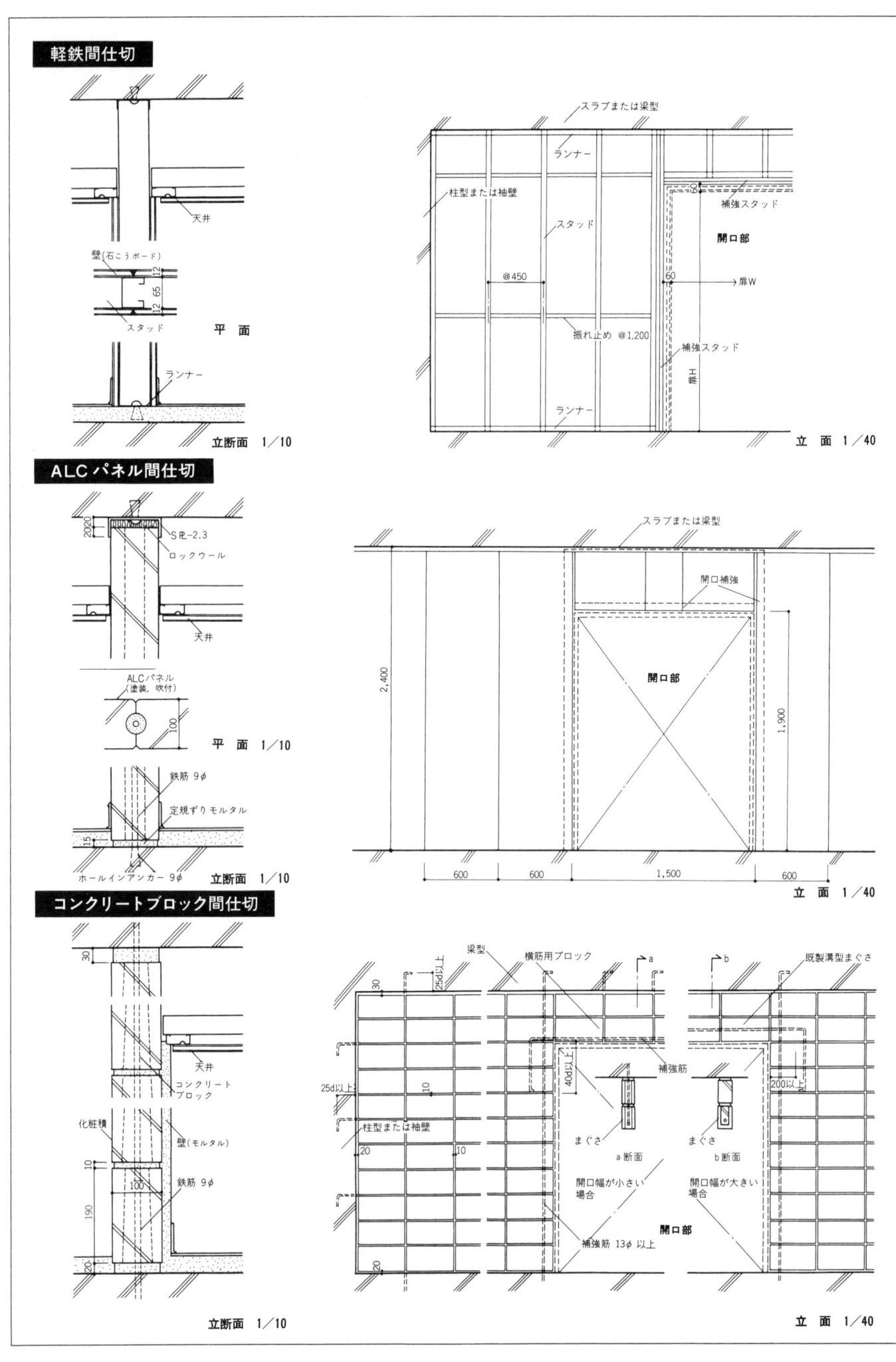

立断面 1/10

- 天井
- 壁(石こうボード)
- スタッド
- ランナー
- 平面

立面 1/40

- スラブまたは梁型
- ランナー
- 柱型または袖壁
- スタッド
- 補強スタッド
- 開口部
- @450
- 扉W
- 振れ止め @1,200
- 補強スタッド
- ランナー

ALCパネル間仕切

立断面 1/10

- SR-2.3
- ロックウール
- 天井
- ALCパネル(塗装, 吹付)
- 平面 1/10
- 鉄筋 9φ
- 定規ずりモルタル
- ホールインアンカー 9φ

立面 1/40

- スラブまたは梁型
- 開口補強
- 開口部
- 2,400
- 1,900
- 600 / 600 / 1,500 / 600

コンクリートブロック間仕切

立断面 1/10

- 天井
- コンクリートブロック
- 化粧積
- 壁(モルタル)
- 鉄筋 9φ

立面 1/40

- 梁型
- 横筋用ブロック
- 既製溝型まぐさ
- 柱型または袖壁
- 補強筋
- まぐさ
- a断面 開口幅が小さい場合
- b断面 開口幅が大きい場合
- 開口部
- 補強筋 13φ 以上
- 25d以上
- 200以上

鋼製ドア

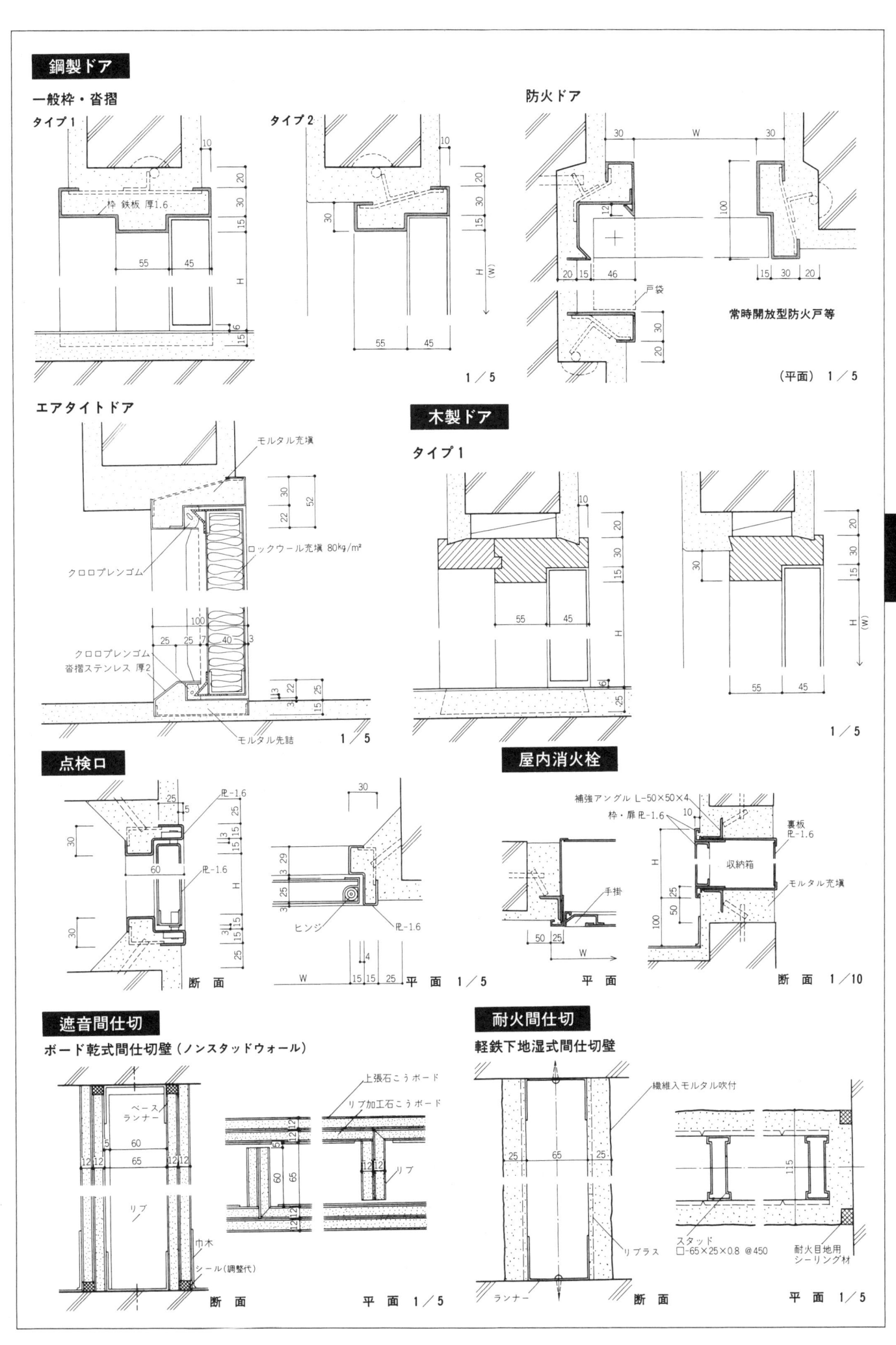

一般枠・沓摺

タイプ1 / タイプ2

防火ドア

常時開放型防火戸等

（平面） 1/5

エアタイトドア

モルタル充填
ロックウール充填 80kg/m²
クロロプレンゴム
沓摺ステンレス 厚2
モルタル先詰
1/5

木製ドア

タイプ1

1/5

点検口

断面 / 平面 1/5

屋内消火栓

補強アングル L-50×50×4
枠・扉 凡-1.6
裏板 凡-1.6
収納箱
モルタル充填
手掛
平面 / 断面 1/10

遮音間仕切

ボード乾式間仕切壁（ノンスタッドウォール）

上張石こうボード
リブ加工石こうボード
ベースランナー
リブ
巾木
シール（調整代）
断面 / 平面 1/5

耐火間仕切

軽鉄下地湿式間仕切壁

繊維入モルタル吹付
リブラス
スタッド □-65×25×0.8 @450
ランナー
耐火目地用シーリング材
断面 / 平面 1/5

内壁

床

機能 床は建築物の空間において下限面を構成し，その上で人が生活し，また生活に必要な物を置く部位である。したがって，床の機能はこれらの積載荷重を支えることが重要な要素で，さらに常に人・物がじかに接触したり移動したりするので，耐摩耗，耐衝撃性や足触りの感触性，汚れにくさ，すべりにくさなどが必要である。これらの機能は床のおかれる位置や使用状況により大きく異なる。床の位置・使用状況を大別すると，テラス・バルコニー・犬走りなどの屋外の床と屋内の床とに分けられる。屋外の床は，人が乗ることのほかに，耐水性・耐候性・安全性などの機能が求められる。屋内の床をその位置でみると，一般階の床，屋外に接する床，最下階の床，地下階の床などがあり，このうちピロティの上部にある屋外に接する床や最下階の床では，まず断熱性が問題となり，最下階・地下階の床は，地面に近接しているので水や湿気に対する配慮が必要となる。次に用途上から床機能を分類すると，まず住宅のような素足で乗る床があり，暖かさや感触のよさが特に重要で，畳・じゅうたん類がよく用いられる。駅のプラットホーム・集会施設など多くの人の利用する床では，摩耗しにくい，すべりにくい，傷のつきにくいことなどが重要な条件となる。体育館などスポーツ施設などの床では，丈夫なこと，すべりにくく，適当な弾力性のあることなどが必要である。また，病院の床では，清潔さが重要で吸塵性のない，ほこりの出にくい，発音しにくい，清掃の容易なことなどが必要な条件である。手術室や特殊な部屋では，耐薬品性・X線遮断性・電導性などが要求される。発音性や吸音性が特に重要視されるのは，スタジオや美術館・展示場などの床である。また，電子計算機室など床下配線の多い床では，フリーアクセスフロアを使用し床下に配線できるよう考慮する。浴室・便所などの水を使用する部屋では，故障して水が下階に漏れたり浸透しないように防水性が要求される。

構法 床の主体構造は，建築物の主体構造であって床に加わる外力や床の自重を支持するとともに，床仕上材の下地でもあり，また，高層建物では，水平の防火区画の役目をもつ。床の主体構造の種類は，木質系，鉄鋼系，コンクリート系の床に分けられる。RC造におけるコンクリート系の床には，現場で鋳造する一体式構造床と既製コンクリートの梁・スラブなどで組み立てた組立構造床と，これら両者を併用した床とがある。一体式構造床には，梁持ち・フラットスラブ・ジョイストスラブ・特殊リブ持ち・捨型枠などの構法による床があり，組立構造床には，平板・リブ付き・穴明き・ジョイスト床板などがある。薄肉プレキャスト板を用いた中空スラブは，既製プレキャスト板を架け渡し，型枠がわりにしてその上に現場コンクリート打ちを行い一体化してスラブを構成するという，一体式と組立式の併用したものといえる。

床の仕上げ 床の仕上げは，通常は下地を仲介にして床構造と結合されるが，コンクリート直押え仕上げのように床構造体がそのままで仕上床となるものもある。木製床には，縁甲板・フローリングボードなどの長尺板で仕上げる板張り床，木材の木理・自然色を利用して幾何学的な模様を描いて仕上げる高級な床である寄木張り，また，下地板や押入・物入などの床は合板・ボード張りの床を使用する。そのほかに木質系の張付け床があり，これは短尺・小片状の板をブロック状などに加工した仕上材を木造下地やモルタル下地で仕上げる床で，その種類には，フローリングブロック張り・パーケット類張りがある。また，ゴム・樹脂系の床張り材料には，ゴム・アスファルトクマロン・塩化ビニル・油脂系などがあり，形状はタイル状とシート状のものがある。コンクリート下地に塗り仕上げる床には，モルタル塗・人造石塗・合成樹脂塗などの塗床がある。また，コンクリート下地に置敷きで仕上げる床には，畳敷・じゅうたん敷・たたき・木れんが・れんが敷床などがある。そのほか，石張りには花崗岩などの硬石が一般に用いられ，タイル張り床では，吸水性の小さい磁器質・せっ器質のタイルが用いられる。床の特殊構法としては，フリーアクセスフロアなどの二重床のほか電導床・防震床・防音床・防水床・防湿床・断熱床・耐薬品床・暖房床などがあり，要求性能に応じて選定される。

床仕上

コンクリート直押え
(打増し)

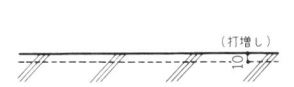

モルタルこて押え
化粧目地

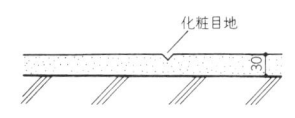

現場研ぎテラゾー
目地棒／下地モルタル／防水紙／敷き砂／鉄網 10# 200目
木ずり すぎ白太材

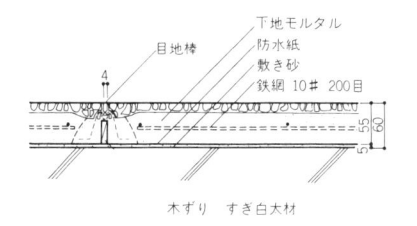

プラスチック系シート
直張　(打増し)

モルタル下地

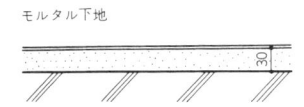

カーペット
P.P.カーペット直張　(打増し)

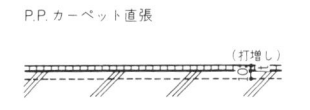

フェルト＋カーペット
カーペット（標準7）
アンダーフェルト（標準10）
モルタル

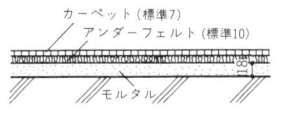

木製床（直張）
パーケットモザイク
モルタル

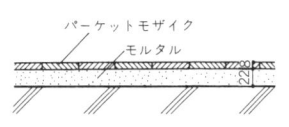

木製床（下地組）
フローリングまたは縁甲板
根太
大引
モルタル

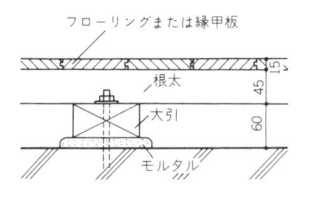

たたみ（直敷）
防湿紙
モルタル

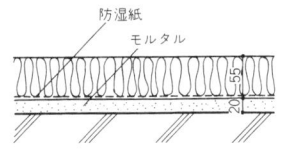

たたみ
ウレタンフォームたたみ下パネル
モルタル

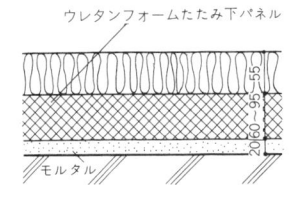

たたみ（下地組）
根太
合板
大引
モルタル

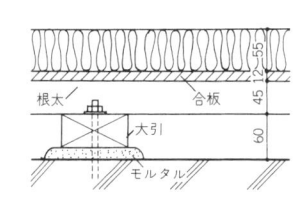

モザイクタイル
モザイクタイル（24角, 19丸, 等）

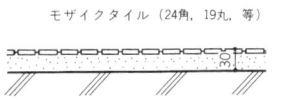

角タイル
床用磁器タイル（75角, 100角, 125角等）

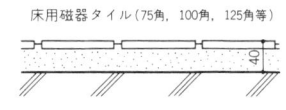

豆砂利洗い出し
粒径 8〜10
モルタル

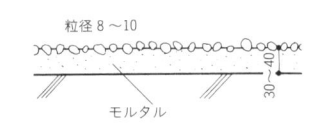

石・テラゾーブロック
ひき石・テラゾーブロック
空練りモルタル
6以上

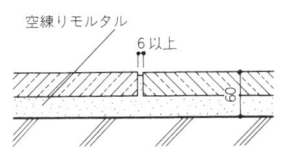

平板ブロック
空練りモルタル　砂目地

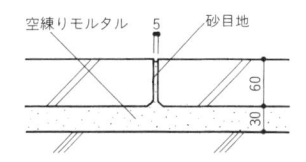

インターロッキングブロック
クッション用砂　砂目地

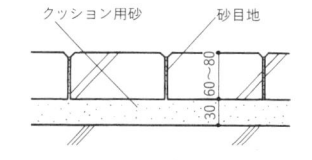

1/10

床〜壁取合い（巾木まわり）

モルタル〜プラスチック系タイル
- モルタルこて押え（塗装，クロス）
- プラスチック系巾木
- プラスチック系タイル
- 60

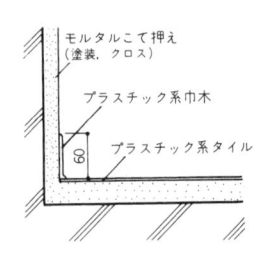

ボード〜プラスチック系タイル
- 石こうボードGL工法（塗装，クロス）
- プラスチック系巾木
- プラスチック系タイル
- 60
- 石こうボード（塗装，クロス）
- LGSスタッド
- 65, 12, 60

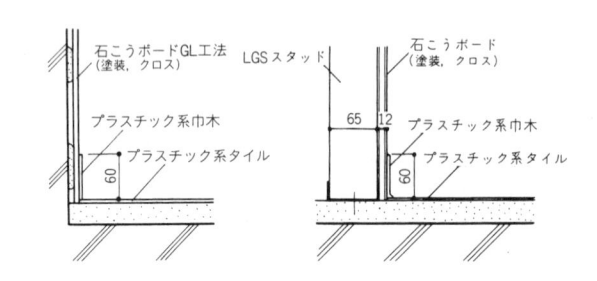

モルタル〜塩ビ系シート
- モルタルこて押え（塗装） 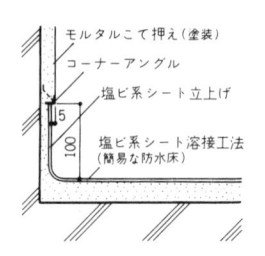
- コーナーアングル
- 塩ビ系シート立上げ
- 塩ビ系シート溶接工法（簡易な防水床）
- 5, 100

モルタル〜カーペット
- モルタルこて押え（塗装，クロス）
- 木製巾木（堅木）
- フェルト下地カーペット
- 5, 55

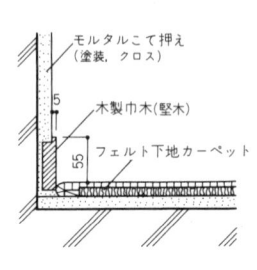

ひき石〜カーペット
- 石
- フェルト下地カーペット

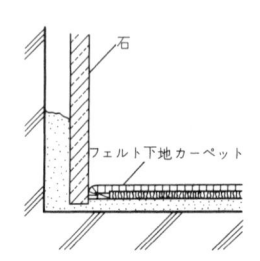

モルタル〜モザイクパーケット
- モルタルこて押え（塗装，クロス） 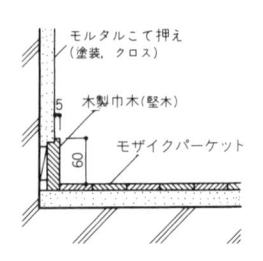
- 木製巾木（堅木）
- モザイクパーケット
- 5, 60

モルタル〜フローリング
- モルタルこて押え
- 木製巾木
- フローリング
- 20, 5, 60, 20, 15

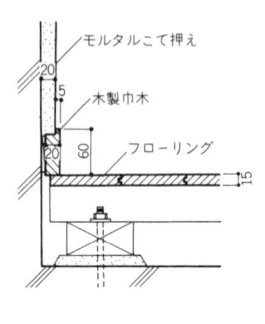

モルタル〜床用磁器タイル
- モルタルこて押え（塗装）
- 塗分け巾木
- 床用磁器タイル
- 60

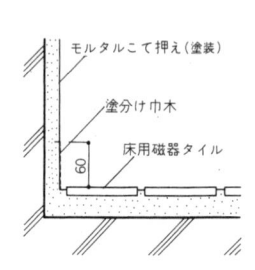

半磁器タイル〜モザイクタイル
- 半磁器タイル
- モザイクタイル

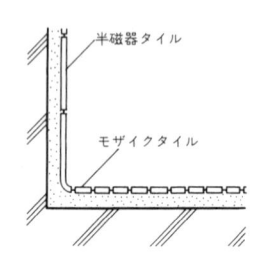

モルタル〜たたみ
- モルタルこて押え（塗装，クロス）
- たたみ寄せ（木製）
- たたみ
- 10

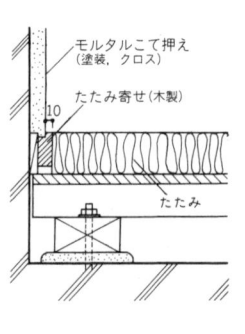

金属パネル〜ひき石
- 鋼板パネル
- ステンレスHL
- ひき石
- 10, 60

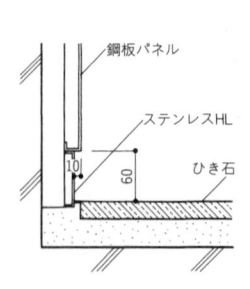

ひき石〜ひき石
- ひき石
- 石巾木（曲面加工）
- ひき石
- 60, 3, 30R, 100

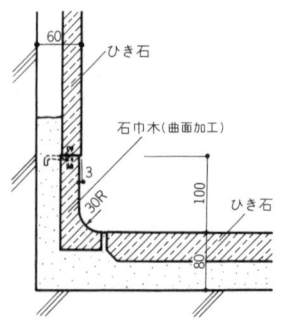

1/10

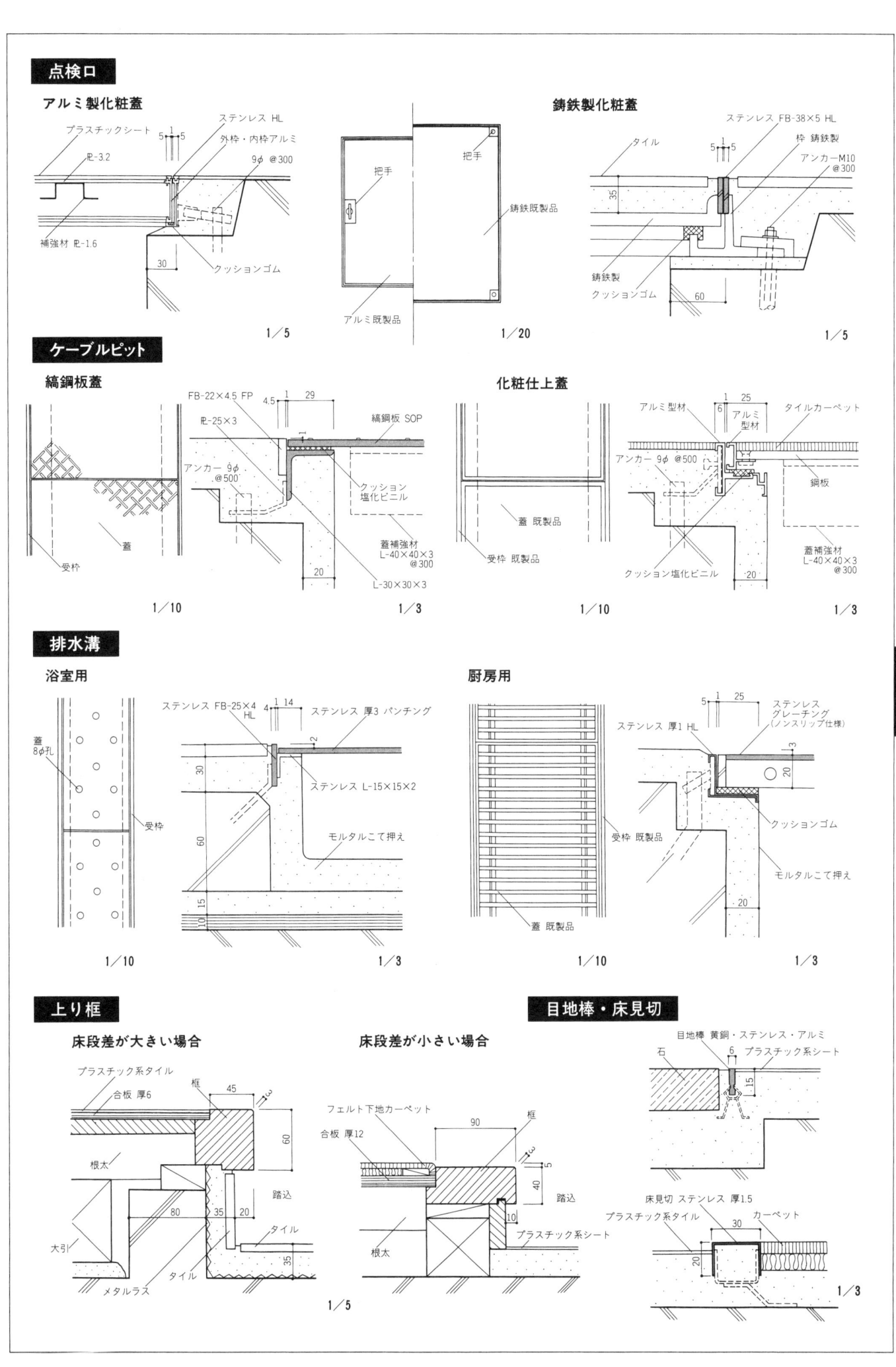

点検口

アルミ製化粧蓋

- プラスチックシート
- ℓ-3.2
- ステンレス HL
- 外枠・内枠アルミ
- 9φ @300
- 補強材 ℓ-1.6
- クッションゴム

1/5

- 把手
- 把手
- 鋳鉄既製品
- アルミ既製品

1/20

鋳鉄製化粧蓋

- タイル
- ステンレス FB-38×5 HL
- 枠 鋳鉄製
- アンカーM10 @300
- 鋳鉄製
- クッションゴム

1/5

ケーブルピット

縞鋼板蓋

- FB-22×4.5 FP
- ℓ-25×3
- 縞鋼板 SOP
- アンカー 9φ @500
- クッション塩化ビニル
- 蓋補強材 L-40×40×3 @300
- 蓋
- 受枠
- L-30×30×3

1/10 1/3

化粧仕上蓋

- アルミ型材
- アルミ型材
- タイルカーペット
- アンカー 9φ @500
- 鋼板
- 蓋 既製品
- 受枠 既製品
- クッション塩化ビニル
- 蓋補強材 L-40×40×3 @300

1/10 1/3

排水溝

浴室用

- 蓋 8φ孔
- ステンレス FB-25×4 HL
- ステンレス 厚3 パンチング
- 受枠
- ステンレス L-15×15×2
- モルタルこて押え

1/10 1/3

厨房用

- ステンレス 厚1 HL
- ステンレス グレーチング(ノンスリップ仕様)
- 受枠 既製品
- クッションゴム
- モルタルこて押え
- 蓋 既製品

1/10 1/3

上り框

床段差が大きい場合

- プラスチック系タイル
- 合板 厚6
- 框
- 根太
- 大引
- 踏込
- タイル
- タイル
- メタルラス

床段差が小さい場合

- フェルト下地カーペット
- 合板 厚12
- 框
- 踏込
- プラスチック系シート
- 根太

1/5

目地棒・床見切

- 目地棒 黄銅・ステンレス・アルミ
- 石
- プラスチック系シート
- 床見切 ステンレス 厚1.5
- プラスチック系タイル
- カーペット

1/3

床

遮音床

下階への床衝撃音の伝達を防止するために，湿式や乾式工法で二重床を構成する。

浮床工法

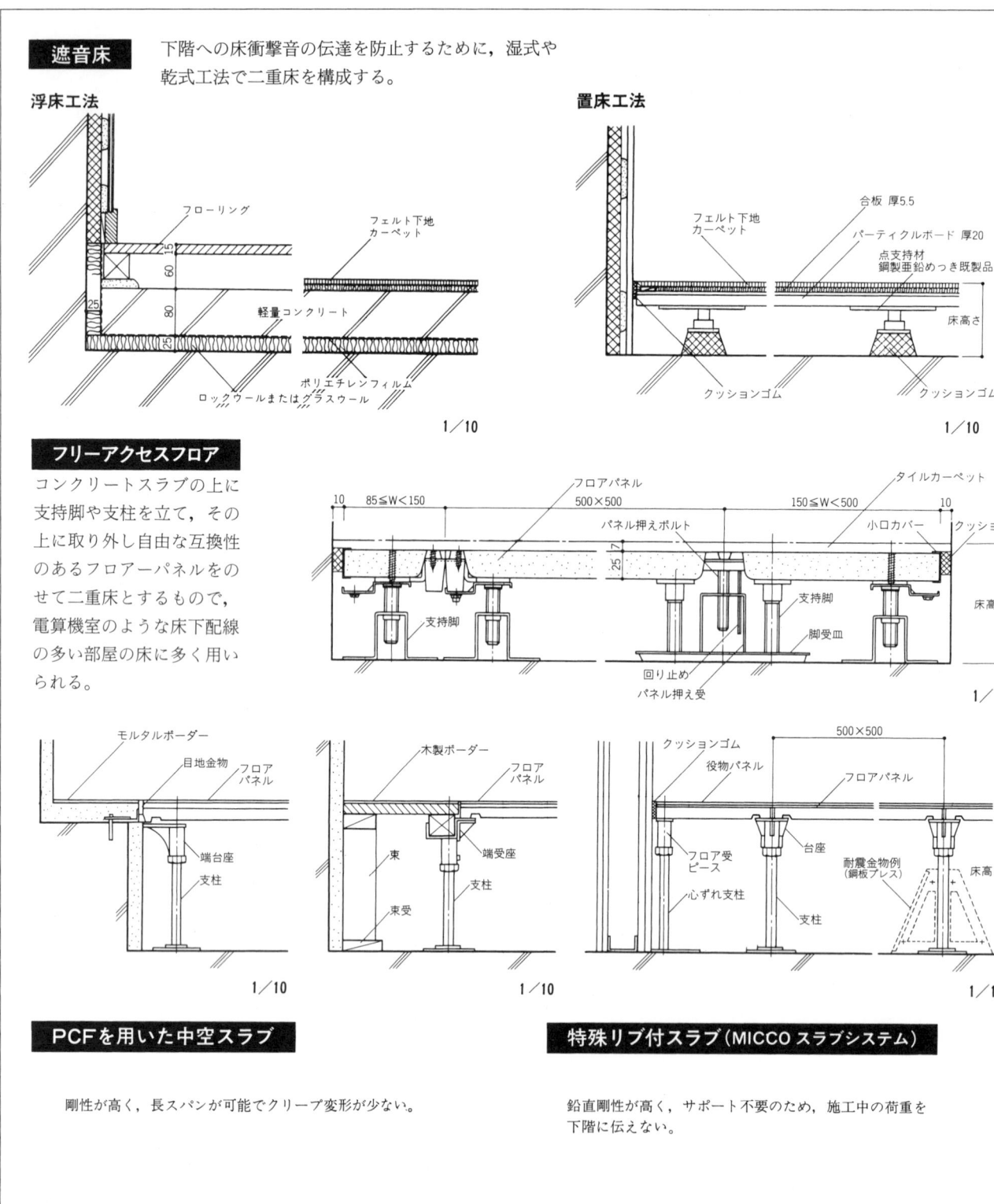

置床工法

フリーアクセスフロア

コンクリートスラブの上に支持脚や支柱を立て，その上に取り外し自由な互換性のあるフロアーパネルをのせて二重床とするもので，電算機室のような床下配線の多い部屋の床に多く用いられる。

PCFを用いた中空スラブ

剛性が高く，長スパンが可能でクリープ変形が少ない。

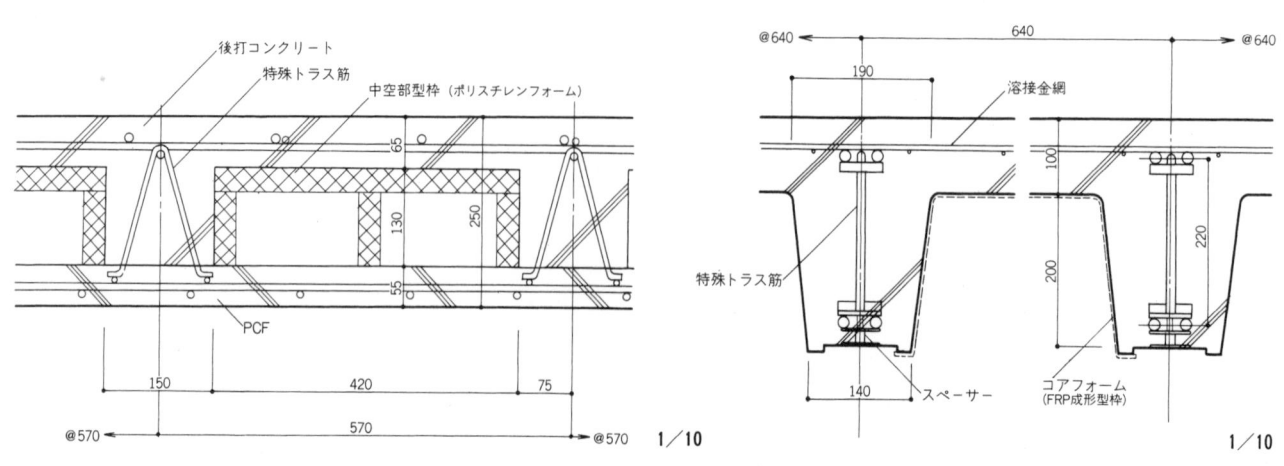

特殊リブ付スラブ（MICCOスラブシステム）

鉛直剛性が高く，サポート不要のため，施工中の荷重を下階に伝えない。

犬走り

タイル張り・はね出しスラブ
1/20

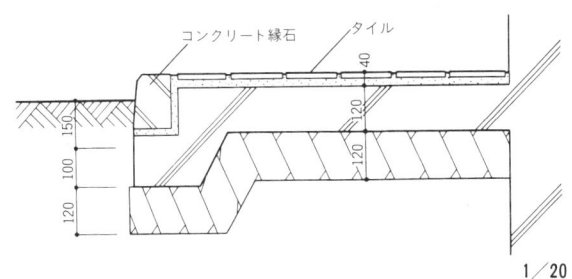

石張り・はね出しスラブ
1/20

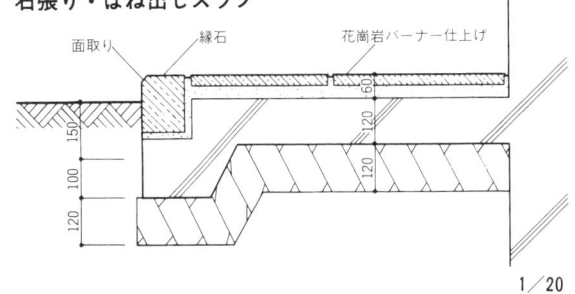

モルタル・土間スラブ
1/20

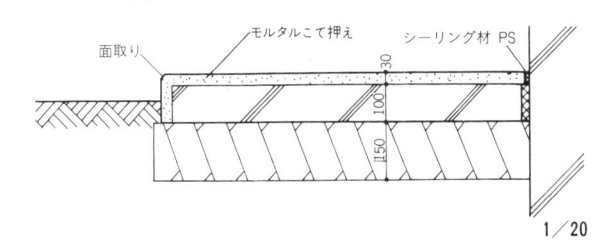

タイル張り・土間スラブ
1/20

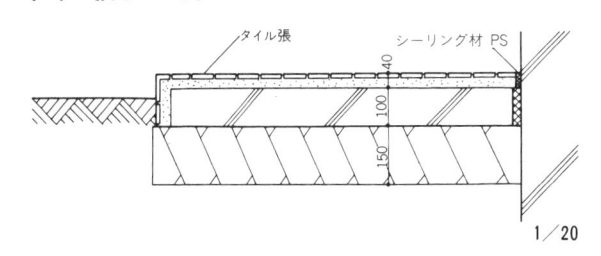

れんが・土間スラブ
1/20

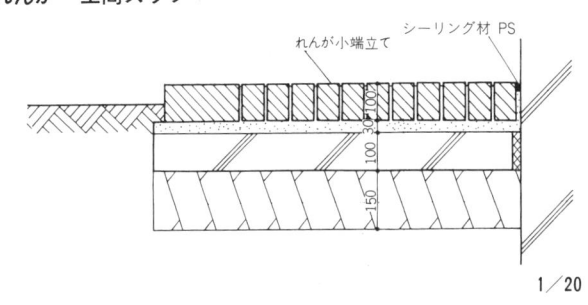

砂利敷・スラブなし
1/20

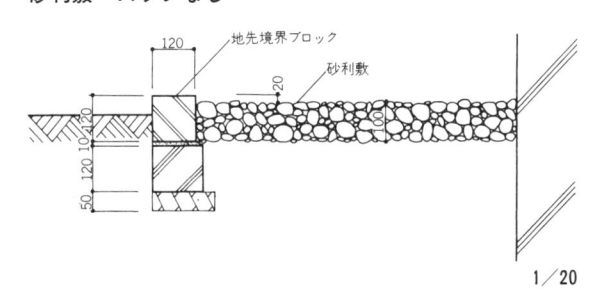

土間スラブ

乗せ掛けあり
1/10

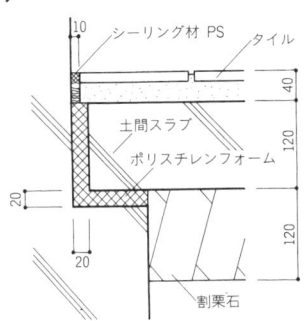

乗せ掛けなし
1/10

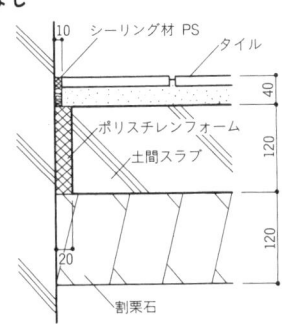

伸縮目地
1/10

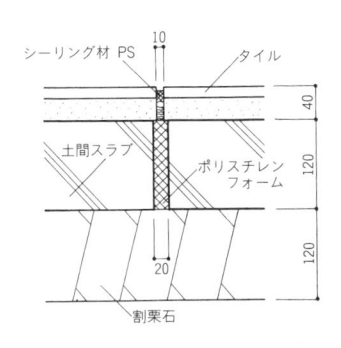

断熱・防湿
1/10

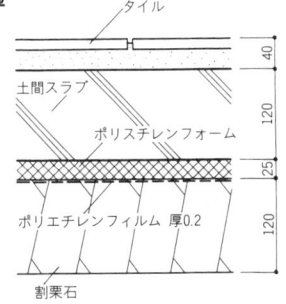

床

天井

機能 天井は，通常は人間が直接触れることのない部位で，一般には自重に耐えるだけでよいことなどもあって，要求される性能の程度は，他の部位よりは軽い。しかし，一方では，心理的，感覚的なものを人間に与える重要な役割があって，その空間の意匠を構成する重要な要素の一つとなっている。

天井の要求性能のうち，特に重要なのは耐火性能で，天井に燃え移った火は大きく広がりやすいので，できる限り難燃化・不燃化を図る。厨房のように，料理などの際に出る火気や油に対しては，特に考慮が必要である。

部屋の吸音を高める場合には，主として天井面で処理することが有効で，居室・会議室・スタジオ・劇場・音楽室・体育館など，それぞれの使用目的に合わせた吸音調整を，この部位で行っている。耐湿・耐水性は，浴室などでは絶対条件で，また結露しやすい材料・構法の場合は，水勾配・水切を設けて水滴を処理する必要がある。

また，部屋の均一な明るさからいうと，光の反射性が重要であり，逆に変退色性も問題となる。天井面の仕事は上向きの不自由な姿勢であることを考えると，清掃が大変で，その意味で汚れにくい材料を選ぶことも重要で，特にダクト吹出口付近，照明器具の直上などは汚れやすいので注意を要する。

形 天井の最も一般的な形は，一つの平面で構成される天井で，この面が水平のものを平天井，傾斜しているものを勾配天井といい，浴室の天井などに多い。二つ以上の面を組み合わした天井には，舟底天井・折上げ天井などがあり，また部分的に他の面より一段低く張った天井を落ち天井という。そのほかに円形ドームなどの曲面天井や折れ天井・凹凸天井などがある。

天井下地構造 床裏をそのまま見せる天井では天井下地構造はないが，いわゆる二重天井とする場合は，床と天井材の相互をつなぐ天井下地構造が存在する。その構成材料には木造と鉄骨造とがあるが，主として建物の不燃化から軽量鉄骨による天井下地が多く使われる。天井下地構造の構成は，木造・鉄骨造とも共通で，普通，吊り木受け，吊り木，野縁受け，野縁などからなり，天井のせいが大きい場合は振れ止めを設ける。

仕上げ 天井の仕上材料は，内壁の仕上材料のほとんどが用いられるが，強度は壁ほど要求されないが軽量であることが望ましい。モルタル，プラスターなどの塗天井は，継目のない直結した，形も自由な天井面を作ることができるが，乾燥・養生に日時を要し，亀裂の発生しやすいことが問題である。塗り下地には，コンクリート，メタルラス，ラスボードなどがあるが，コンクリート下地以外は避ける。板張り天井には，棹縁天井・格縁天井・平板張り天井があり，棹縁・格縁天井は主として和風建築に用いられる。平板張り天井は，厚さ12〜15 mm，幅100 mm前後の板をつぶし頭釘で打ち上げ，張り方には合じゃくり張り・敷目張り・目板打張り・突付け面取り張り・大和張りなどがある。内壁に使用される合板・ボード類は，すべて天井に使用できるが，壁ほど強度は必要としないので，厚みは薄くてよい。合板・ボード類の張り方は底面地張りが多く，突付けでパテ処理をして連続面に見させるジョイント工法などもある。その他特に天井に用いる材料として，軟質繊維板や岩綿吸音板がある。紙・クロス類も，天井は手を触れ汚れることが少ないのでよく用いられる。金属板は，アルミニウムの帯状の長尺成形板が軒天井などによく使われる。また，プラスチック成形板は，浴室などの使用が多い。岩綿などの吹付け天井は，耐火・断熱・吸音・結露防止などに効果があり，また同じ目的としたものに発泡ポリスチレン板を打ち込んだ天井がある。

天井と壁との組合せには，機能・デザイン上の要求から，種々の場合が考えられている。

システム天井は，プレハブ化による施工性の向上や空間の均一性・柔軟性を求めたもので，設備機器類一式を組み込んだタイプもあり，主に事務所建築に用い，その他天井の特殊工法には鏡天井・光天井などがある。

天井面には，照明器具，感知器，空調の吹出口，スプリンクラーなどの設備機器類のほか，天井点検口・防煙垂れ壁・カーテンボックスなどがあり，その取合い部のディテールについては慎重な調整と検討が必要である。

天井仕上

コンクリート打放し
(塗装, クロス)

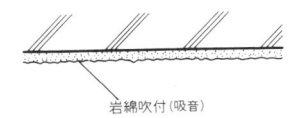

岩綿吹付(吸音)

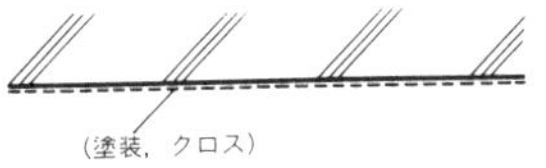

モルタル
(塗装, クロス)

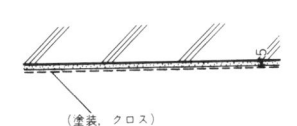

ボード

底目地張
野縁受チャンネル
Mバー
敷目板 亜鉛鉄板
石こうボード 厚9
または繊維セメント板 厚6(塗装)

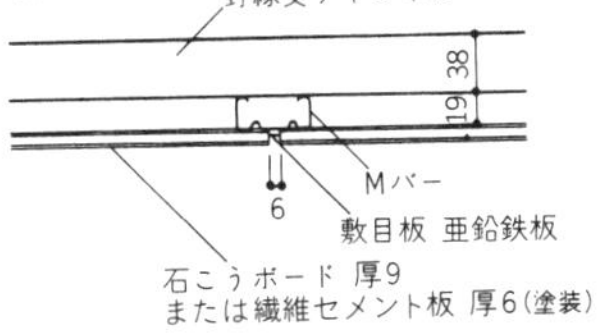

ジョイント工法
パテ処理
石こうボード 厚9, 12
(塗装, クロス)

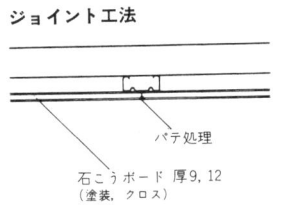

合板

底目地張
野縁
化粧合板 厚6

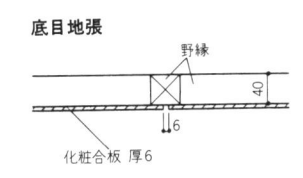

竿縁天井
化粧合板 厚3
竿縁木製

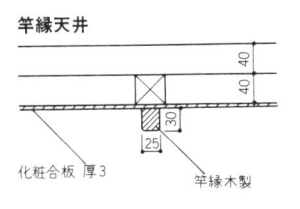

岩綿吸音板

捨張工法
石こうボード 厚9
岩綿吸音板 厚12

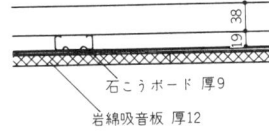

直張工法
岩綿吸音板 厚12

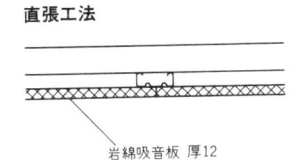

アルミ成型板
野縁受チャンネル
Mバー
アルミ成型板
(焼付塗装, 発色)

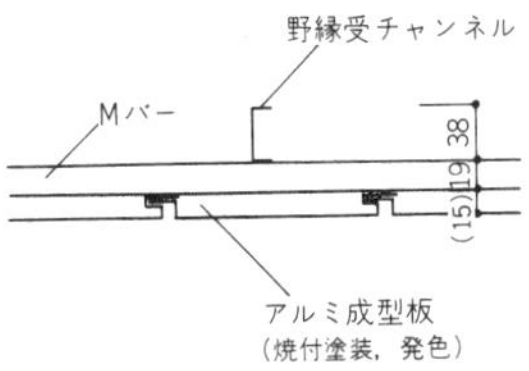

プラスチック成型板
木製下地
プラスチック成型板
耐水合板 厚6

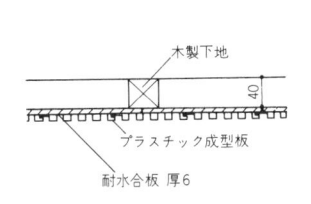

断熱天井(1)
塩ビジョイナー
複合板打込
(ポリスチレンフォーム 厚20)
(繊維セメント板 厚3)

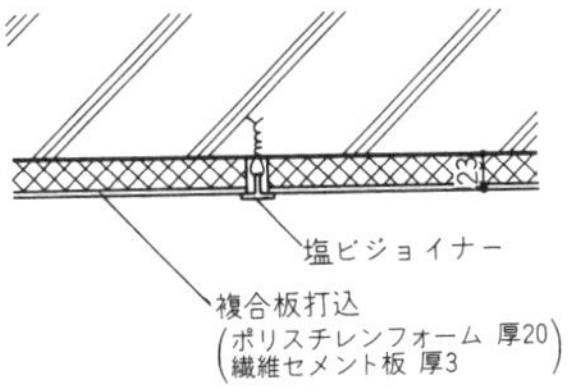

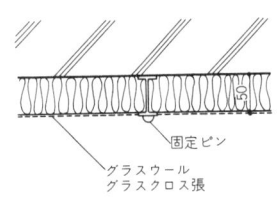

断熱天井(2)
塩ビジョイナー
木毛セメント板打込
(簡易な断熱)

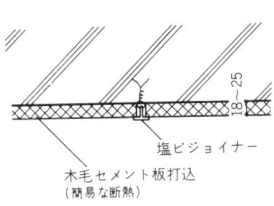

断熱天井(3)
固定ピン
グラスウール
グラスクロス張

断熱天井(4)
グラスウール 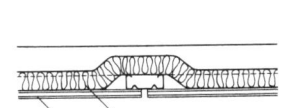
またはロックウール
ボード類
天井面の透湿防止
を完全にする

1/10

天井〜壁取合い

ボード打放し
石こうボード (塗装)
敷目板 亜鉛鉄板
コンクリート打放し(塗装)

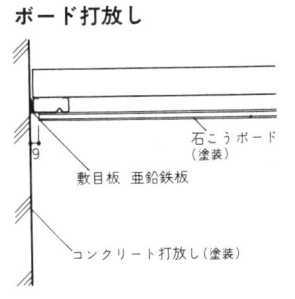

ボード〜モルタル(1)
石こうボード (塗装, クロス)
モルタルこて押え (塗装, クロス)

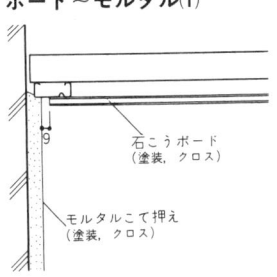

ボード〜モルタル(2)
石こうボード (塗装, クロス)
木製回り縁
モルタルこて押え (塗装, クロス)

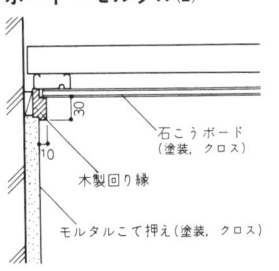

ボード〜ボード
石こうボード (塗装, クロス)
LGSスタッド
石こうボード (塗装, クロス)

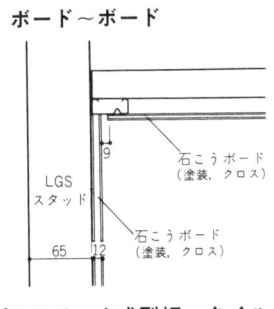

ボード〜タイル
石こうボード(塗装, クロス)
回り縁(アルミ, 塩ビ)
タイル

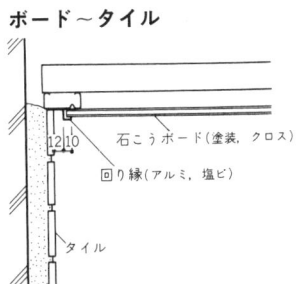

岩綿吸音板〜モルタル
石こうボード下地
岩綿吸音板
回り縁(アルミ, 塩ビ)
モルタルこて押え(塗装, クロス)

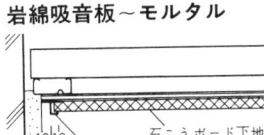

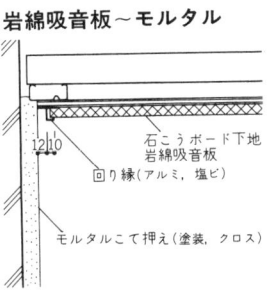

アルミ成型板〜石
アルミ成型板
回り縁(アルミ)
石

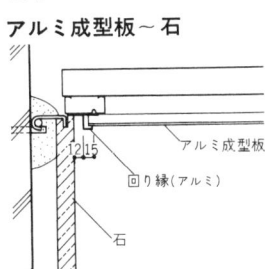

プラスチック成型板〜タイル
プラスチック成型板
回り縁(塩ビ)
タイル

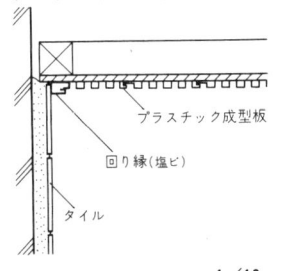

1/10

天井

天井下地

鋼製下地

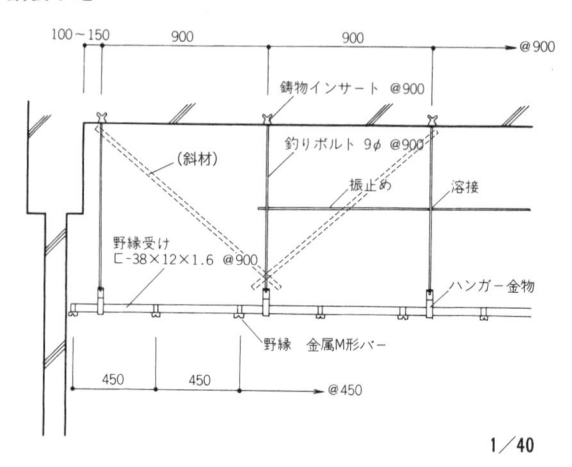

木製下地

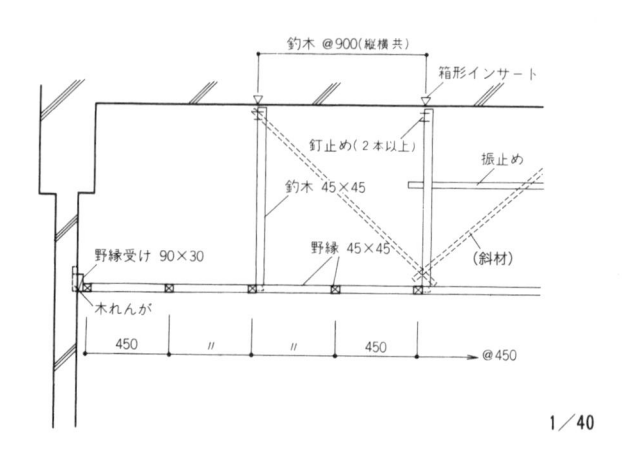

1/40

点検口

壁際の点検口は点検しやすいようにその吊元は壁側を原則とし，壁際より100mm以上離す。

金属製　**木製**

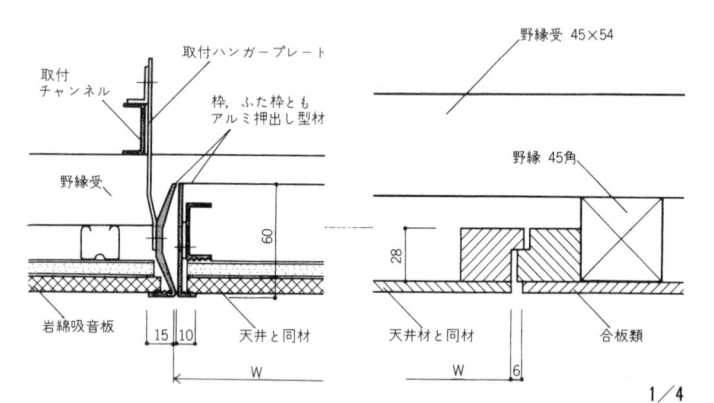

下り天井の見切縁

木製 　**アルミ製**

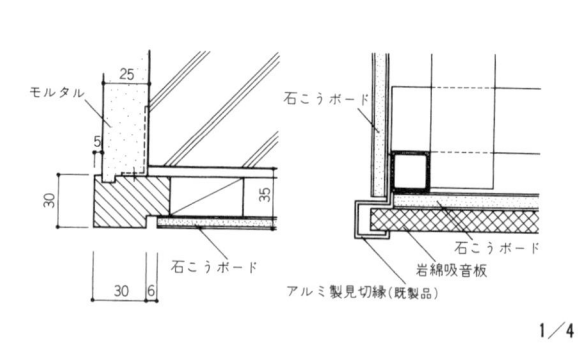

1/4

防煙垂壁

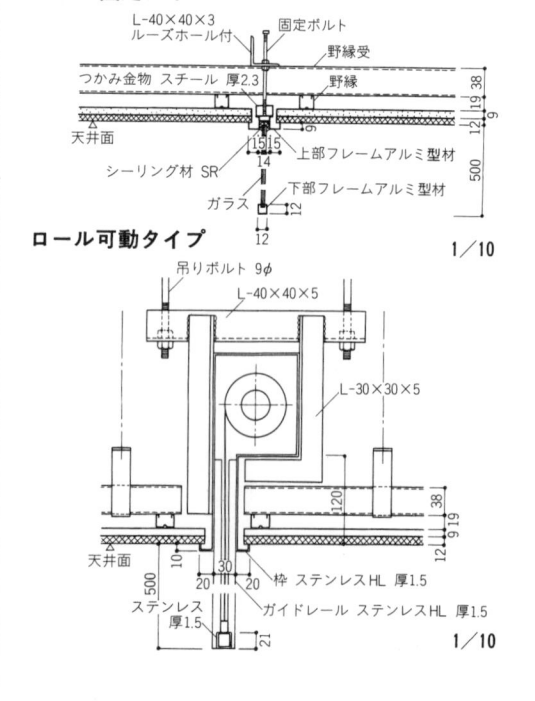

ガラス固定タイプ

パネル可動タイプ

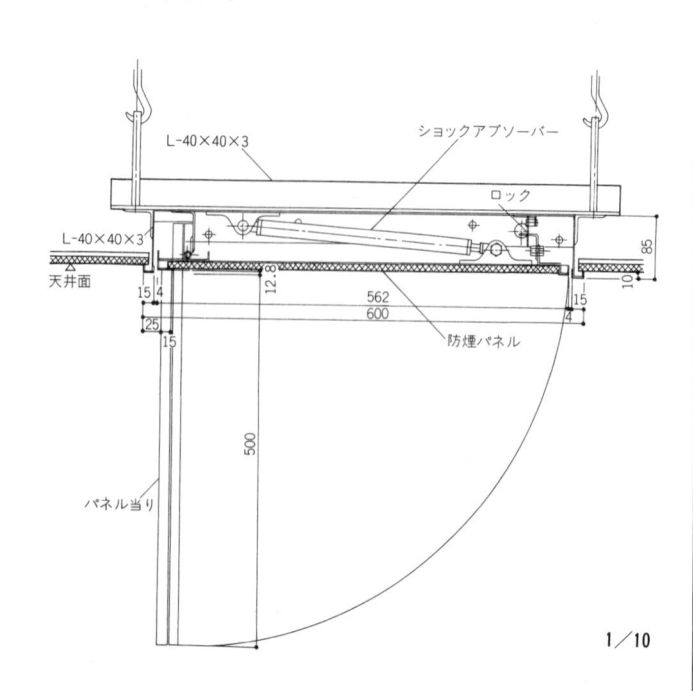

ロール可動タイプ

1/10

カーテンボックス

木製　　　　　　　　　　　　　　　　　**金属製**

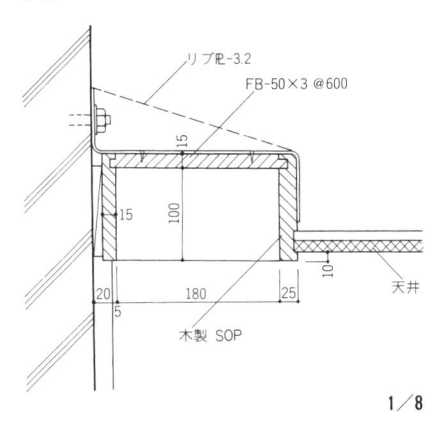

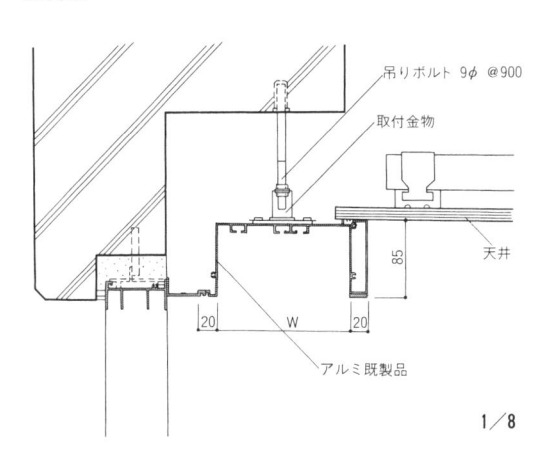

1/8　　　　　　　　　　　　　　　　　　　1/8

システム天井

Tバーは精度よく取り付け，このTバーにシステム天井材および設備プレートを所定の掛り代で取付金物（外れ防止用ツメ付き）で緊結し，地震時などの落下を防止する。

ライン方式

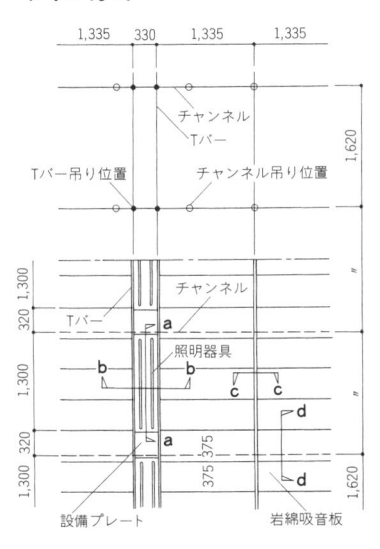

天井伏　1/100

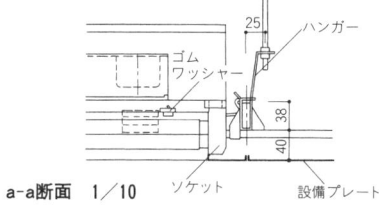

a-a断面　1/10 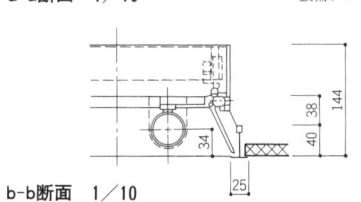 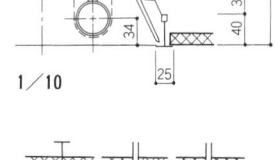
b-b断面　1/10 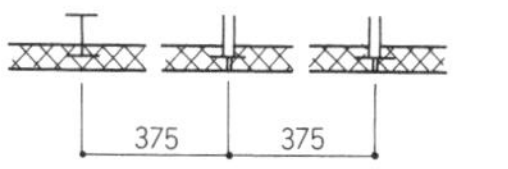
点検口断面　1/10

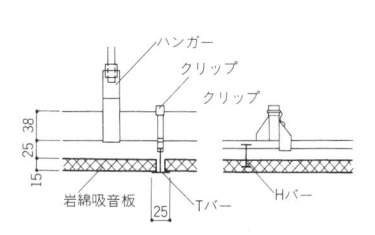

c-c断面　1/10　　d-d断面　1/10

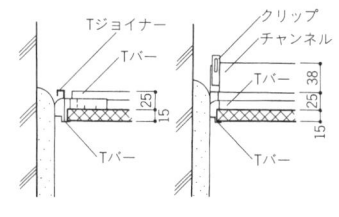

Tバー直行壁取合　1/10　　Tバー平行壁取合　1/10

ロの字方式

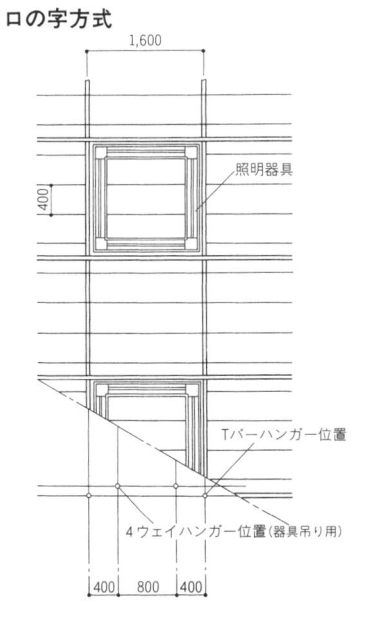

天井伏　1/100

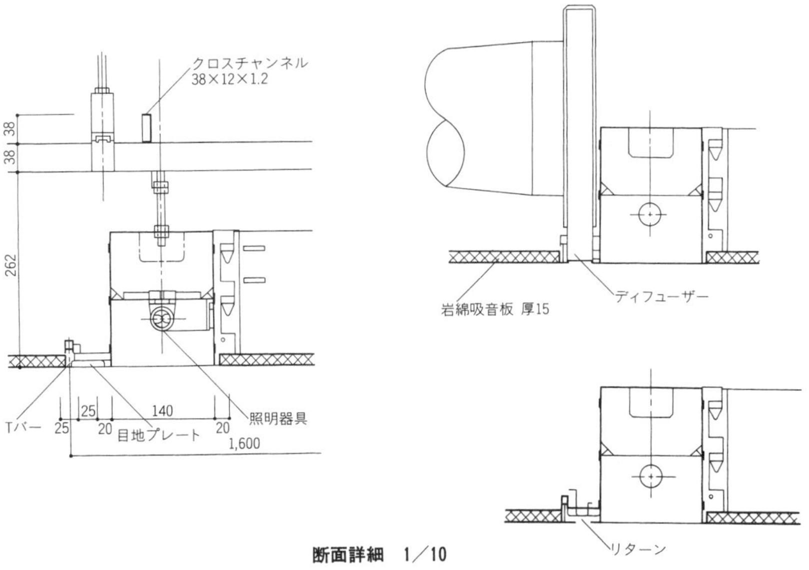

断面詳細　1/10

メッシュ天井

断面詳細　1/10

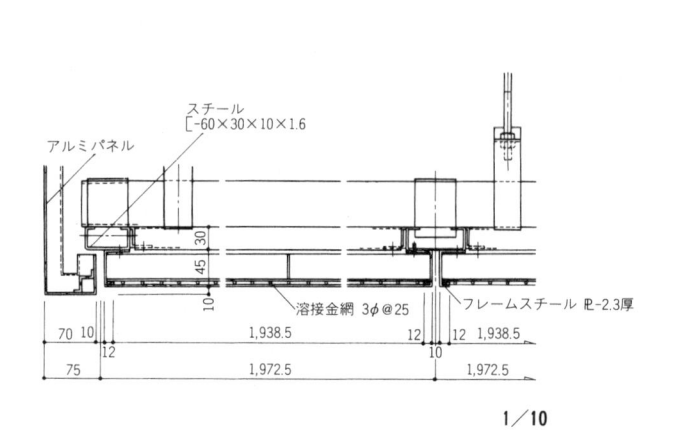

見上げ　1/10

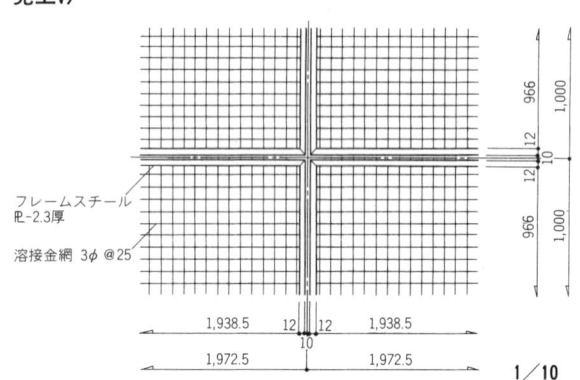

パネル天井

壁回り断面詳細　1/10

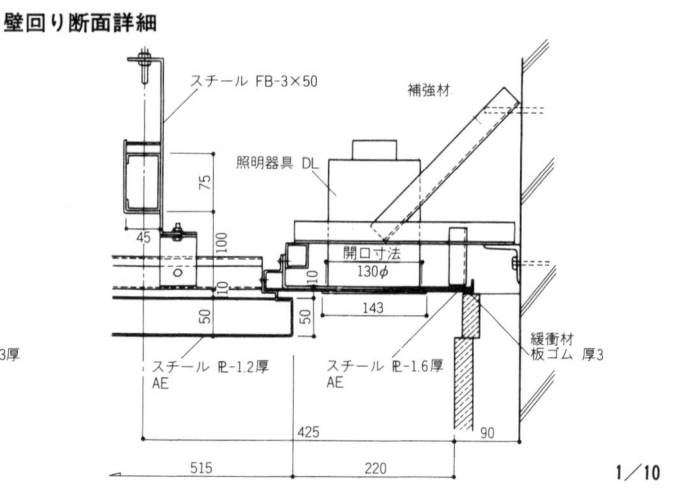

一般部断面詳細　1/10

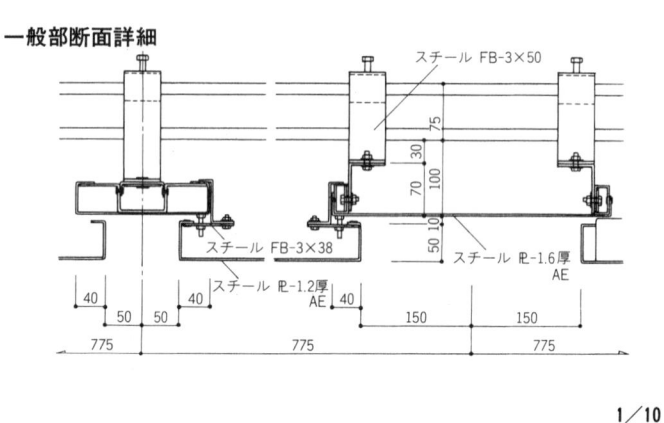

軒天井

軒天井は外部天井であるので，内部天井にはない過酷な条件が課される。まず，雨掛りとなるので，吸水率の低い材料または吸水しても強度の低下しない材料を選択する必要がある。次に，特に高い場所の軒天井では，風の吹抜けにより強い引圧が働くので，下地材のサイズアップと共にボードも丸頭ビスなどで確実に留め付けることが望ましい。さらに1階エントランス回りなどの軒天井は空気がよどみがちでアルミ成形などを用いると腐食の恐れがあるので，アルマイト被膜を厚くするなどの配慮が必要である。

ボード張　1/10

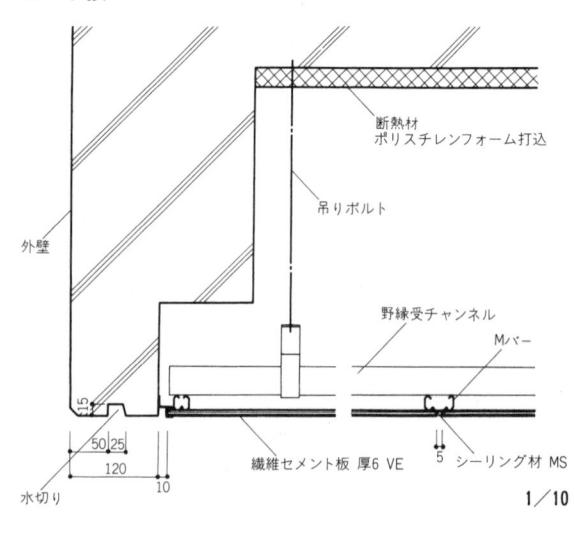

アルミスパンドレル　1/10

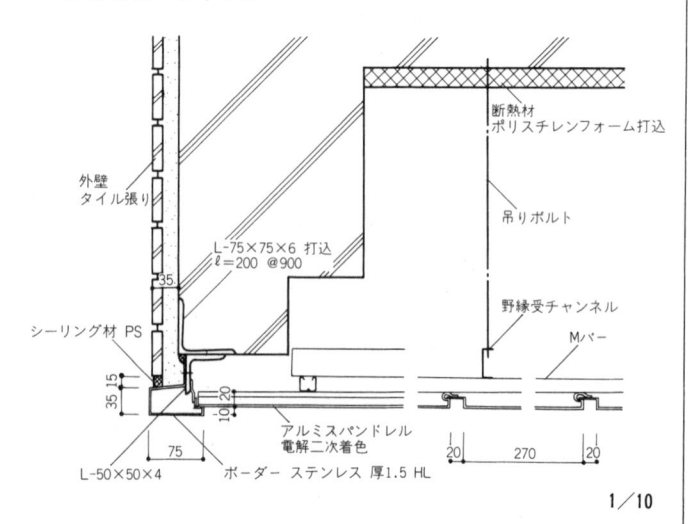

室内仕上の組合せ

室内仕上材は多種多彩であり，一方，内装の工事は大工・左官・塗装・建具・配線などの多業種が複雑に重なり合っている。また，各部位の項で述べたように，内部空間に要求される機能や性能も多岐にわたるので，これらの諸要素が，内部空間の構成面，すなわち床・壁・天井面で各々きちんと整理され，その要求に的確に対応した材料と構法が選択されることが，このディテール設計のスタートである。普通，施工順序といわれるように，ものを作るには順序があって，この順序の良否が工程や仕上りの程度を左右する。

特に，内装部のように多業種の入り乱れているところでは，その順序だてが必要である。例えば，同じ石材料でも，壁の幅木の石は床石よりも先行しなければならない。施工順序を考えない詳細図は，それがどんなにきれいに納まっていても，決して良いディテールとはいえない。この取付順序とその処理は，そのまま接合部の処理に通ずる。仕上材には必ず接合部があり，特に工場生産品では，その部品間で接合部を生じる。ディテールの良否はジョイント設計で決まるといって過言でない。ジョイント設計では，誤差と精度の概念をつかんでおく必要がある。接合部というのは，単に材料の端末処理ということではなく，製品誤差や施工誤差をこの接合部に吸収して施工法をあげ，かつ仕上面の美観の保持を図るものであり，デザイン的にも大きなポイントになっている。内装材で構成する内部空間は，直接人の目や手に触れるだけでなく，人によりよい感応を与える空間つくりであることを思うとき，緻密で肌理(きめ)の細やかな組合せやディテールの追求が望まれる。

事務所建築における頻度の高い組合せ

仕上げ床	仕上げ壁	仕上げ天井	高級事務室	高級会議応接室	一般事務室	一般会議応接室	廊下	EVホール	玄関ホール	食堂	電算機室	電話交換室	和室	倉庫	階段室	便所	湯沸室	浴室	厨房	機械室	駐車場
コンクリート直押え モルタルこて押え(塗床含)	コンクリート打放し(塗装) モルタルこて押え	コンクリート打放し(吹付含)												○						○	○
		石こうボード塗装												○							
		繊維セメント板塗装																	○			○
	タイル	繊維セメント板塗装																	○		
	グラスウール，ロックウール	コンクリート打放し(吹付含)																			○
タイル	コンクリート打放し(塗装) モルタルこて押え	繊維セメント板塗装															○	○	○		
		プラスチック成型板																	○		
	タイル	岩綿吸音板								○											
		繊維セメント板塗装															○	○	○		
		金属成型板								○											
		プラスチック成型板																	○		
	石，テラゾーブロック	金属成型板								○											
プラスチック系タイル	コンクリート打放し(塗装) モルタルこて押え	打放し，モルタル(塗)												○	○						
		石こうボード塗装	○	○	○	○								○							
		岩綿吸音板	○	○	○	○				○											
	クロス張	岩綿吸音板								○	○										
	有孔合板	岩綿吸音板										○	○								
長尺塩ビシート (パターン物/防水用)	モルタルこて押え(塗装)	打放し，モルタル(塗)													○						
		岩綿吸音板			○	○	○	○													
		繊維セメント板塗装																○	○		
	クロス張	石こうボードクロス張	○	○																	
		岩綿吸音板	○			○	○	○													
	タイル	繊維セメント板塗装																○	○		
カーペット	モルタルこて押え(塗装)	打放し，モルタル(塗)													○						
		岩綿吸音板			○	○	○	○													
	クロス張	石こうボードクロス張	○	○																	
		岩綿吸音板	○	○		○															
	有孔合板	岩綿吸音板								○	○										
	練付合板	石こうボードクロス張		○																	
		岩綿吸音板		○																	
たたみ	モルタルこて押え(塗装)	石こうボード塗装												○							
		化粧合板												○							
	クロス張	石こうボードクロス張												○							
パーケット，フローリング	モルタルこて押え(塗装)	岩綿吸音板								○											
石，テラゾーブロック	タイル	岩綿吸音板							○													
		金属成型板							○													
	石，テラゾーブロック	繊維セメント板塗装																	○		
		岩綿吸音板							○													
		金属成型板							○													

地下

機能　地中に埋没して建築の内部空間をつくり出す地下の外殻となるものには，基礎・外周壁・接地床・槽・ピット類およびドライエリアなどがある。これら地下構造体は，土圧・地下水圧およびその複合圧に耐えること，地中に含有する水分に対して防湿すること，地中温度と地下室との温度差による結露を防ぐこと，地中震動を遮断することなどがその要求される機能である。このうち，圧力のかかった水はコンクリート構造体の打継ぎ部や亀裂部に浸透して漏水などを起こし，またひとたび問題が起きると他の部位と違って大きな被害になるだけに，地下構造体のディテール上のポイントは防水処理である。

地下防水　地下防水の方法には，地中部分の外周部を全面防水層で包む外防水工法と，地下外壁の内側に防水層を施す内防水工法とがある。外防水は地下外壁の外側に防水層を施工するため，梁やスラブで防水層が切断されず，地下水が直接躯体にしみ込まないので，躯体保護の上からも理想的な工法である。しかし，山止めと躯体との間の防水施工に必要なスペースの確保や工期・工費などの点で問題も多く，その検討が必要である。外防水層は，埋戻しの際土砂の沈下・圧密により損傷する恐れがあるので，れんが押えや防水保護板などによって保護層を設ける。このように，外防水は埋戻し後の修理は全く不可能になるので，完璧な防水設計が必要である。内防水は，地下外壁まわりの防水工法のうち最も多く使われているが，屋根防水・外防水と違って防水層の裏側から水圧を受けるという位置にある。そのため下地側の浸透水を遮断することが重要で，浸透水の原因となる豆板・コールドジョイント・打継ぎ箇所などの欠陥は，入念な補修を行う。防水材料には，アスファルト防水とモルタル防水とがあり，モルタル防水が一般的によく使われている。

また，内防水層はスラブなどで区切られるため，外壁に接する床・天井の一部まで防水を施す必要がある。地下外壁は，地下水圧の変動やコンクリートのひび割れ，防水層の経年劣化による漏水対策を考慮しておく必要があることと，地下外壁は室内環境によっては結露しやすいこともあって，電気室・重要倉庫・居室などにあっては，内側にコンクリートブロック積みなどで二重壁としている。外壁との間には排水溝を設け，パイプにより床下ピットに排水できるようにし，またこのパイプのメンテナンスのため，その付近に点検口を設ける。電気・電話の引込みは地階にあり，外部のハンドホールにたまった水が配管内を伝わり漏水に至るケースが多いので，入念な防水処理が必要である。

槽・ピット　槽・ピット類における防水の問題点は，水の増減により水圧が変化し防水槽が圧縮・引張りの繰り返しを受けること，さらに，地下水がコンクリートの欠陥部分よりしみ出して，防水層を水槽側に押し出すことなどである。したがって，防水層の上に押えコンクリートを打設するか，または躯体との接着性のよい防水材料を選択することなどが重要である。また，槽類は二重スラブ内に設けられることが多く，その場合底盤部に水勾配がとりにくいので，一部に排水ピットを設けるなどして排水しやすいように配慮する。蓄熱槽は，冷温水を保温する目的で貯水槽に断熱材を付加したものである。この断熱材の取付け位置は，防水層を施して断熱材を設ける場合と，断熱材を設けた上に防水層を施す場合とがあるが，断熱材の吸水性の問題もあり現在は後者の場合が多い。建物の外周部に湧水槽を設け，蓄熱槽を内部側におき，断熱材を湧水側に設けるなど，槽類の配置上の工夫も有効である。また，特に冷水槽の外側や直上に居室や電気室などがある場合は，防露対策を講じなければならない。

ドライエリア　ドライエリアは，地下室の採光・換気・出入り用などの目的で設けられるもので，その床全面と腰部分には防水層を設け，床には水勾配をつけて排水孔を設け排水ピットなどに排水する。排水孔はルーフドレンを使用する場合もあるが，集排水能力の高い集水桝の設置が望ましい。

なお，降雨・積雪時に水位が上昇することとの対策として，窓下の腰高さは500 mm以上はとりたい。

EXP・J　地下にエキスパンションジョイントを設ける場合は，建物の挙動に対応するとともに，地下水に対する防水性の配慮が必要である。

地下外壁

防水層の内側に 150 mm 以上の隙間をあけてコンクリートブロックを積み，結露水やにじみ込んできた水を室内に入れないようにする。下部には排水溝を設け，万一の場合を考慮し 1 スパンごとに排水口を設けその個所に点検口を設ける。

内防水の場合

- GL
- C種コンクリートブロック化粧積
- 30
- 150以上
- 3,500以下
- 下部開口
- 排水口 水抜パイプ
- モルタル防水
- 排水溝
- 打継部止水処理
- 控え壁
- 点検口 GRC製（枠・蓋共）
- 水抜パイプ 塩ビ 50φ
- 600
- 30
- 150以上　150
- 3,500以下
- 150
- 排水溝 モルタル防水
- 湧水ピット
- モルタル防水
- 排水溝 水勾配1/100以上
- 排水口水抜パイプ 塩ビ50φ

1/30

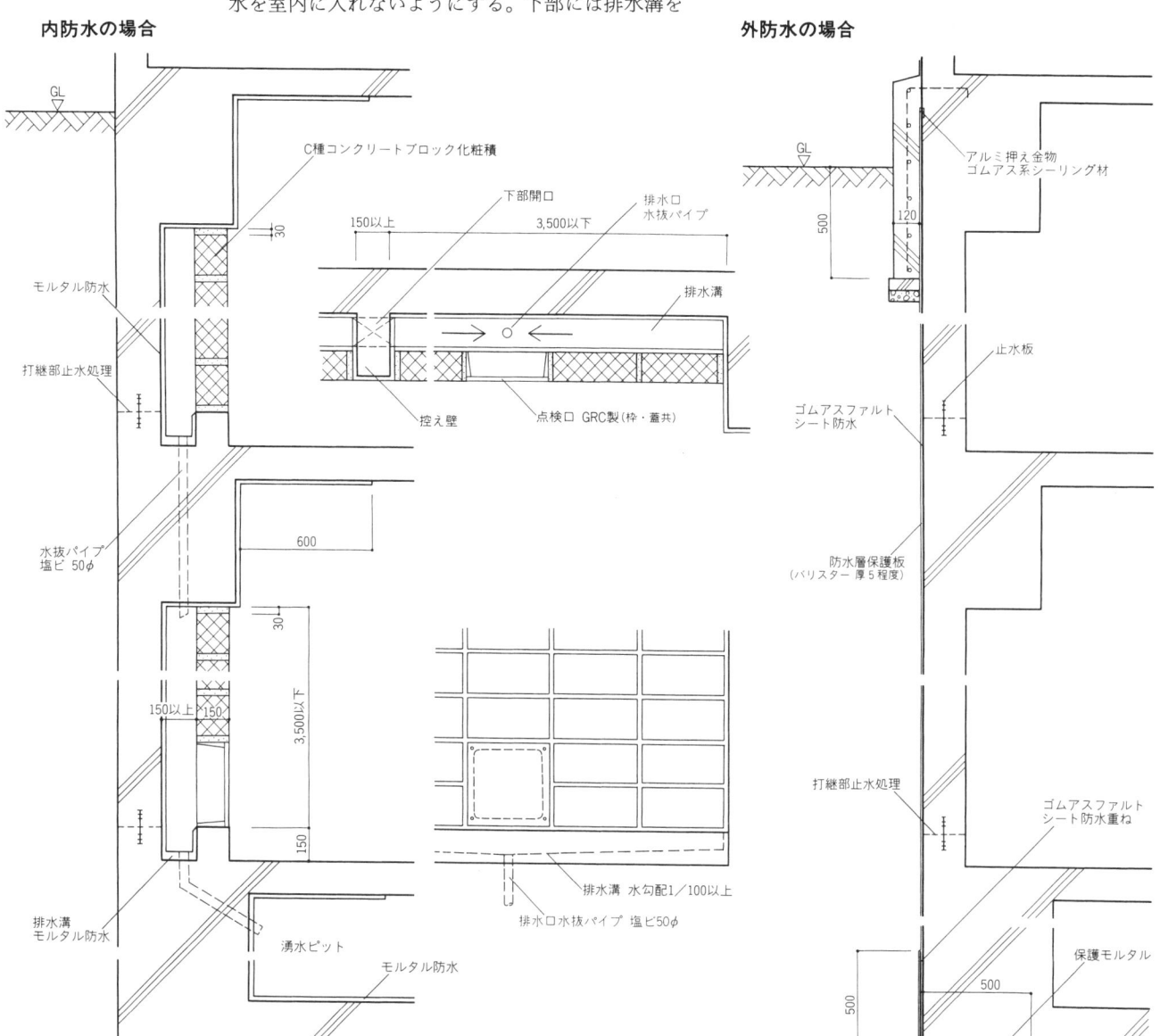

外防水の場合

- GL
- アルミ押え金物
- ゴムアス系シーリング材
- 500
- 120
- 止水板
- ゴムアスファルトシート防水
- 防水層保護板（バリスター 厚5程度）
- 打継部止水処理
- ゴムアスファルトシート防水重ね
- 保護モルタル
- 500

地下外壁のパイプ貫通

電気ケーブルの場合

- 点検口
- 吊ボルト
- 水切つば
- シーリング材 SR
- 水切ボックス
- 防水鋳鉄管
- 引込ケーブル
- 波付ポリエチレン地中用電線管
- 管路口防水装置
- 水抜パイプ

1/20

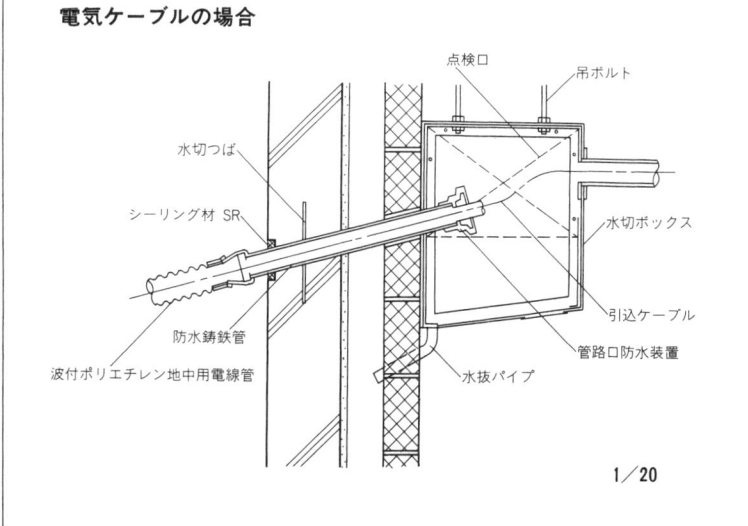

一般配管の場合

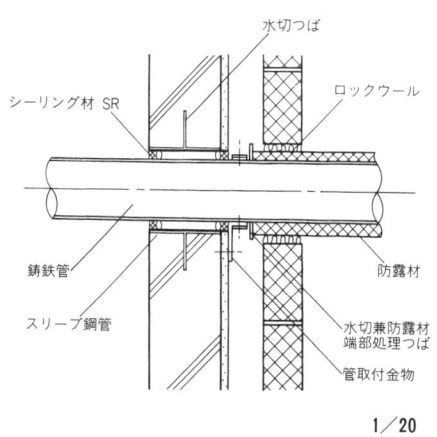

- 水切つば
- シーリング材 SR
- ロックウール
- 鋳鉄管
- 防露材
- スリーブ鋼管
- 水切兼防露材端部処理つば
- 管取付金物

1/20

地下床仕上

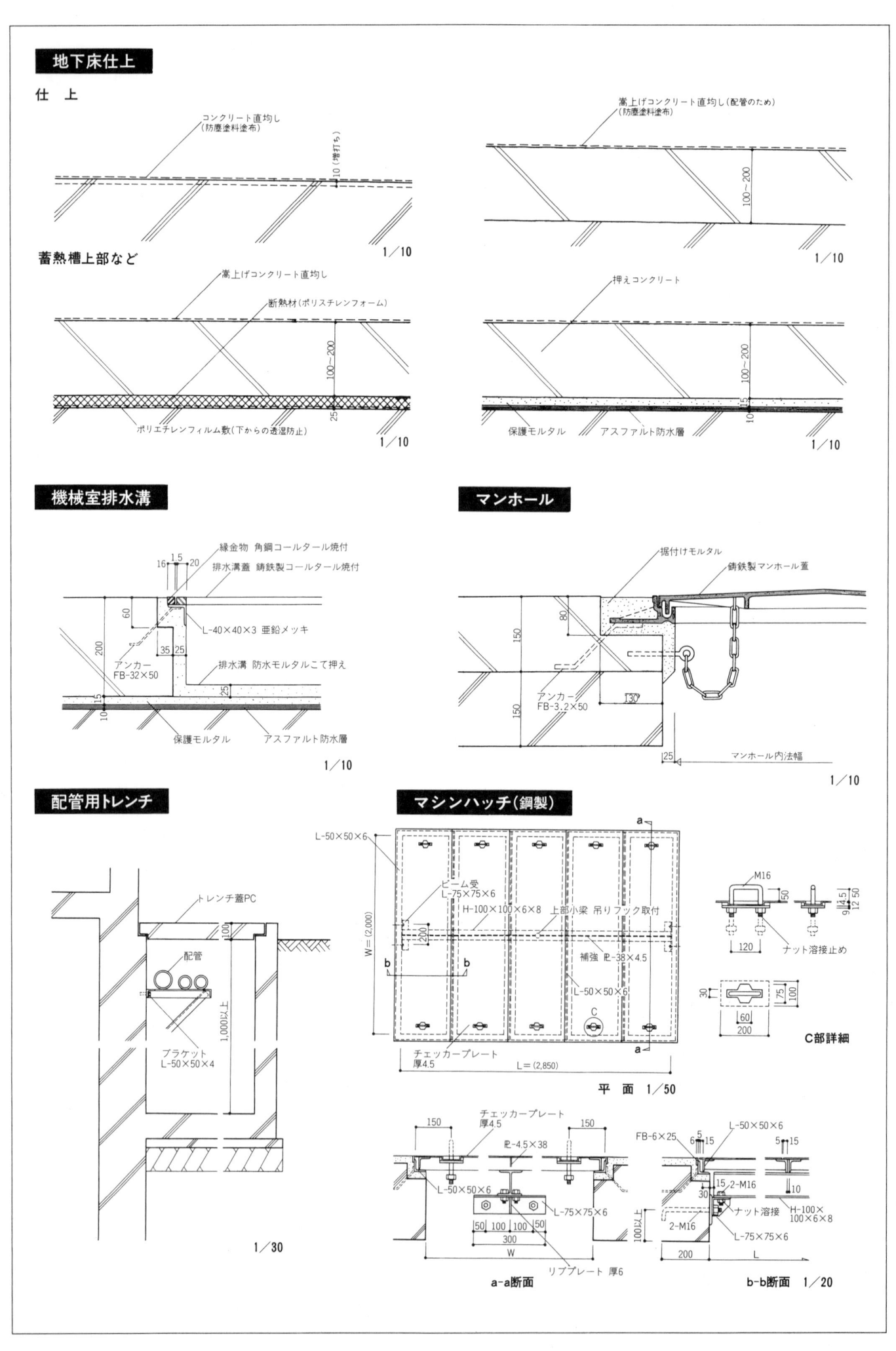

仕上

- コンクリート直均し（防塵塗料塗布） 1/10
- 嵩上げコンクリート直均し（配管のため）（防塵塗料塗布） 100〜200 1/10

蓄熱槽上部など

- 嵩上げコンクリート直均し／断熱材（ポリスチレンフォーム）／ポリエチレンフィルム敷（下からの透湿防止） 100〜200、25 1/10
- 押えコンクリート／保護モルタル／アスファルト防水層 100〜200、15、10 1/10

機械室排水溝

- 縁金物 角鋼コールタール焼付
- 排水溝蓋 鋳鉄製コールタール焼付
- L-40×40×3 亜鉛メッキ
- アンカー FB-32×50
- 排水溝 防水モルタルこて押え
- 保護モルタル／アスファルト防水層

寸法：16、1.5、20、60、200、35、25、25、10、15

1/10

マンホール

- 据付けモルタル
- 鋳鉄製マンホール蓋
- アンカー FB-3.2×50
- マンホール内法幅

寸法：80、150、150、25、130°

1/10

配管用トレンチ

- トレンチ蓋PC
- 配管
- ブラケット L-50×50×4
- 1,000以上、100

1/30

マシンハッチ（鋼製）

- L-50×50×6
- ビーム受 L-75×75×6
- H-100×100×6×8 上部小梁 吊りフック取付
- 補強 㐂-38×4.5
- L-50×50×6
- チェッカープレート 厚4.5
- W=(2,000)、L=(2,850)、200

平面 1/50

C部詳細
- M16、ナット溶接止め
- 120、50、9、4.5、12、50
- 30、75、100、60、200

a-a断面
- 150、チェッカープレート 厚4.5、150
- 㐂-4.5×38
- L-50×50×6
- L-75×75×6
- リブプレート 厚6
- 50、100、100、50、300、W

b-b断面 1/20
- L-50×50×6、FB-6×25
- 2-M16、ナット溶接
- H-100×100×6×8
- L-75×75×6
- 6、15、5、15、15、30、10、100、200、L

槽・ピット類

湧水槽

- 通気管 硬質塩ビ 100φ厚肉
- 水抜 硬質塩ビ 200φ厚肉
- 通気管
- モルタル防水
- 水抜
- 300

1/50

釜場（耐圧板に設ける場合）

- 基礎ハンチ端部
- 2D以上
- 釜場
- モルタル防水
- 基礎梁
- 500以下
- 耐圧板
- D
- 45°
- D
- D

1/30

汚水槽・雑排水槽

- 上階スラブまたは梁
- ポンプ吊上げ用フック
- 通気管
- 防臭型マンホール
- 流入管
- ポンプ吊上げ用ロープ
- ポンプガイドパイプ
- WL
- エポキシ樹脂系ライニング
- 排水管
- タラップ ステンレス
- 排水ポンプ
- 10～15
- 1
- 釜場
- 嵩上げコンクリート
- 耐圧板

1/30

蓄熱槽

- 嵩上げコンクリート
- 150 100
- 水抜パイプ
- WL
- 地中梁幅
- 150
- 蓄熱槽
- 湧水槽
- ポリエチレンフォーム成形板または現場発泡ポリウレタンフォーム
- 35～50
- 塩ビシートまたはエポキシ樹脂塗膜防水
- 地中梁成
- 耐圧板
- 捨コンクリート

1/30

地下

ドライエリア

雨水が集中しやすいので，排水容量を大きく見込み，ドレインは2か所以上とする。

下階に部屋がある場合

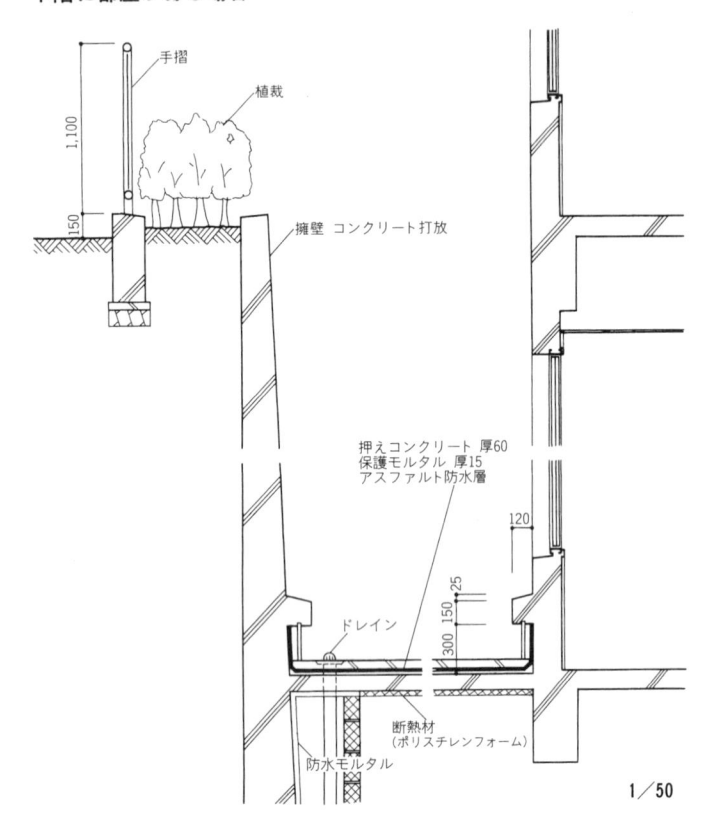

- 手摺
- 植栽
- 1,100
- 150
- 擁壁 コンクリート打放
- 押えコンクリート 厚60
- 保護モルタル 厚15
- アスファルト防水層
- 120
- 25
- 300 150
- ドレイン
- 断熱材（ポリスチレンフォーム）
- 防水モルタル

1/50

下階に部屋がない場合

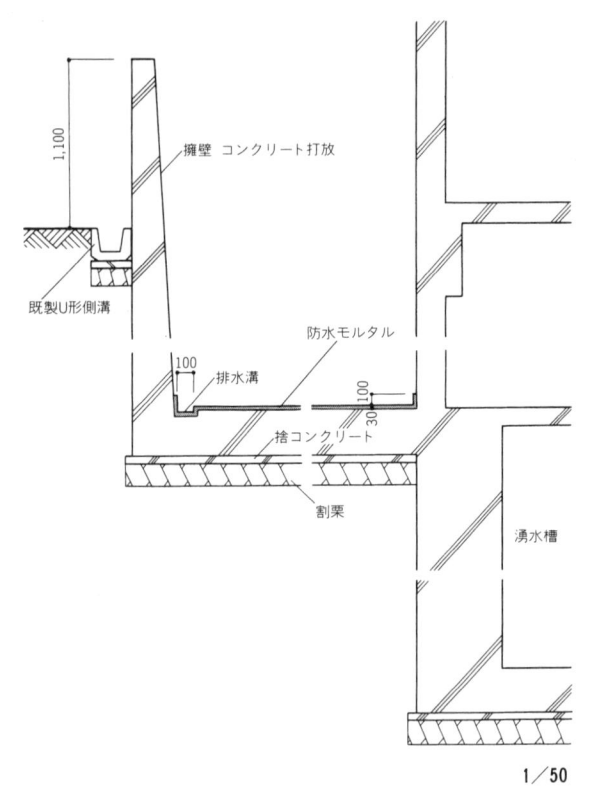

- 1,100
- 擁壁 コンクリート打放
- 既製U形側溝
- 防水モルタル
- 100 排水溝
- 100
- 30
- 捨コンクリート
- 割栗
- 湧水槽

1/50

地下連絡通路

断 面

地下水位の低い場合

- 1,000
- 防水剤入モルタル
- 100

地下水位の高い場合

- 押えコンクリート 厚60
- アスファルト防水層
- 天井
- 20 100 20
- モルタル塗
- コンクリートブロック
- セメント防水層
- 100
- 水抜パイプ
- 湧水槽

1/40

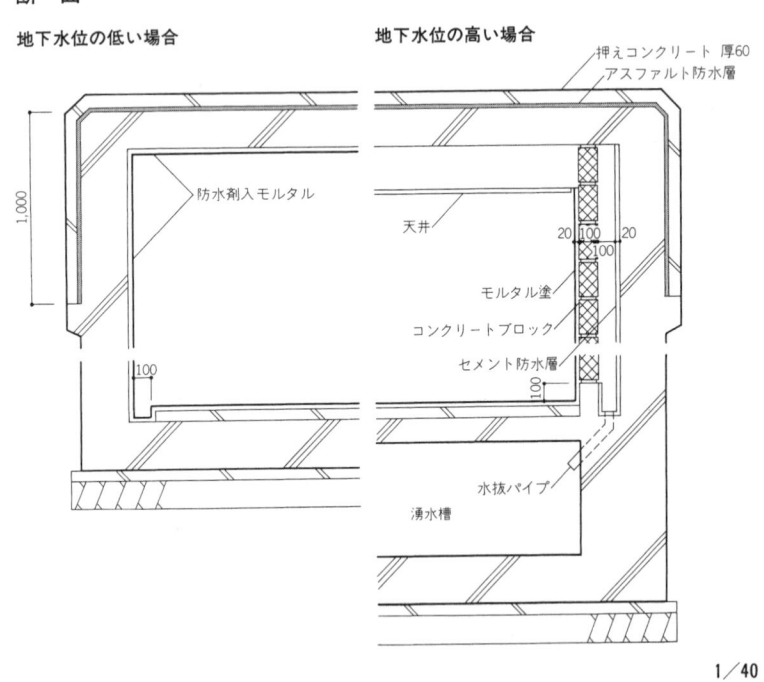

階段

機能 階段は，上下階に人が昇降するために段形状となった一種の床をもつ特殊な部位である。したがって，階段は人が日常用いるのに安全で，昇降しやすいことが重要であり，特に階段は，人を上下階に運ぶ垂直な交通部分であるだけに危険な事故を起こしやすく，階段の勾配や幅寸法，手摺の高さやその強度などについては法の規定を遵守するとともに，安全面のディテールには細心の配慮が必要である。また，階段の昇降のしやすさは，踏面・蹴上げ寸法の組合せにより決まる。それぞれの用途・使用目的にあった最適な寸法を考慮しなければならない。一般によく使われる寸法は，踏面26〜30 cm，蹴上げ16〜20 cm，老人や幼児を対象とした場合は，踏面28〜32 cm，蹴上げ14〜16 cmが推奨されている。さらに，階段は火災・地震時などの災害時に重要な避難通路になるので，階段の数・位置・排煙設備・防火扉・内部仕上げなどについて検討が必要である。

形式 階段の形式を平面形でみると，直線階段・折曲り階段・折返し階段・曲線階段の4種あり，これらが各種のバリエーションに分かれ，それぞれの用途に応じて選定される。構造的に分類すると，木造階段・鉄骨階段・コンクリート階段があり，鉄骨階段はRC造においても，工期短縮や工事中の仮設利用も兼ねるなどの目的で積極的に採用されている。

架構方法 階段自体の架構としては，まず片持架構があり，これは壁または梁から段床を片持支持する方式で，コンクリート階段に例が多い。梁架構方式は，上階と下階の梁に段床を支持する架構であって，これには段床の中央に梁を設ける中央梁階段と段床の両側に梁を設ける側桁階段とがあり，木造・鉄骨造・コンクリート造のすべてに使われる架構方式である。版架構は，段床自体を支持架構とするもので，コンクリート造が一般的である。

構法 木造階段の構法には，側桁階段が最も一般的で，そのほかに箱階段・ささら桁階段などがある。コンクリート階段は，コンクリートで段床を作り，モルタル下地の上に，プラスチック系のタイルなどを張る例が多い。この場合，段鼻には補強とすべり止めを兼ねて，ノンスリップ金物を取り付ける。石やタイル張りなどは，一般床仕上げに準ずる。鉄骨階段には，種々の構法があるが，最も簡単なものには，溝形鋼の側桁にZ型に加工したチェッカープレートの踏板を，アングルピースで取り付けた階段がある。鉄板の踏板は，発音性が大きいので，頻度・重要度の高い階段では，鋼板踏板の上に塩ビ系タイルを張ったり，鋼板の上にモルタルを塗ってタイル下地と発音防止を兼ねる例などが多い。

仕上げ 階段の仕上げには，踏面・蹴上げ・ボーダー・段側・段裏・手摺などがあり，このうちで踏面が階段の性能に直接影響する。その要求性能としては，耐衝撃・耐摩耗・耐久性・耐すべり・発音の少ないことなどが重要である。屋外階段では，さらに耐水・防水性が必要となり，防水層を施した上に段床を設ける。階段の仕上材料には，室内用としてモルタル・ビニル，ゴム系のタイルまたはシート・石・カーペットなどがあり，屋外階段には，石・れんが・磁器タイル・モルタルなどがよく使用される。段鼻は，特に耐衝撃・耐摩耗・耐すべりについて高い性能が要求されるので，金属製・ゴム製・硬質ビニル製・磁器タイル製などのノンスリップが取り付けられる。蹴上げ・ボーダー・段側などの要求性能は踏面ほどではないが，その仕上りの対比で踏面と同系統の材料が使われることが多い。段裏に左官仕上げを行うことは，階段の振動などで剥離・剥落の恐れがあるのでなるべく避け，薄塗り程度の仕上げとする。

手摺は，笠木・手摺子・パラペットなどからなり，昇降者の誘導や安全の確保を図るものである。手摺の高さ，手摺子の間隔寸法などについては，特に老人・幼児に対する十分な安全性の配慮が必要である。手摺は，手触りのよさ，握りやすさ，清潔性などが，形・材質を決める条件である。また，手摺は人がよりかかり，ぶっつかったりしたとき，その水平力と衝撃力に耐え得る強度が必要である。普通，床スラブから片持式に支持するか，控柱をとって水平力を負担させる場合もあり，いずれもデザインとの対比で選定される。

RC造の階段

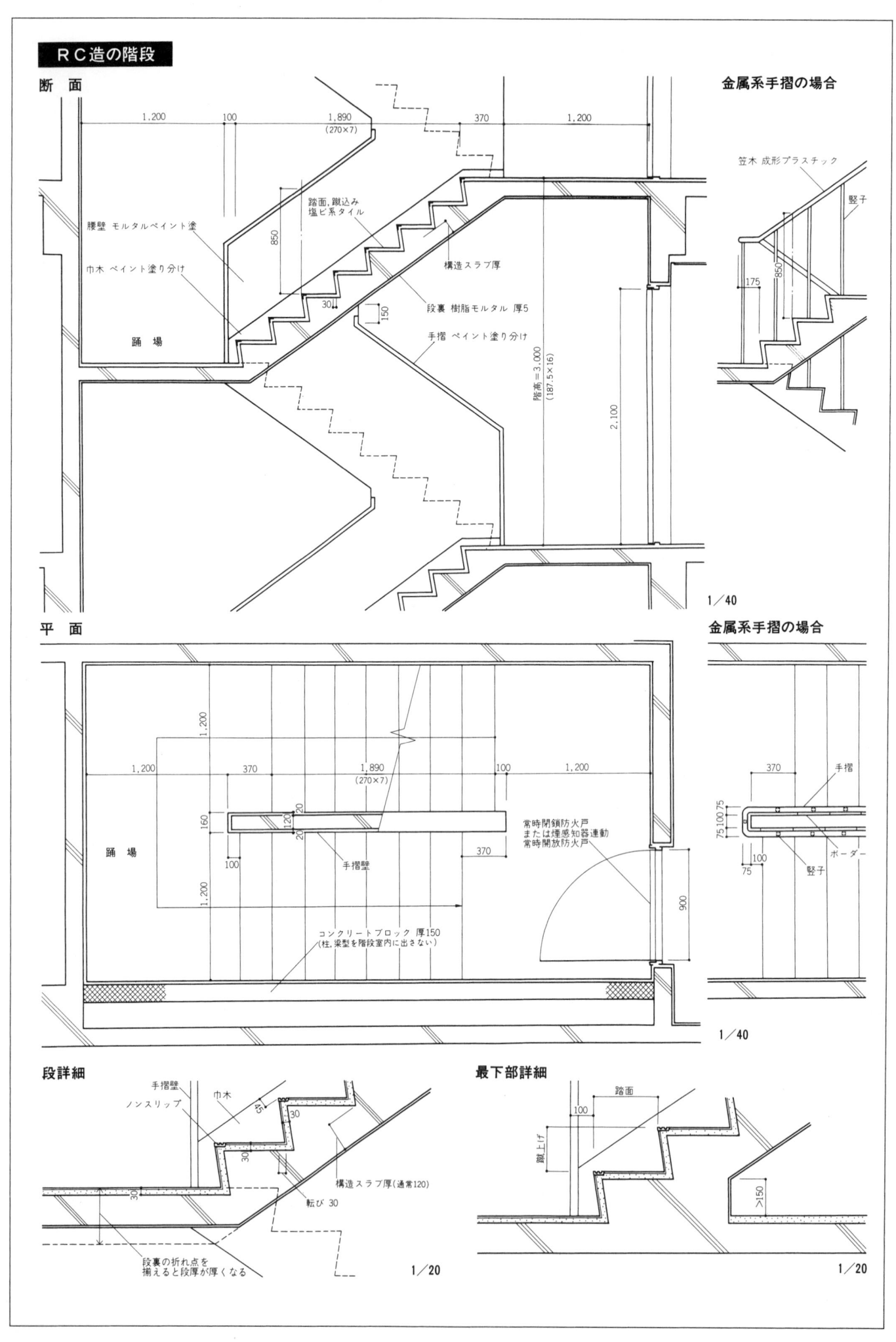

断面

- 腰壁 モルタルペイント塗
- 巾木 ペイント塗り分け
- 踊場
- 踏面, 蹴込み 塩ビ系タイル
- 構造スラブ厚
- 段裏 樹脂モルタル 厚5
- 手摺 ペイント塗り分け
- 1,200
- 100
- 1,890 (270×7)
- 370
- 1,200
- 850
- 30
- 150
- 階高=3,000 (187.5×16)
- 2,100

金属系手摺の場合

- 笠木 成形プラスチック
- 竪子
- 175
- 850

1/40

平面

- 踊場
- 手摺壁
- 常時閉鎖防火戸 または煙感知器連動 常時開放防火戸
- コンクリートブロック 厚150 (柱、梁型を階段室内に出さない)
- 1,200
- 370
- 1,890 (270×7)
- 100
- 1,200
- 160
- 120
- 20
- 20
- 100
- 370
- 1,200
- 900

1/40

金属系手摺の場合

- 手摺
- 竪子
- ボーダー
- 370
- 75 100 75
- 75
- 100

段詳細

- 手摺壁
- 巾木
- ノンスリップ
- 構造スラブ厚(通常120)
- 転び 30
- 段裏の折れ点を揃えると段厚が厚くなる
- 45
- 30
- 30
- 30

1/20

最下部詳細

- 踏面
- 蹴上げ
- 100
- ≥150

1/20

RC造屋外階段

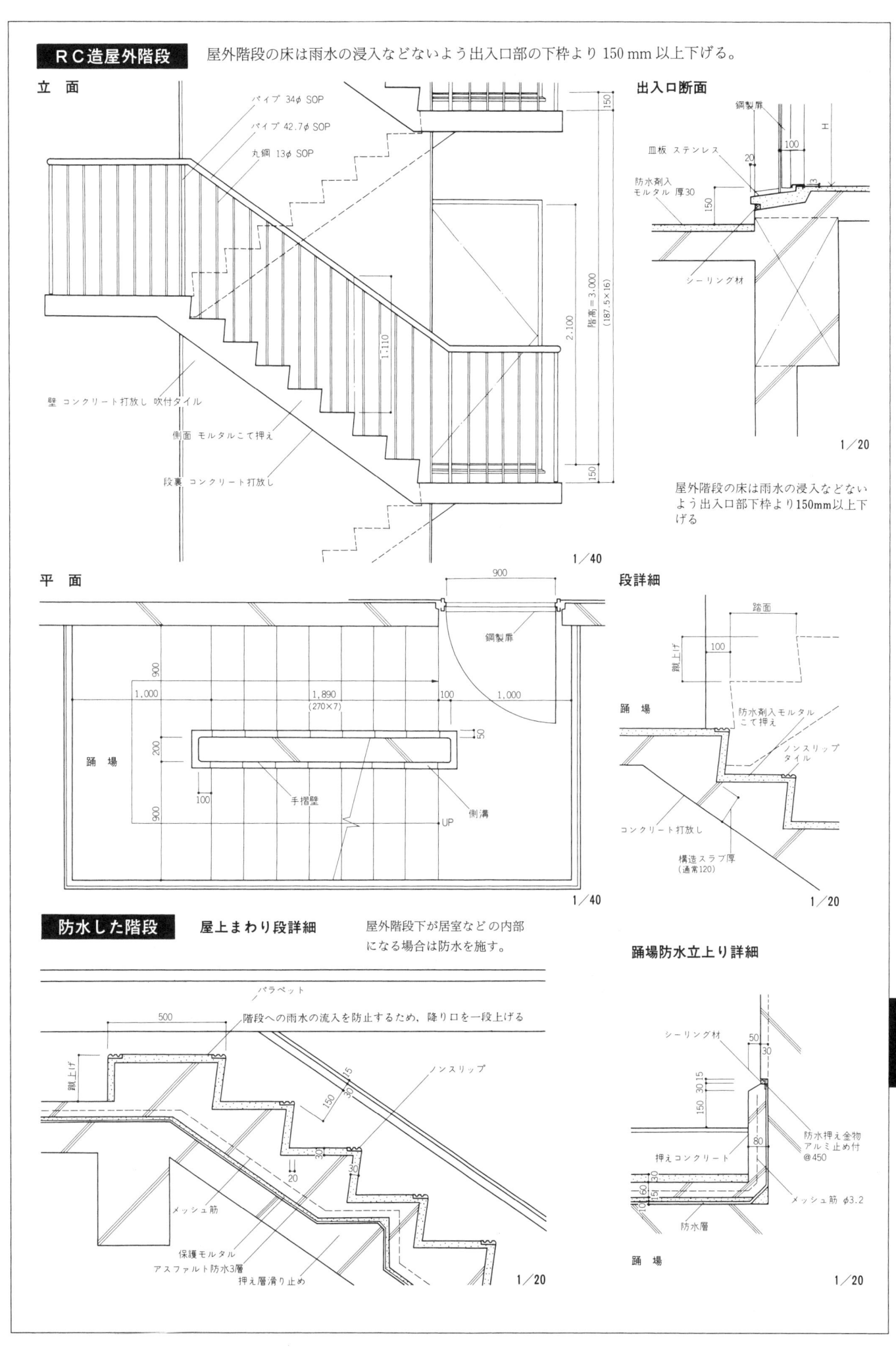

屋外階段の床は雨水の浸入などないよう出入口部の下枠より150mm以上下げる。

立面

- パイプ 34φ SOP
- パイプ 42.7φ SOP
- 丸鋼 13φ SOP
- 壁 コンクリート打放し 吹付タイル
- 側面 モルタルこて押え
- 段裏 コンクリート打放し
- 2,100
- 1:110
- 階高＝3,000 (187.5×16)
- 150

1/40

出入口断面

- 鋼製扉
- 皿板 ステンレス
- 防水剤入モルタル 厚30
- シーリング材
- 100, 20, 3
- 150

1/20

屋外階段の床は雨水の浸入などないよう出入口部下枠より150mm以上下げる

平面

- 900
- 1,000 / 1,890 (270×7) / 100 / 1,000
- 踊場
- 200, 50, 100
- 手摺壁
- 鋼製扉
- 側溝
- UP

1/40

段詳細

- 路面
- 蹴上げ
- 100
- 踊場
- 防水剤入モルタルこて押え
- ノンスリップタイル
- コンクリート打放し
- 構造スラブ厚（通常120）

1/20

防水した階段

屋上まわり段詳細

屋外階段下が居室などの内部になる場合は防水を施す。

- パラペット
- 500
- 階段への雨水の流入を防止するため、降り口を一段上げる
- 蹴上げ
- ノンスリップ
- 150, 30, 15, 20
- メッシュ筋
- 保護モルタル
- アスファルト防水3層
- 押え層滑り止め

1/20

踊場防水立上り詳細

- シーリング材
- 50, 30, 15, 150, 80, 60
- 防水押え金物 アルミ止め付 @450
- 押えコンクリート
- メッシュ筋 φ3.2
- 防水層
- 踊場

1/20

階段

PCの階段

現場打コンクリート製の2本の梁に厚さ80mmのプレキャストコンクリート製段板をかけ渡した例。軽快さを表現するため，段板は極力薄くする傾向があるが必要強度のチェックを怠ってはならない。

平面

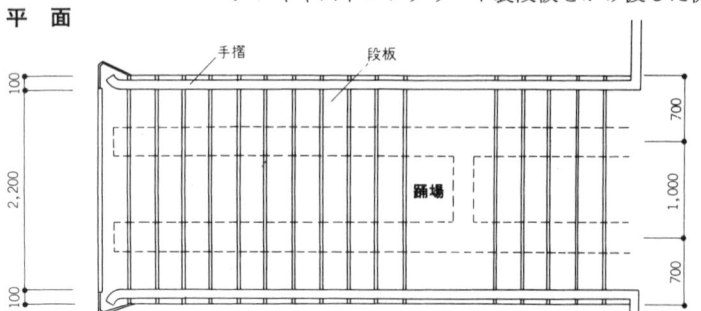

断面 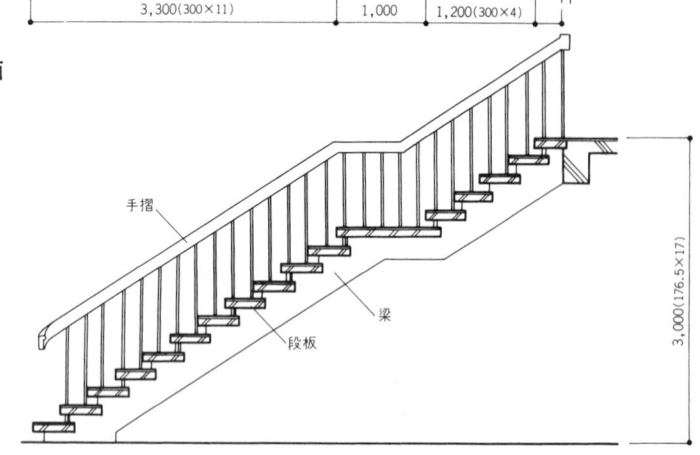 1/80

段板詳細 1/10

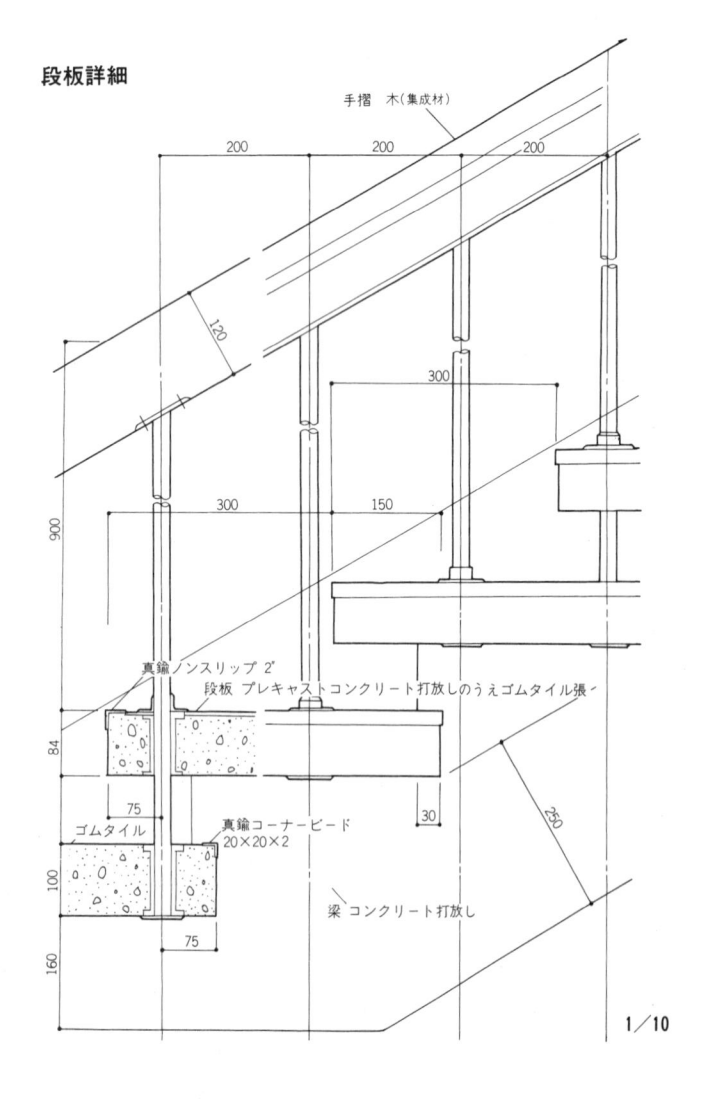

手摺詳細 1/4

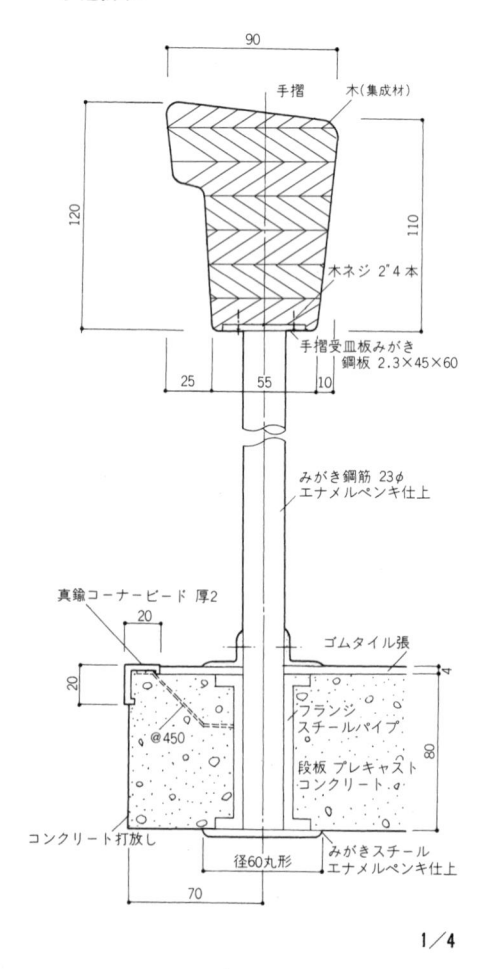

鉄骨造の階段

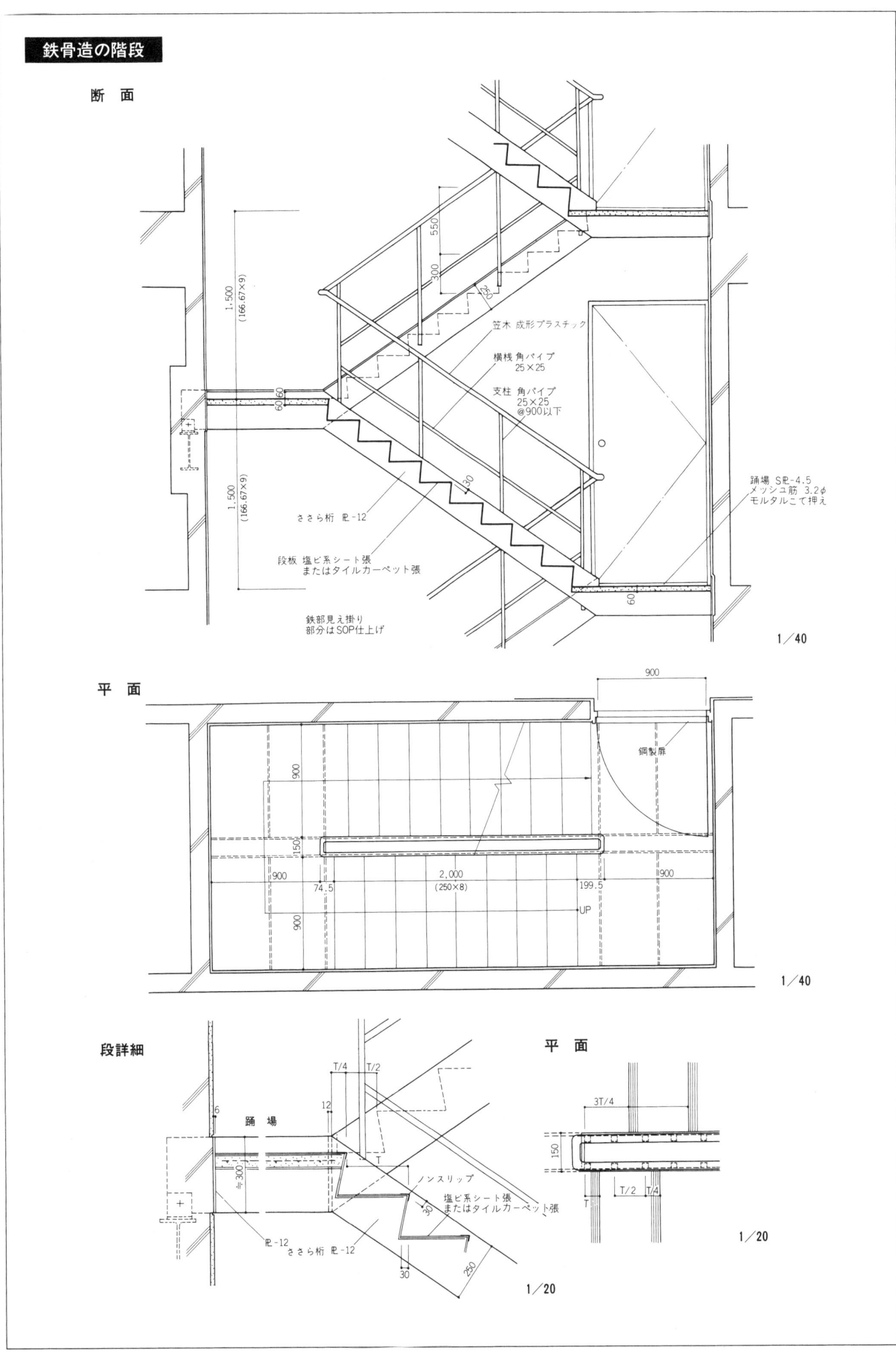

断面

笠木 成形プラスチック
横桟 角パイプ 25×25
支柱 角パイプ 25×25 @900以下
踊場 S尺-4.5 メッシュ筋 3.2φ モルタルこて押え
ささら桁 尺-12
段板 塩ビ系シート張 またはタイルカーペット張
鉄部見え掛り部分はSOP仕上げ

1,500 (166.67×9)
550
300
250
60
60
30

1/40

平面

900
鋼製扉
900
150
2,000 (250×8)
74.5
199.5
900
900
UP

1/40

段詳細

T/4 T/2
12
踊場
6
≒300
ノンスリップ
塩ビ系シート張 またはタイルカーペット張
尺-12
ささら桁 尺-12
30
250

1/20

平面

3T/4
150
T/2 T/4
T

1/20

階段の仕上

RC階段

| モルタル | モルタル・ノンスリップタイル | 塩ビ系タイルノンスリップ | タイル | 石 | カーペット |

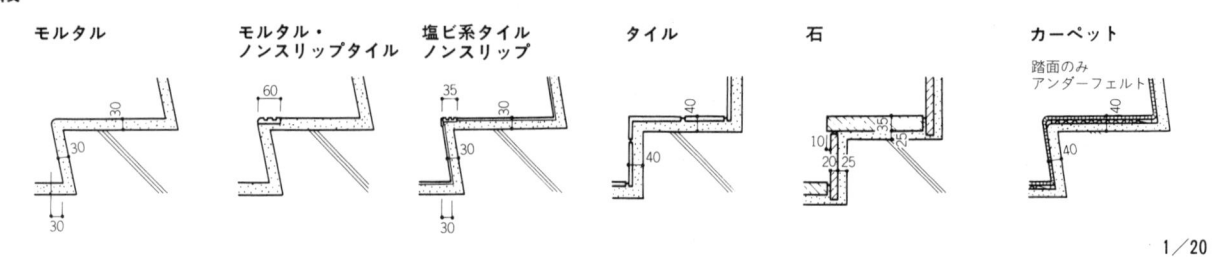

踏面のみアンダーフェルト

1/20

鉄骨階段

| チェッカープレート(1) | チェッカープレート(2) | 塩ビ系シート・ノンスリップ | PPカーペット・ノンスリップ | モルタル・塩ビ系タイル | PC版 |

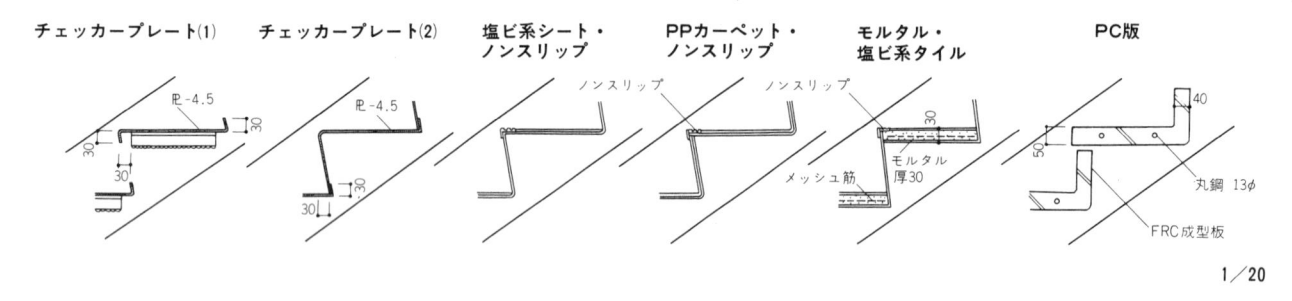

- PL-4.5
- ノンスリップ
- メッシュ筋
- モルタル 厚30
- 丸鋼 13φ
- FRC成型板

1/20

手摺の種類

| スチールパイプ | 成形プラスチック笠木 | アルミ形材 | 強化ガラス(笠木：ステンレス) | 壁手摺(笠木：モルタル) | 壁手摺(笠木：石) |

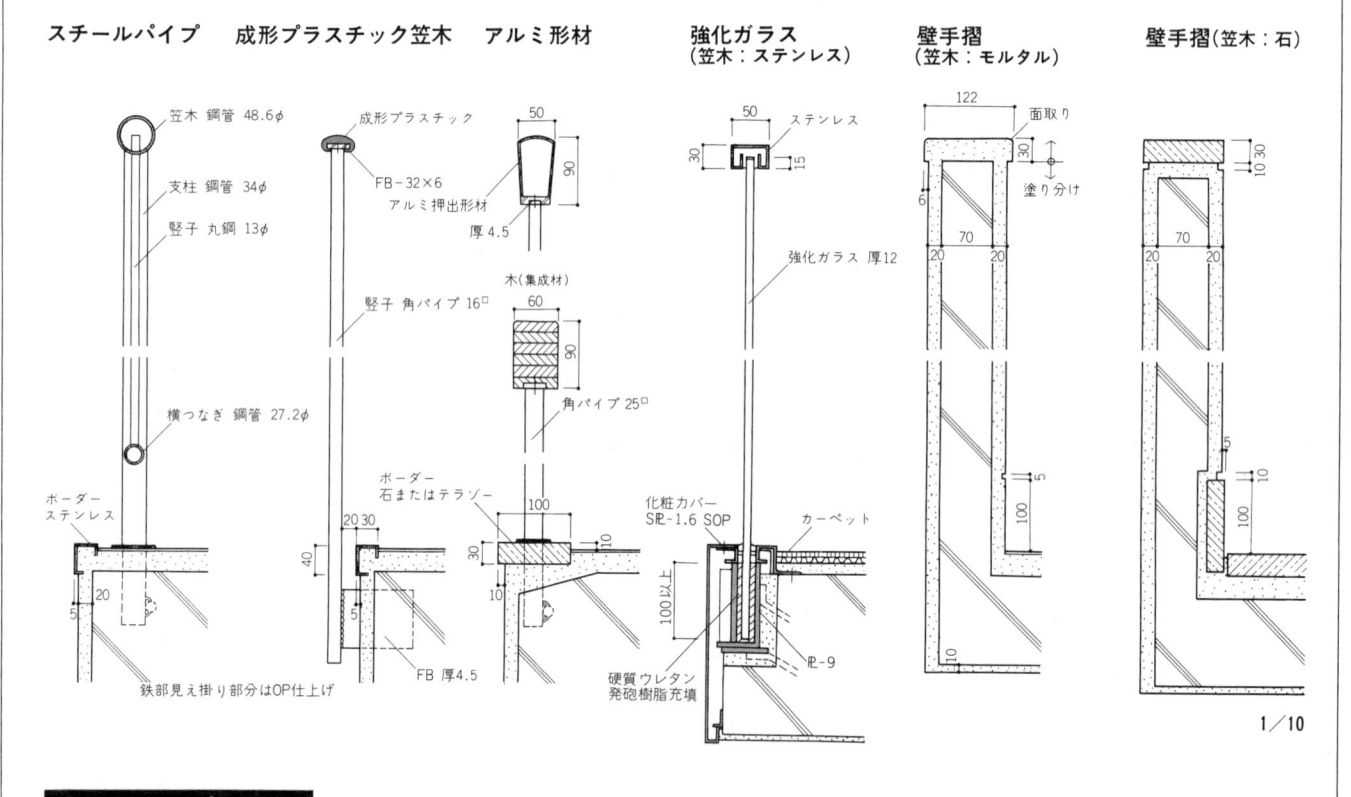

- 笠木 鋼管 48.6φ
- 支柱 鋼管 34φ
- 竪子 丸鋼 13φ
- 成形プラスチック
- FB-32×6 アルミ押出形材 厚4.5
- 竪子 角パイプ 16□
- 木(集成材)
- 角パイプ 25□
- ボーダー ステンレス
- ボーダー 石またはテラゾー
- 横つなぎ 鋼管 27.2φ
- 強化ガラス 厚12
- 化粧カバー SPL-1.6 SOP
- カーペット
- PL-9
- 硬質ウレタン発泡樹脂充填
- 鉄部見え掛り部分はOP仕上げ
- FB 厚4.5
- 面取り
- 塗り分け

1/10

ノンスリップの種類

| タイル | 石(本磨きの場合) | 真鍮 | 硬質ゴム入ステンレス(アンカー付) | 硬質ゴム入ステンレス(埋込み) | 硬質ゴム入ステンレス(張付) |

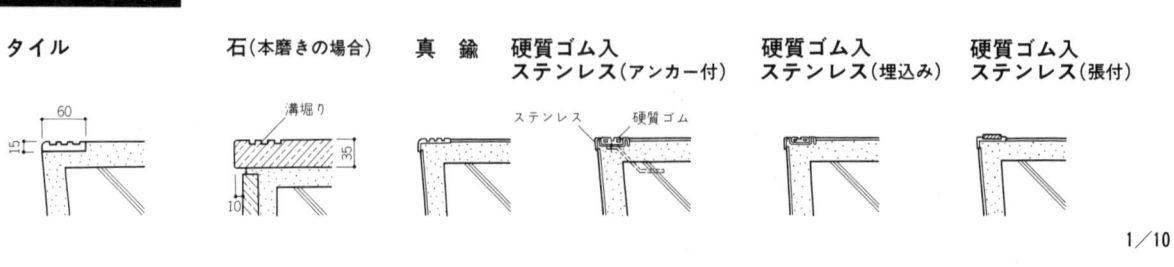

- 溝堀り
- ステンレス
- 硬質ゴム

1/10

エレベーター・エスカレーター

エレベーターやエスカレーターは，電力や油圧力などの動力によって，人や物を垂直方向に運搬する装置で，一般ビル・百貨店・駅舎・マンションなどにおける運送力の高い縦動線の重要な交通手段である。

エレベーター エレベーターには，乗用・人荷共用・寝台用・荷物用・自動車用などがあり，それぞれに応じて法規上，構造や各部の安全率のとり方などが異なる。このうち，人の輸送を目的とする乗用エレベーターが，事務所ビル・ホテル・高層マンションなどに多く使われ，商業ビルなどでは展望用（シースルー）エレベーターが好んで使用される。

エレベーターの構造には，ロープ式と油圧式があり，ロープ式エレベーターの駆動方法にはドラム式とトラクション式とがあり，ロープと巻上機の綱車の間の摩擦力で駆動させるトラクション方式を，大部分のエレベーターが現在採用している。エレベーターの主要部分には，かご，戸開閉装置，ロープ，巻上機，制御装置，釣合おもり，レールなどがあり，建物側には，乗場・昇降路・ピット・機械室などがある。この主要部分のうち，かごは，人や物を乗せるかご室とこれを支えるかご枠とからなり，かご枠は四隅に取り付けたガイドシューでレールに案内される。レールはかご・釣合おもりの両側に昇降機壁に固定して垂直に立て，その昇降を案内するとともに，非常止めが作動したとき，かごの落下を支える。油圧エレベーターは，油圧ジャッキの押上げ力によって，かごを上昇させ，自動によって降下させる構造をもつもので，ロープ式とは，駆動部分では異なるが，かご・乗場・安全装置の一部は同じものである。昇降路の大きさは，かごとその付属設備の取り付けるスペースで決まり，JISでもその標準寸法は制定されている。昇降路の構造は，耐火構造であることと，レール，乗場の扉装置が堅固に支持できることが必要で，RC造の場合は，壁厚120 mm以上とする。昇降路の上部には，かごが天井に衝突しないよう頂部に所定の寸法のクリアランスをとり，下部には緩衝器を取り付けるため所定の深さ寸法のピットを設け，セメント防水程度を施す。機械室の広さは，昇降路面積の2倍以上という規定があり，保守・点検に必要なスペースを確保する。その他，機器発熱に対する換気・空調を行うこと，機器騒音・振動に対する配慮をはじめ，採光・防火・防塵などの対策が必要である。油圧エレベーターの昇降路は直接式で，ピット下部に油圧ジャッキ埋込み穴が必要になる以外，ロープ式と大差ない。機械室の広さは，保守に支障なければ2倍もなくてよいが，換気・騒音などの配慮はロープ式と同じである。

ダムウェーター（小荷物専用昇降機）は，主に料理・小荷物などを運搬するもので，エレベーターと異なり人は乗せないので，安全装置はエレベーターに比べて簡易である。ダムウェーターの種類は，物の出し入れ口の位置によって2種類ある。テーブル形は，床面より750 mm程度に出し入れ口を設け，積載荷重は100 kg程度，フロア形は出し入れ口と床面が同じレベルで積載荷重100〜200 kgのものが多い。昇降路・機械室の構造は耐火構造が望ましい。

エスカレーター エスカレーターは，エレベーターに比べて輸送能力がはるかに大きくて，待たずに連続的に乗れること，また開放的でパノラマ効果のあるところから，百貨店・店舗・駅舎・劇場など人の混雑する場所に適した輸送設備である。エスカレーターの主要部は，駆動装置・移動階段・欄干・手摺などと，これらの機器類と乗客などのすべての荷重を支持する鉄骨構造のトラスからなる。軀体の梁に，このトラスの上下端部が架けられて据え付け，揚程5mを超えるものは，中間でトラスを支持する梁が必要となる。傾斜角は30°，速度は30 m/minを標準とし，欄間有効幅は1,200 mm以下の規定があり，標準機種として1,200形（大人2人並列可能）と800形（大人と小人が並列可能）とがある。エスカレーターの縦のつながり，すなわち配列を決定する場合は，客の流れに注意し，できるだけ占有面積が小さく，かつ乗り継ぐときに歩行距離の短いことが望ましい。その代表的な配列方法には，単列重ね形・単列乗継ぎ形・複列交差形・複列平行乗継ぎ形の4種がある。いずれの場合も，乗客を常に安全に輸送するためにその周囲の安全対策には慎重に留意する。

乗用エレベーター（ロープ式） （寸法は9人乗り，105m/minの近似寸法）

特にエレベーターのピット，オーバーヘッド，機械室有効高さなどの各寸法は所定の数値であることをチェックする。なお，エレベーターピットはセメント防水程度を施す。

断　面

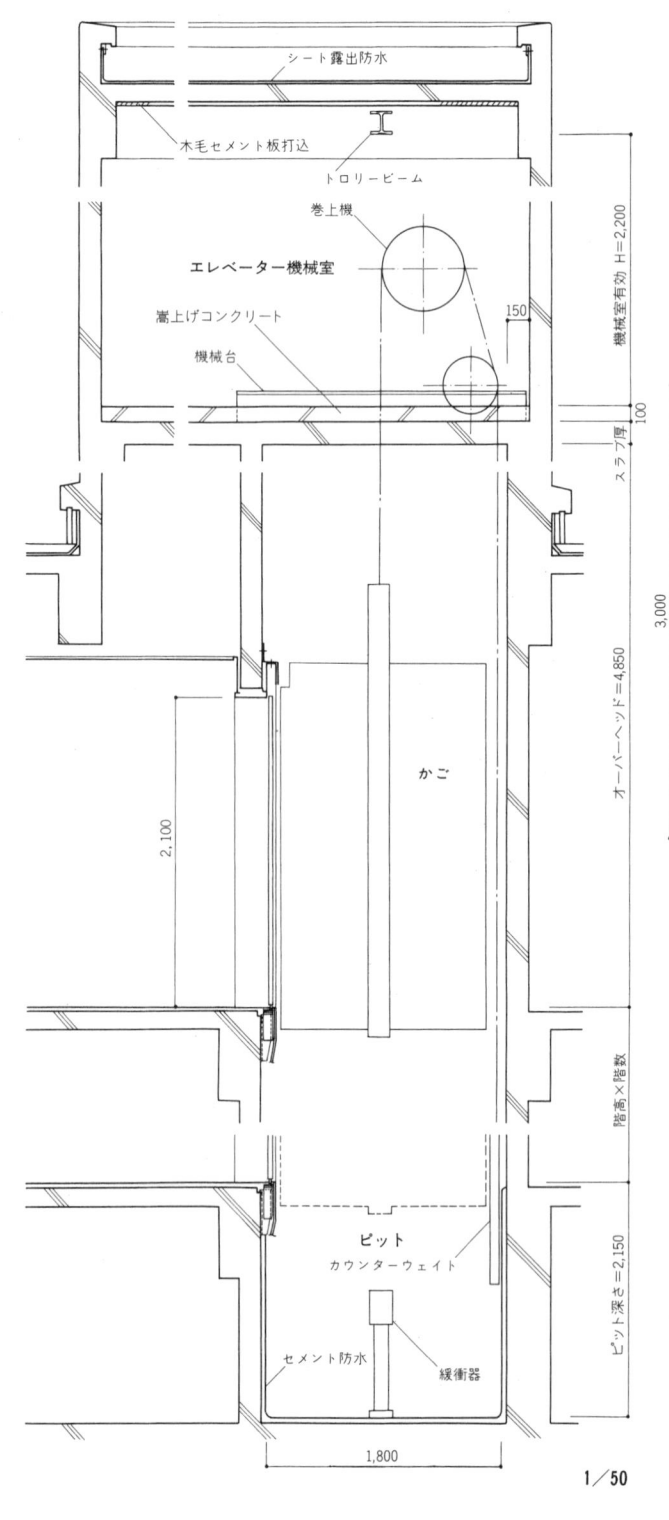

- シート露出防水
- 木毛セメント板打込
- トロリービーム
- 巻上機
- エレベーター機械室
- 嵩上げコンクリート
- 機械台
- 150
- 機械室有効 H＝2,200
- スラブ厚 100
- かご
- 2,100
- オーバーヘッド＝4,850
- 階高×階数
- ピット
- カウンターウェイト
- セメント防水
- 緩衝器
- ピット深さ＝2,150
- 1,800

1/50

昇降路平面

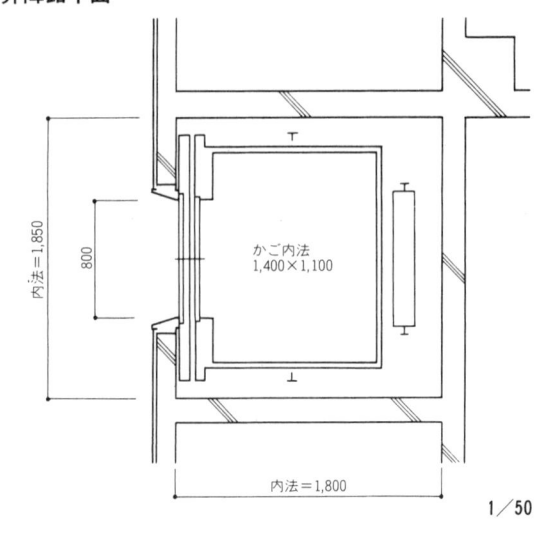

- 内法＝1,850
- 800
- かご内法 1,400×1,100
- 内法＝1,800

1/50

エレベーター機械室平面

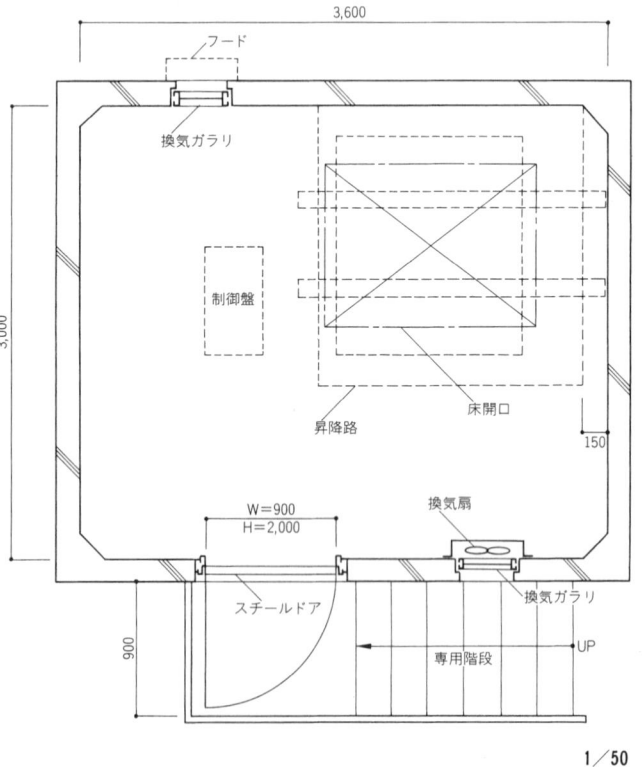

- 3,600
- フード
- 換気ガラリ
- 3,000
- 制御盤
- 床開口
- 昇降路
- 150
- W＝900　H＝2,000
- 換気扇
- スチールドア
- 換気ガラリ
- 900
- 専用階段
- UP

1/50

展望用（シースルー）エレベーター平面

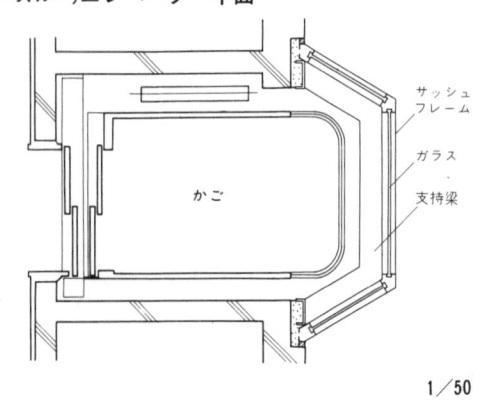

- サッシフレーム
- ガラス
- 支持梁
- かご

1/50

三方枠

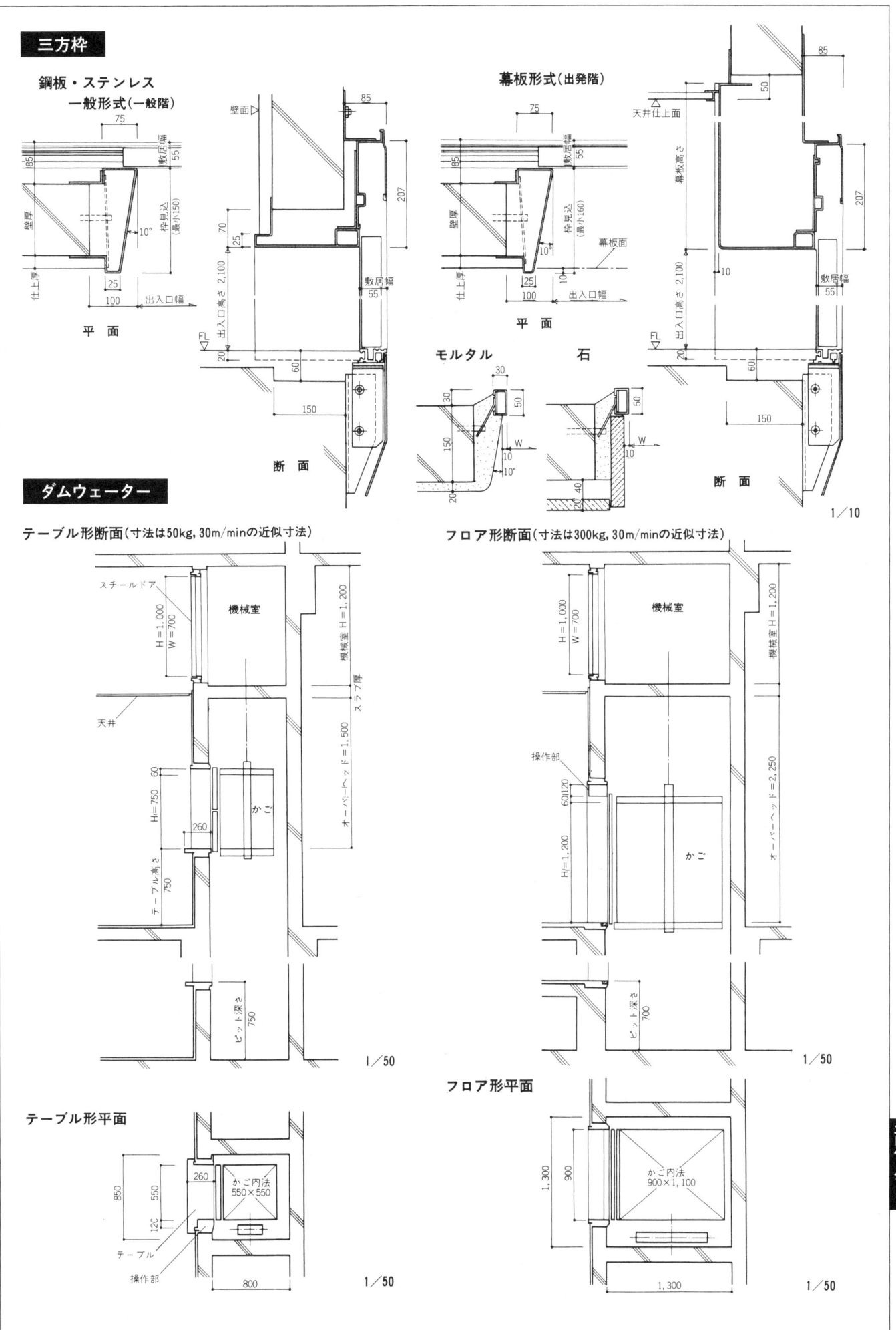

鋼板・ステンレス 一般形式（一般階）

幕板形式（出発階）

モルタル　石

1/10

ダムウェーター

テーブル形断面（寸法は50kg, 30m/minの近似寸法）

フロア形断面（寸法は300kg, 30m/minの近似寸法）

1/50

テーブル形平面

フロア形平面

1/50

エスカレーター エスカレーターは，その機器類本体とその荷重を支持する鉄骨造のトラスが，RC造りの軀体と取合い部分の処理がディテール的にはポイントとなる。

断　面（寸法は有効幅600の場合の近似寸法）

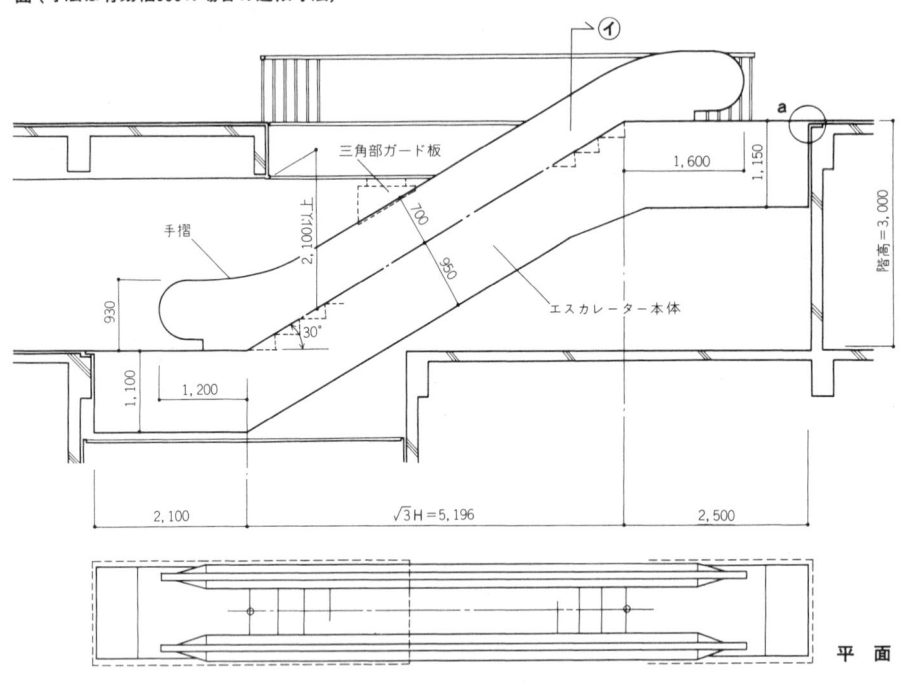

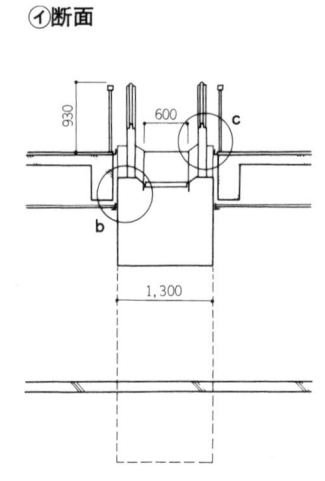

㋑断面

1/100

平　面

a部軀体支持部分

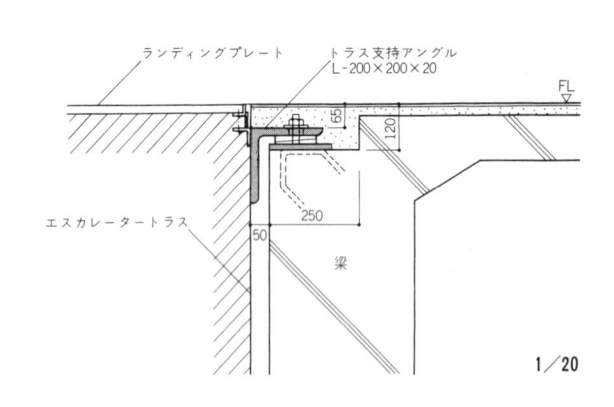

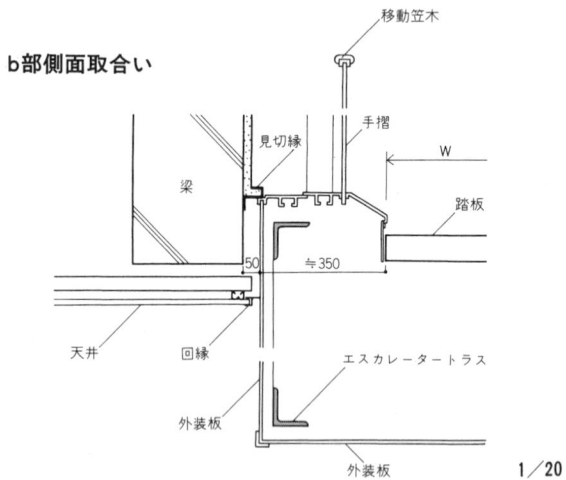

b部側面取合い

1/20

三角部ガード板

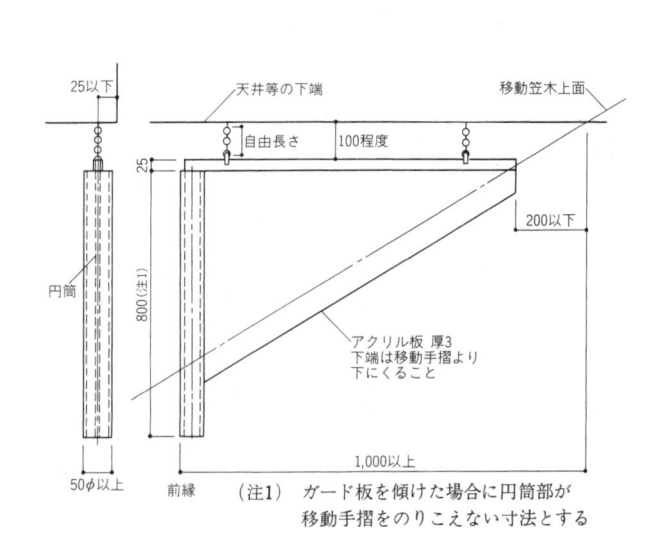

（注1）ガード板を傾けた場合に円筒部が移動手摺をのりこえない寸法とする

C部側面取合い

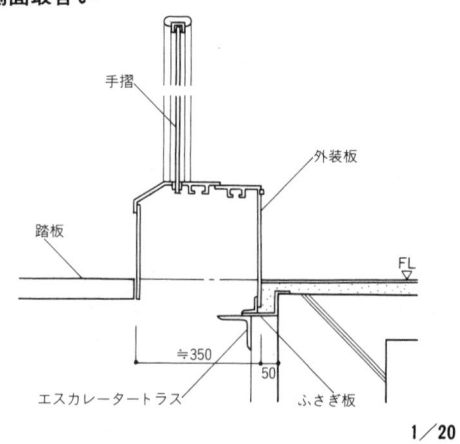

1/20

エキスパンション・ジョイント

EXP.Jの種類 建物には非常に数多くのジョイントが存在する。これらのジョイントは、固定接合および可動接合の2種類に大別できる。固定接合は、ジョイント部分で被接合体同士が相対変位を生じない場合の接合法で、被接合体同士を互いに固定し、一体とするものである。一方、可動接合は、主として使用目的から要求される場合ならびに特殊な力学的目的から要求される場合等に用いられる。使用目的から要求される可動接合は、建具と建具枠のジョイント（丁番・戸車等）が代表的な例である。それに対して、力学的目的から要求される場合には、防振・免震工法と伸縮継手とがある。このうち伸縮継手は、構造体同士の接続に用いられるいわゆるエキスパンション・ジョイントと、部分的に用いられるジョイント（金属笠木・手摺等の伸縮継手、ダクト・パイプ類の伸縮継手、防水押え層の伸縮目地等）とに分けられる。いずれも特定の変形を吸収し、実用上の障害を防止することを目的として設けられるものである。このうち本項で取り扱うエキスパンション・ジョイント（以下EXP.Jと略）は、伸縮継手のなかの構造体同士の接続に用いられるもの、およびそれに付随する仕上げのジョイントをいう。

建物の挙動とEXP.J 建物には、温度変化、乾燥収縮、不同沈下、地震振動等、さまざまな応力が働くが、これらの応力が過大となって、建物に有害な障害が予想される場合、それを未然にコントロールする手段としてEXP.Jが設けられる。温度変化には外気温の変化（日変化・年変化）、日射量の変化、冷暖房による変化、高温を発する設備による変化等があり、これらによって建物は常に変形している。また、コンクリートは凝固が終わった後約1年の間しだいに収縮し、これによっても建物は変形する。これらの変形が障害となって現れる典型がコンクリートの亀裂である。この亀裂を防ぐため、長大な建物では適当な間隔に、また特に亀裂の入りやすい部分にEXP.Jが設けられる。建物下部の地質が場所によって異なる場合、建物が長大な場合、建物の重量に偏りがある場合、ブロックによって基礎形式が異なる場合等には、不同沈下が生じやすい。不同沈下の恐れのある場合は、適切な位置にEXP.Jを設けて建物を分離し、不同沈下の軽減を図ると共に、沈下による仕上材等の破損を防ぐ。また、振動特性の異なるブロックより構成させる建物では、地震時にそれぞれ異なった振れ方をする。このときの発生応力による障害を防止するため、これらのブロックはEXP.Jで接続しなければならない。

要求性能と工法 EXP.Jに要求される工法的性能は、力学的性能（力の伝達の遮断、変位の吸収）、一般構造的性能（防水性・耐火性・断熱性等）、施工性・保守性の3種類に大別される。力学的性能は、いわばEXP.Jのフレキシビリティであり、変形追従能力である。この追従性を設定するに当たって、ごくまれにしか発生しないような大きな変形にさえ追従し得るような大がかりなEXP.Jを構築することは得策ではない。適当な可能変形量を定め、それを超えた変形が発生した場合には、破壊して変形を吸収するように設計すべきである。ただし、その際には、破壊後の修理が容易に行えるような材料や納まりとしておかなければならない。EXP.J部材の可能変形量は、地震変形によって設定するのが通常で、80〜100gal程度の地震に対して追従できるように設計するのが一般的である。また、変形は前後、左右、上下の3方向に発生するので、それぞれに追従可能な納まりとしなければならない。建物の外周および地下に設けられるEXP.Jには、当然防水性が要求される。通常時および可能変形量の範囲内では、変形能を阻害せずに防水性を確保できる納まりとすることが、EXP.J設計の最大のポイントである。一般的方法として、EXP.Jカバー等を工夫する方法（かぶせ型、迷路型等）、水密な層を設ける方法（ゴムシート、止水板、変形可能な金属薄板等）、浸入した雨水を排水樋等によって排水する方法等が多用されているが、適用部位、周辺条件、変形特性、保守条件等を総合的に検討して、最適な工法を選択しなければならない。

屋根

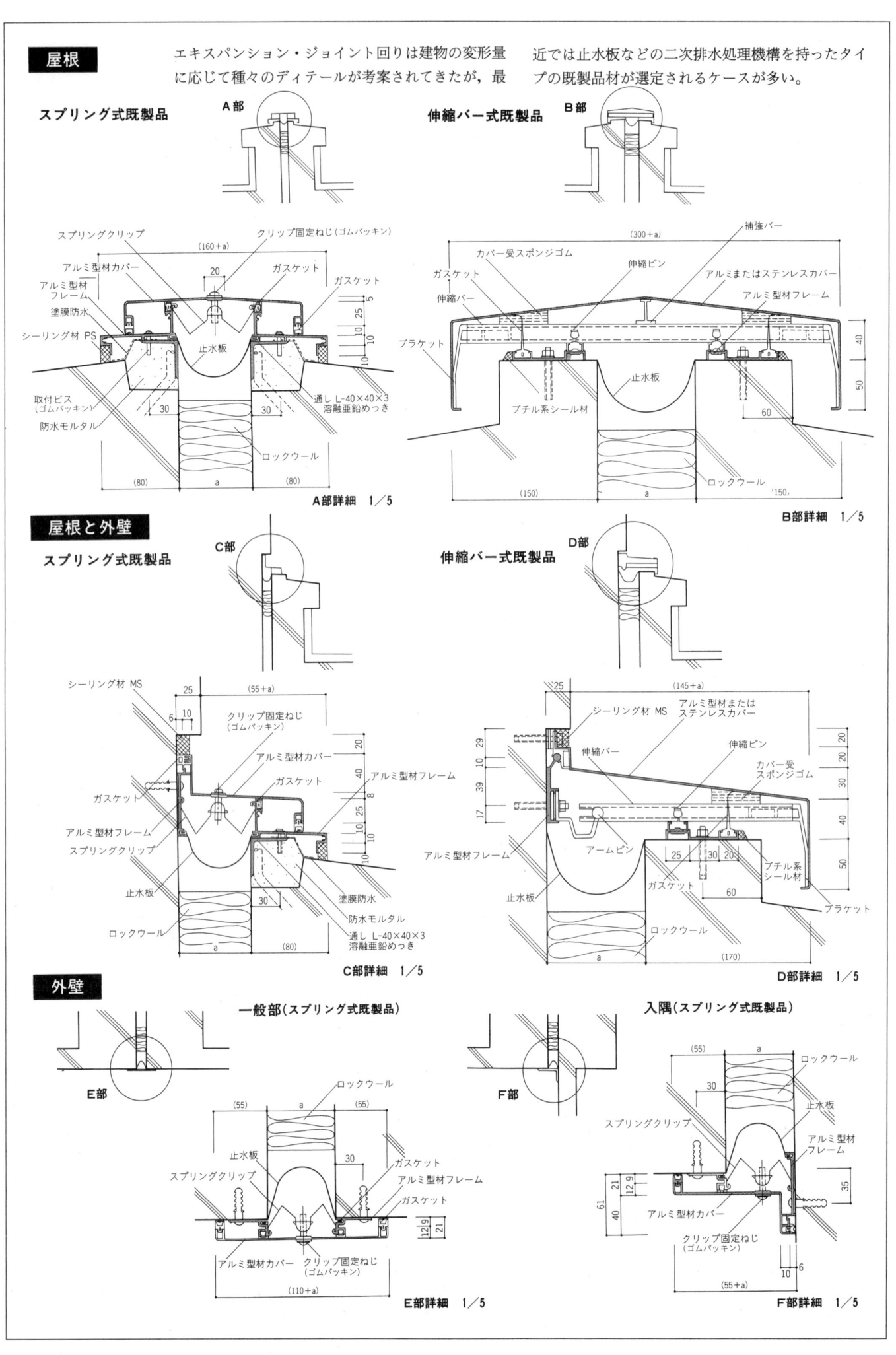

エキスパンション・ジョイント回りは建物の変形量に応じて種々のディテールが考案されてきたが，最近では止水板などの二次排水処理機構を持ったタイプの既製品材が選定されるケースが多い。

スプリング式既製品　A部

A部詳細　1/5

主な表示：スプリングクリップ、クリップ固定ねじ（ゴムパッキン）、アルミ型材カバー、ガスケット、アルミ型材フレーム、塗膜防水、シーリング材 PS、止水板、取付ビス（ゴムパッキン）、防水モルタル、通し L-40×40×3 溶融亜鉛めっき、ロックウール
寸法：(160+a)、20、25、10、10、10、5、30、30、(80)、(80)、a

伸縮バー式既製品　B部

B部詳細　1/5

主な表示：カバー受スポンジゴム、補強バー、ガスケット、伸縮ピン、伸縮バー、アルミまたはステンレスカバー、アルミ型材フレーム、ブラケット、止水板、ブチル系シール材、ロックウール
寸法：(300+a)、40、50、60、(150)、(150)、a

屋根と外壁

スプリング式既製品　C部

C部詳細　1/5

主な表示：シーリング材 MS、クリップ固定ねじ（ゴムパッキン）、アルミ型材カバー、ガスケット、アルミ型材フレーム、ガスケット、アルミ型材フレーム、スプリングクリップ、止水板、ロックウール、塗膜防水、防水モルタル、通し L-40×40×3 溶融亜鉛めっき
寸法：25、(55+a)、6、10、20、40、8、25、10、10、10、30、(80)、a

伸縮バー式既製品　D部

D部詳細　1/5

主な表示：シーリング材 MS、アルミ型材またはステンレスカバー、伸縮バー、伸縮ピン、カバー受スポンジゴム、アルミ型材フレーム、アームピン、ガスケット、止水板、ブチル系シール材、ブラケット、ロックウール
寸法：25、(145+a)、29、10、39、17、20、30、40、50、25、30、20、60、(170)、a

外壁

一般部（スプリング式既製品）　E部

E部詳細　1/5

主な表示：ロックウール、止水板、スプリングクリップ、ガスケット、アルミ型材フレーム、ガスケット、アルミ型材カバー、クリップ固定ねじ（ゴムパッキン）
寸法：(55)、(55)、30、12、9、21、(110+a)、a

入隅（スプリング式既製品）　F部

F部詳細　1/5

主な表示：ロックウール、止水板、スプリングクリップ、アルミ型材フレーム、アルミ型材カバー、クリップ固定ねじ（ゴムパッキン）
寸法：(55)、30、61、40、21、12、9、35、10、6、(55+a)、a

天井

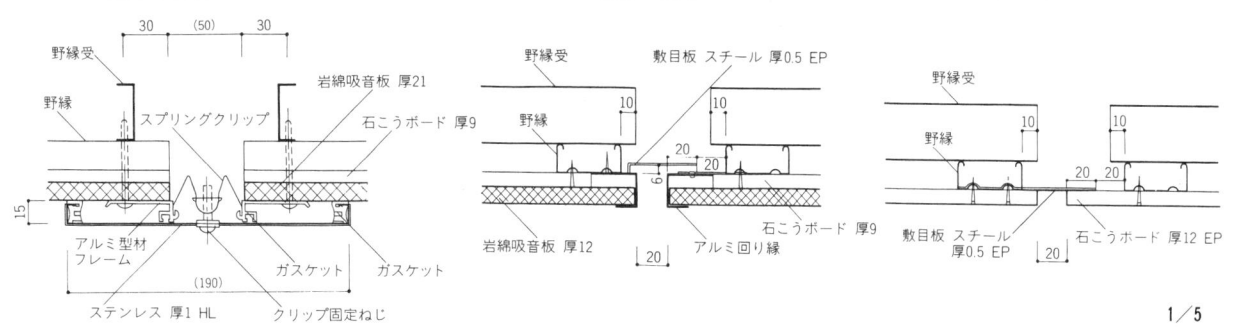

岩綿吸音板（既製品金物）
- 野縁受
- 野縁
- 岩綿吸音板 厚21
- スプリングクリップ
- 石こうボード 厚9
- アルミ型材フレーム
- ステンレス 厚1 HL
- ガスケット
- クリップ固定ねじ
- ガスケット

岩綿吸音板
- 野縁受
- 敷目板 スチール 厚0.5 EP
- 野縁
- 岩綿吸音板 厚12
- アルミ回り縁
- 石こうボード 厚9

石こうボード
- 野縁受
- 野縁
- 敷目板 スチール 厚0.5 EP
- 石こうボード 厚12 EP

1/5

天井と内壁

天井 岩綿吸音板（既製品金物）　壁 モルタル
- 野縁受
- 野縁
- 石こうボード 厚9
- 岩綿吸音板 厚12
- アルミ型材カバー
- アルミ型材アダプター
- ガスケット
- モルタルこて押え EP

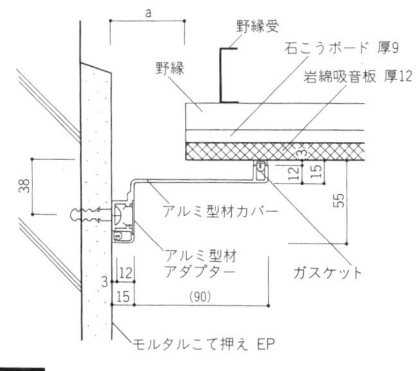

天井 岩綿吸音板　壁 モルタル
- 敷目板 スチール 厚0.5 EP
- 野縁受
- 野縁
- 石こうボード 厚9
- アルミ回り縁
- 岩綿吸音板 厚12
- ガスケット
- モルタルこて押え EP

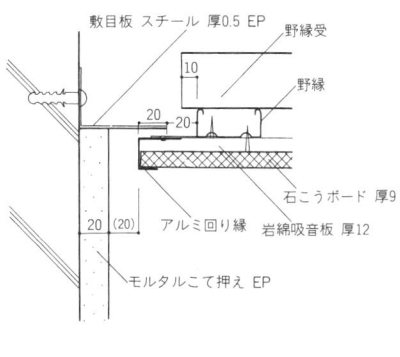

天井 石こうボード　壁 モルタル
- 野縁受
- 野縁
- 石こうボード 厚12 EP
- 敷目板 スチール 厚0.5 EP
- モルタルこて押え EP

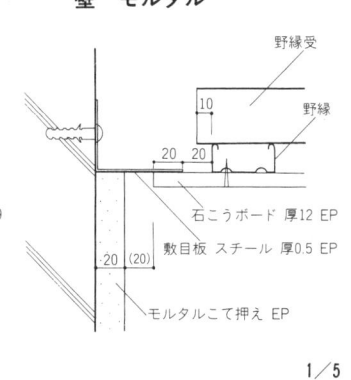

1/5

内壁

一般部

コンクリート打放し（既製品金物） 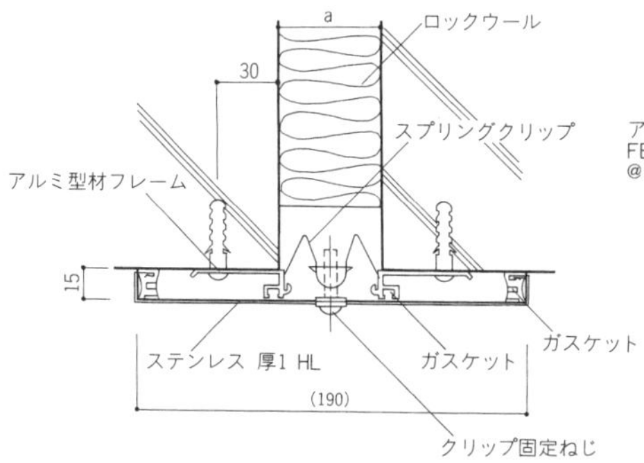
- ロックウール
- スプリングクリップ
- アルミ型材フレーム
- ステンレス 厚1 HL
- ガスケット
- ガスケット
- クリップ固定ねじ

タイル
- ロックウール
- FB-4.5×25
- アンカー FB-3×3.2 @500
- 凹-2.3
- ステンレス 皿ビス 4.5φ @500
- ステンレス 厚1.5 HL
- タイル

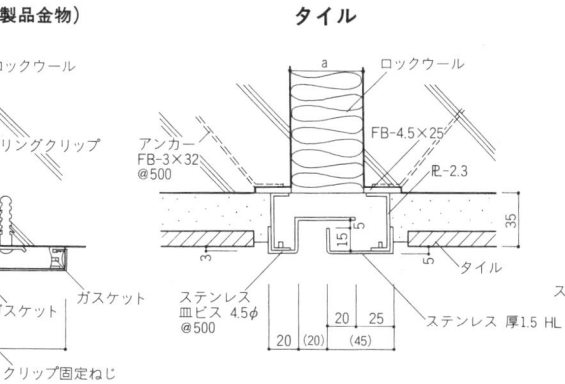

石
- ロックウール
- 凹-2.3
- ビス 4.5φ @500
- ステンレス 厚1.5 HL
- 大理石 本磨き（部分とろ工法）

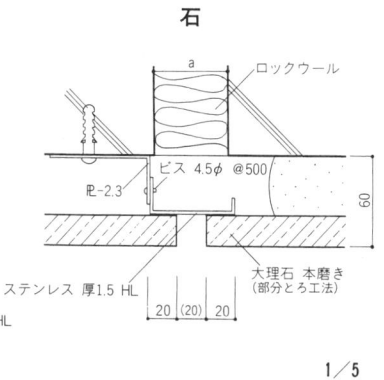

1/5

入隅部

コンクリート打放し（既製品金物）
- ロックウール
- スプリングクリップ
- アルミ型材フレーム
- ガスケット
- ステンレス 厚1 HL
- クリップ固定ねじ

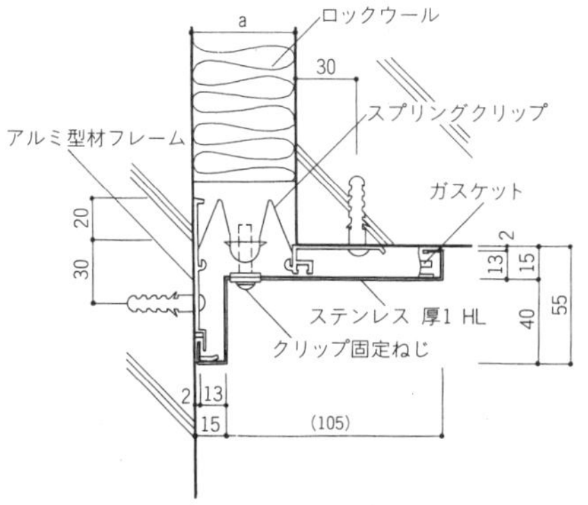

タイル
- ロックウール
- FB-4.5×25
- アンカー FB-3×3.2 @500
- 凹-2.3
- ステンレス 皿ビス 4.5φ @500
- ステンレス 厚1.5 HL

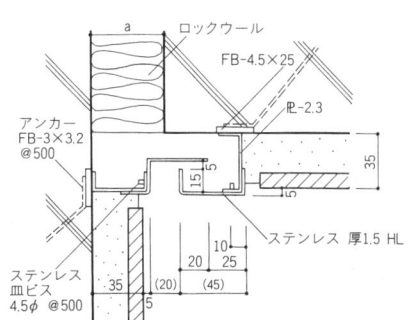

石
- ロックウール
- 凹-2.3
- ビス 4.5φ @500
- ステンレス 厚1.5 HL
- 花崗岩 バーナー仕上（部分とろ工法）

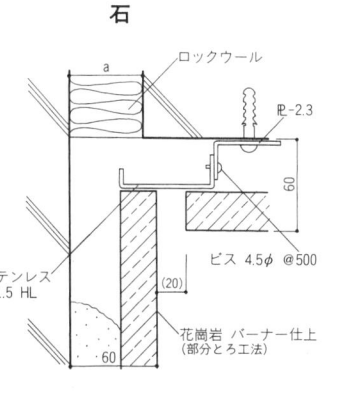

1/5

EXP.J

内壁と床

壁 コンクリート打放し（既製品金物）
床 塩ビ系シート

- アルミ型材スライドプレート
- ガスケット
- アルミ型材カバー
- 塩ビ系シート
- 止水板
- アルミ型材フレーム
- (耐火帯)
- ロックウール

壁・床 タイル
- タイル
- ステンレス 厚2 HL
- ステンレス 厚2
- ロックウール
- スチール FB-3.2×50 @500

壁・床 石
- 石受金物 L-45×45×4
- M8ボルト @600
- 大理石本磨き
- シーリング材 PS
- 花崗岩バーナー
- ステンレス 厚2 HL
- ロックウール
- スチール FB-3.2×50 @500

1/5

床

塩ビ系シート（既製品金物）
- アルミ型材カバー
- ガスケット
- 塩ビ系シート
- 止水板
- アルミ型材フレーム
- (耐火帯)
- アルミ型材スライドプレート
- ロックウール

塩ビ系タイル
- ステンレス 厚4 HL
- ステンレス皿ビス 4.5φ @450
- L-30×30×3
- 塩ビ系タイル
- アンカー FB-3×32 @500
- ロックウール

カーペット
- スチール 厚6
- スチール 厚9
- L-30×30×3
- カーペット
- フェルト
- FB-4.5×13
- FB-4.5×50 @500
- モルタル
- ロックウール

1/5

地下道

RC躯体部のジョイントにはその打設時に止水板を挿入し，また屋根にあたるスラブ上部の外部側にはアスファルト防水を施す。

縦断面 / 横断面
- 止水板
- アスファルト防水層
- 釜場

a部詳細 1/10
- ポリエチレンフォーム
- ゴムアス系シーリング材
- 溶接金網 3.2φ @100
- 養生絶縁シート
- アスファルト防水層
- 押えコンクリート
- ゴムアスファルトシート（2層）
- A部断面図
- 止水板
- 樹脂防水
- L-40×40×4
- ステンレス 厚1.5
- 天井仕上面

b部平面 1/10
- 壁仕上面
- 樹脂系塗膜防水
- 合成ゴムシート 厚1.2
- 止水板
- ステンレス皿ビス 4.5φ @450
- アンカー M8 @500
- ステンレス 厚1.5
- シーリング材 PS
- モルタル金ごて EP
- 側溝 120
- 排水溝 120

c部詳細 1/10
- シーリング材 PS
- 磁器タイル
- ステンレス皿ビス 4.5φ @450
- ステンレス 厚5
- 床仕上面
- ステンレス角パイプ 40×25
- 湧水用プラスチック成型品
- ポリスチレンフォーム
- 止水板 幅200

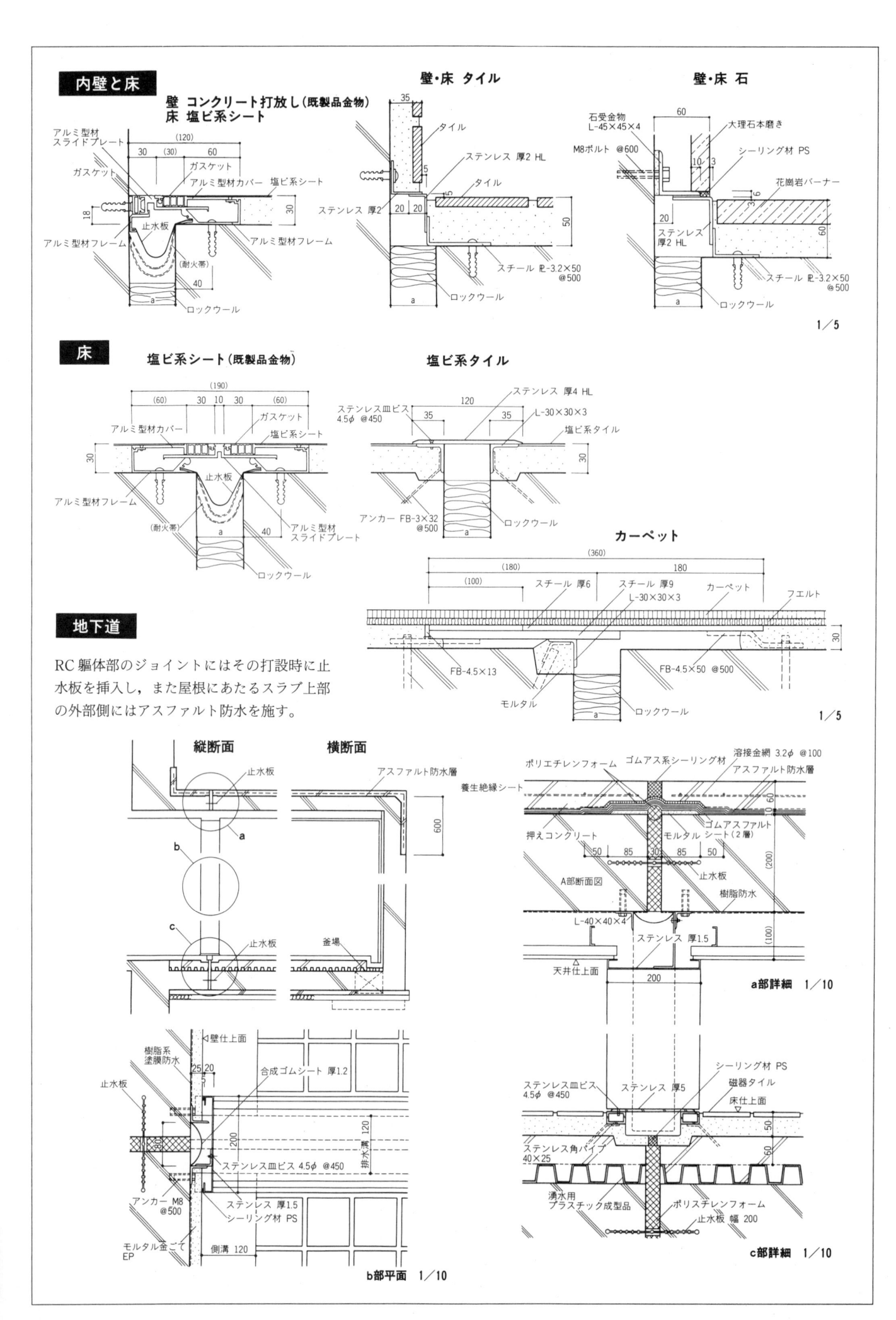

Ⅲ 用途別ディテール

便所

ユーティリティスペースのうち，便所は汚れやすく，また特に汚れると目立つので，床・壁などは清潔性のある清掃しやすい材料を選定し常に清潔に保ちたい。便所の床防水は，その広さ，使用状況，下階の居室の有無，管理状況などによって，防水の必要性や防水仕様などが決まる。一般に，公共施設・百貨店など不特定多数の人が集まり使用する便所は汚れやすいので，常時床の水洗いが必要で，アスファルト防水とするが，ただ，常時床に水がある浴室などに比べると防水仕様のグレードは低くてよい。また，室内であるので，温度変化による躯体収縮の追従性などはあまり問題とならない。防水層の立上り寸法は，最低100 mm以上は必要で，端末処理の上メタルラスなどで押さえて仕上げる。下階に居室などがなく，常時水を使用しない便所では，セメント防水程度でもよい。いずれの場合も防水の押えコンクリートの上に無釉モザイクタイル張りが多く，水勾配をつけて排水孔を設ける。最近のオフィスビルの便所は，床の清掃はモップ拭き程度とすることが多く，この場合長尺塩ビシート張りがよく使用される。便所の壁は，清潔性・清掃性から施釉タイル張りが最も多く，モルタルの塗装仕上げやメラミン化粧板もよく使われる。大便所のスクリーンには，化粧合板やテラゾーブロックなどがあり，高さは1,900 mm程度とする。手洗器・小便器の配管類を躯体に打ち込むと将来のメンテナンス時に問題となるので，コンクリートブロックを積みライニングとする。最近ではこの大便所スクリーンやライニング，洗面所の甲板など総合的にユニット化された既製品を使うケースが多い。

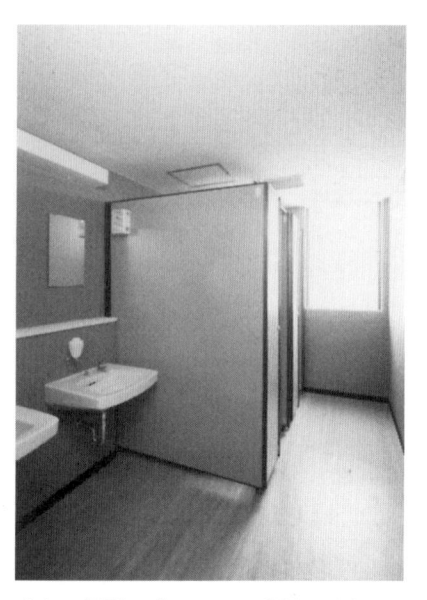

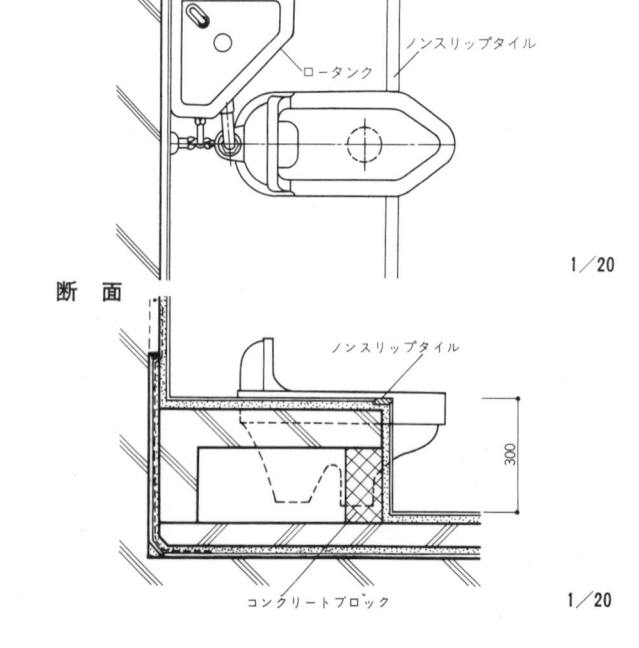

また，便所の床レベルは故障・清掃時の水が屋外に流れ出ないよう，一般部より15 mm程度下げ，さらに，防水層は出入口くつ摺に完全にジョイントして漏水を遮断する。

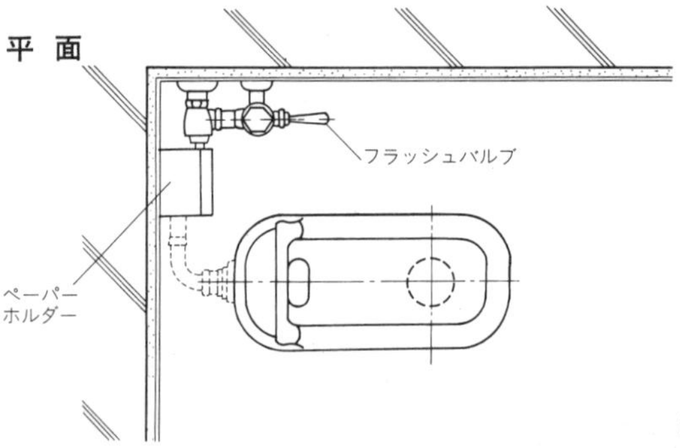

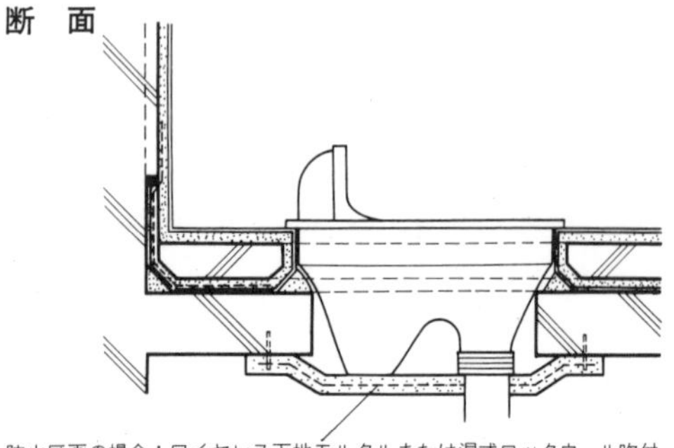

床仕上と防水納り

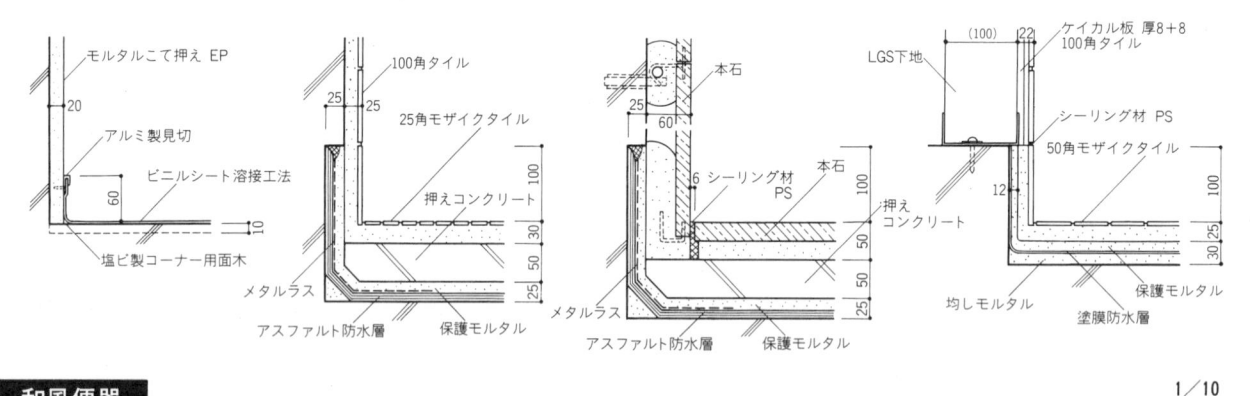

和風便器

洋風便器

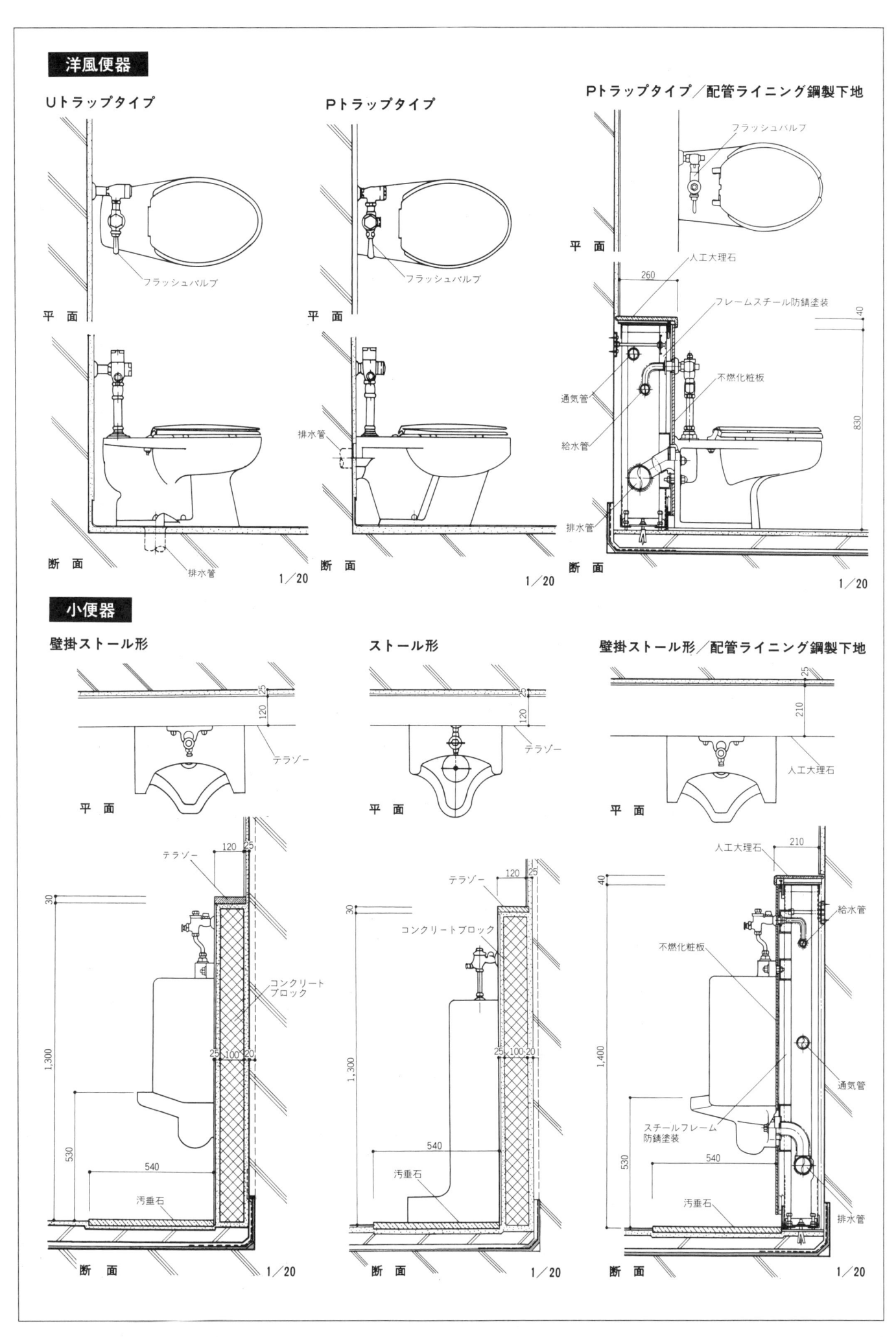

Uトラップタイプ
平面 / 断面　1/20
フラッシュバルブ
排水管

Pトラップタイプ
平面 / 断面　1/20
フラッシュバルブ
排水管

Pトラップタイプ／配管ライニング鋼製下地
平面 / 断面　1/20
フラッシュバルブ
人工大理石　260　40
フレームスチール防錆塗装
通気管
給水管
不燃化粧板
830
排水管

小便器

壁掛ストール形
平面 / 断面　1/20
テラゾー　120　25
コンクリートブロック
30
1,300
530
540
汚垂石
25 100 20

ストール形
平面 / 断面　1/20
テラゾー　120　25
コンクリートブロック
30
1,300
540
汚垂石
25 100 20

壁掛ストール形／配管ライニング鋼製下地
平面 / 断面　1/20
人工大理石　210　25
40
不燃化粧板
給水管
通気管
スチールフレーム防錆塗装
1,400
530
540
汚垂石
排水管

トイレブース

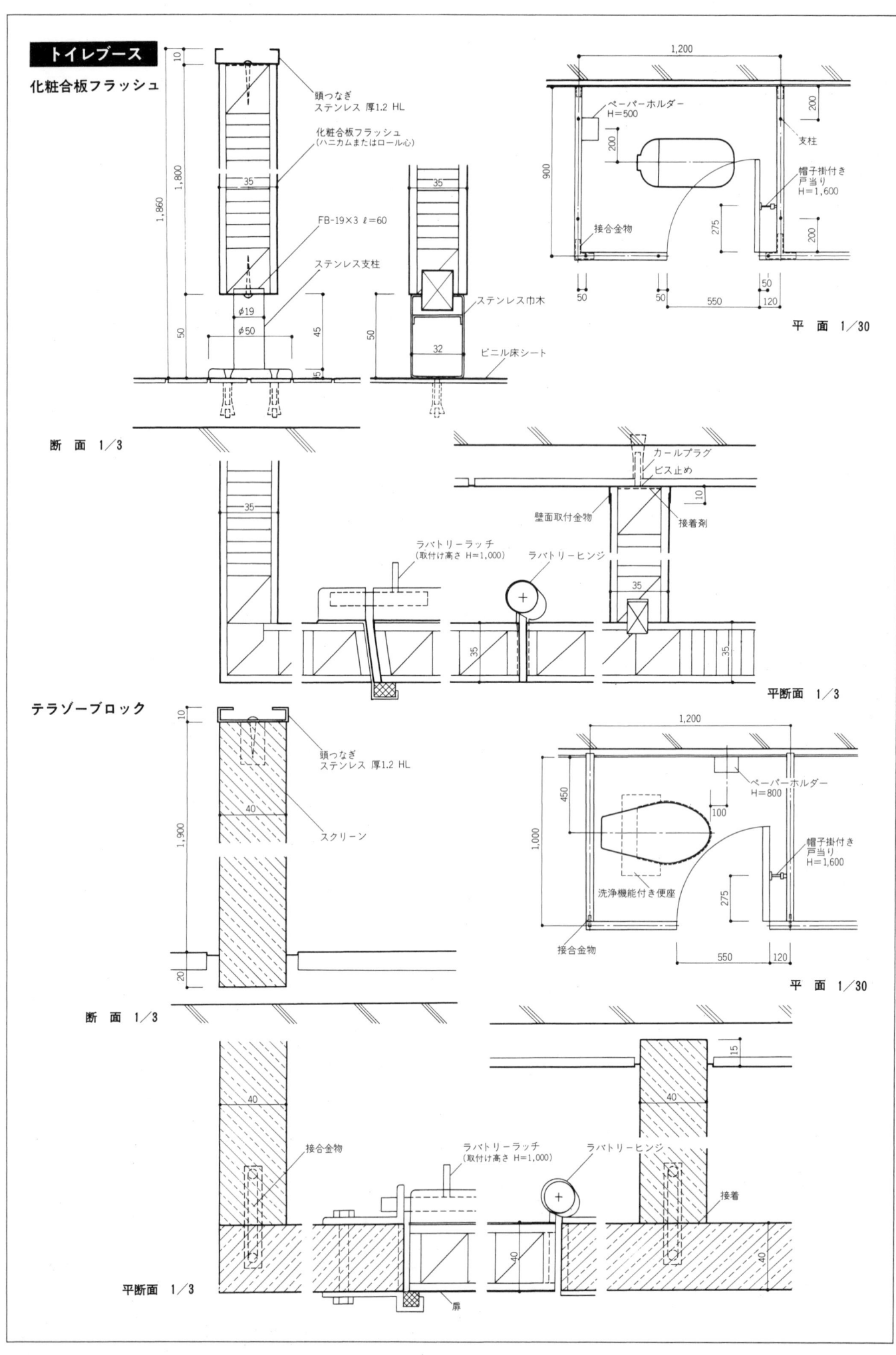

化粧合板フラッシュ

- 頭つなぎ ステンレス 厚1.2 HL
- 化粧合板フラッシュ（ハニカムまたはロール心）
- FB-19×3 ℓ=60
- ステンレス支柱
- ステンレス巾木
- ビニル床シート
- ペーパーホルダー H=500
- 支柱
- 帽子掛付き戸当り H=1,600
- 接合金物

断面 1/3　　平面 1/30

- ラバトリーラッチ（取付け高さ H=1,000）
- ラバトリーヒンジ
- カールプラグ
- ビス止め
- 壁面取付金物
- 接着剤

平断面 1/3

テラゾーブロック

- 頭つなぎ ステンレス 厚1.2 HL
- スクリーン
- ペーパーホルダー H=800
- 洗浄機能付き便座
- 帽子掛付き戸当り H=1,600
- 接合金物

断面 1/3　　平面 1/30

- 接合金物
- ラバトリーラッチ（取付け高さ H=1,000）
- ラバトリーヒンジ
- 接着
- 扉

平断面 1/3

洗面器

壁付タイプ　　　　　　　　　　**メラミン化粧合板甲板（木製下地）**　　　　　　**石張り甲板（木製下地）**

平面 1/20　　　　　　　　　　　平面 1/20　　　　　　　　　　　平面 1/20

断面 1/20　　　　　　　　　　　断面 1/20　　　　　　　　　　　断面 1/20

洗面流し（人研ぎ製）　　　　　　　**洗面流し（ステンレス製）**

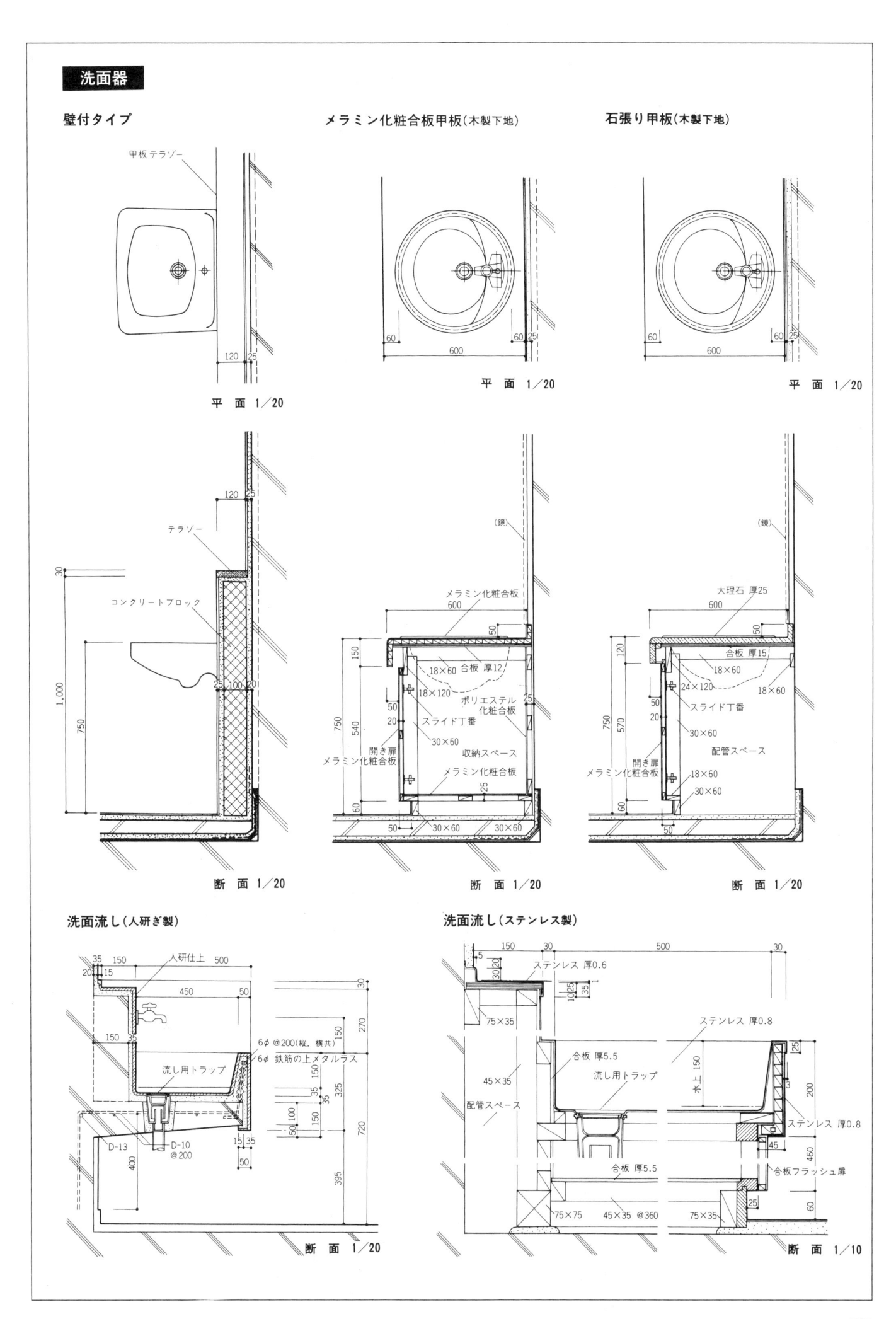

断面 1/20　　　　　　　　　　　断面 1/10

浴室

浴室は，常時水を使用するため，床は最下階にある場合を除き必ず防水を施し，清掃しやすいタイル・石などで仕上げる。防水仕様は，アスファルト防水が普通で，防水層の立上りは，洗い場床面では100 mm上がり，浴槽部では，その天端より150 mm程度とり，いずれも端末処理してラス押えの上に仕上げを施す。また，シャワーまわりは，そのシャワーヘッドの上まで防水層を立ち上げることが望ましい。浴槽内の断熱材は，水を含むと断熱性能が低下するので，吸水率の低い高密度発泡ポリスチレンを使用するか，浴槽下のスラブの裏側に断熱材を設ける。浴槽は，これら現場施工のものと工場生産による既製品として琺瑯・プラスチック・ステンレス製などのものがある。洗い場棚まわりは，棚上の防水層の立上り，カランの高さや間隔などの寸法・納まりに注意する。浴槽の出入口まわりでは，浴室床面は脱衣室床より150 mm程度下げること，防水層はくつ摺部分につき当ててコーキングし，脱衣室側に水が回らないよう注意する。壁の仕上材は，耐水性があり清潔で清掃のしやすいことが条件で，施釉タイル・木・石・モルタルなどが多く使われる。天井は，湯気がこもり結露しやすいので，ひのき・プラスチック成形板・パーライトなど，防湿性・断熱性の高い材料を選定する。また，換気効果を十分に考慮し，給気・排気が適正に行われるように配慮する。天井面や窓面の結露には，それぞれ結露受けを設けて，結露水が浴槽や洗い場に落下しないよう，また仕上材の裏側に回らないような納まりを考慮する。バスユニットは，均質性・工期短縮の面から集合住宅・ホテルなどで使用される例が多いが，現場施工との取合い部分がポイントとなる。

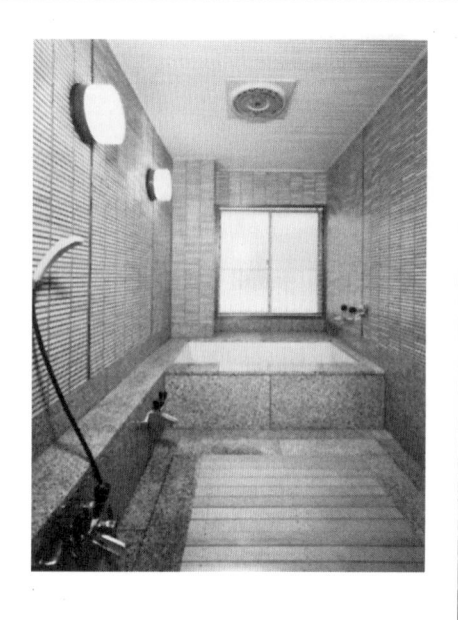

床仕上

25角モザイクタイル張

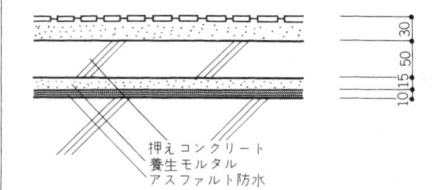

押えコンクリート
養生モルタル
アスファルト防水

75角床用磁器タイル張

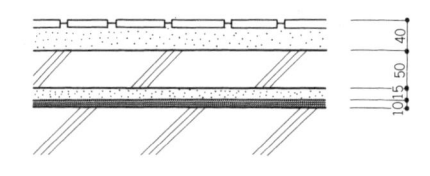

石張

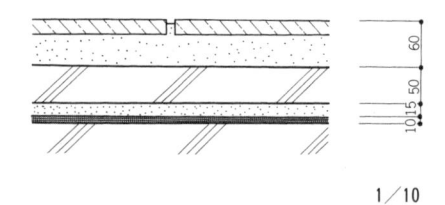

1/10

滑りにくい仕上げとする（円盤摺り等）。

防水立上り

壁部分

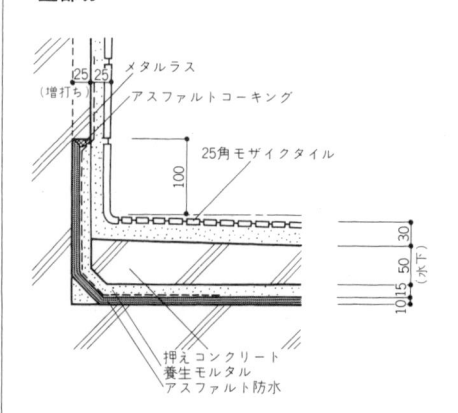

メタルラス
アスファルトコーキング
25角モザイクタイル
押えコンクリート
養生モルタル
アスファルト防水

テラゾー沓摺部分

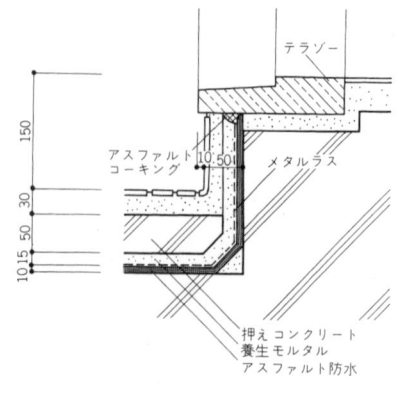

テラゾー
アスファルトコーキング
メタルラス
押えコンクリート
養生モルタル
アスファルト防水

アルミ沓摺部分

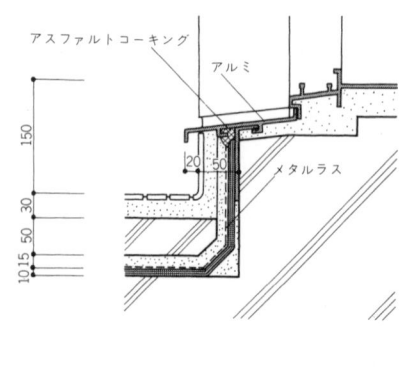

アスファルトコーキング
アルミ
メタルラス

1/10

洗い場棚

1/20

フロアドレインと防水貫通

1/10

バス兼用床排水トラップ

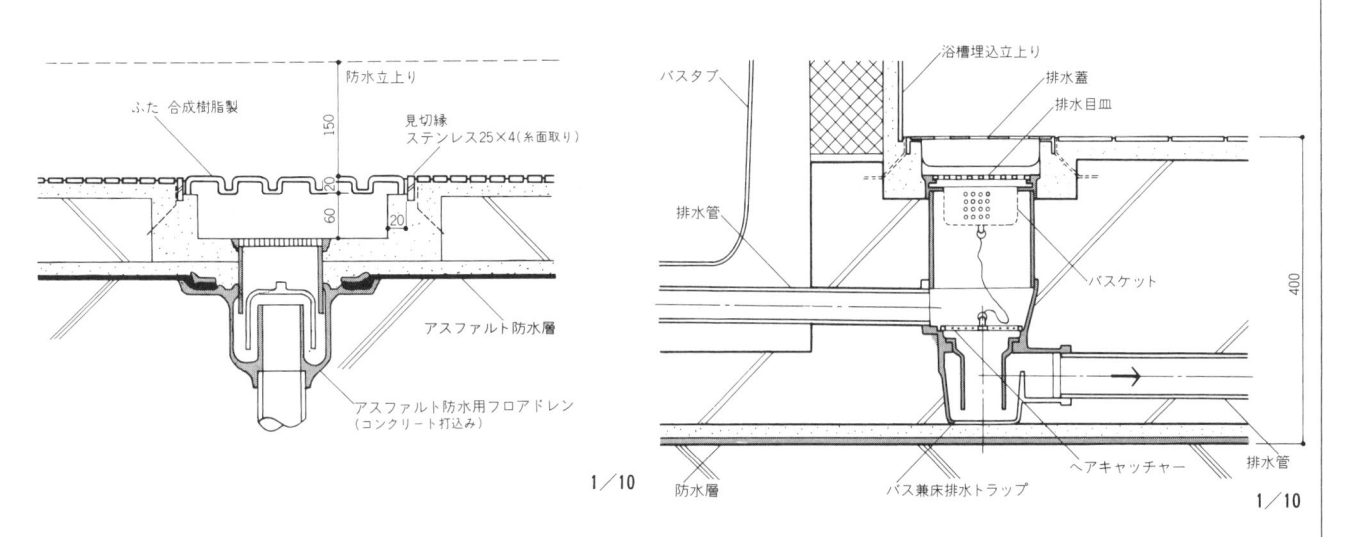

1/10

浴槽

コンクリート浴槽

半埋込み既製浴槽

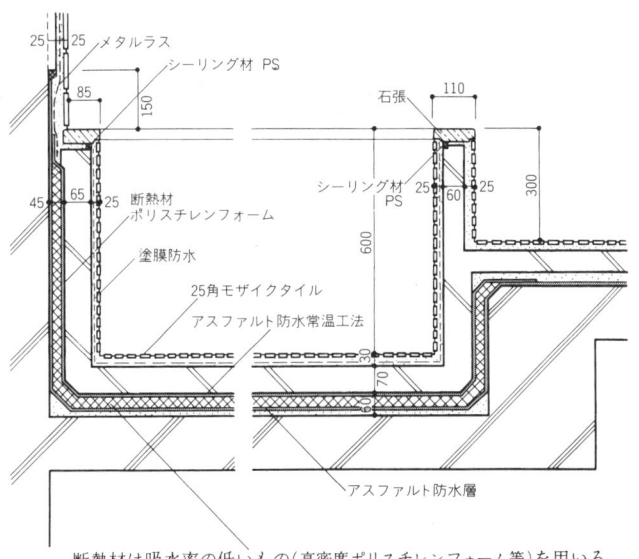

断熱材は吸水率の低いもの(高密度ポリスチレンフォーム等)を用いる。
本来は躯体の外側で断熱することが望ましい。

1/20

石張り大浴槽

平面

断面

- 膳板 アルミ
- 湯落口 花崗岩
- 縁石 花崗岩 本磨き
- シーリング材 PS
- 洗い場床 花崗岩 荒摺り
- 踏み台
- 塗膜防水
- 防水層端末処理 ゴムアス系 シーリング材
- シーリング材 PS
- 浴槽 花崗岩 荒摺り
- アスファルト防水層
- (小梁)
- 断熱材 ポリスチレンフォーム 厚25

1/20

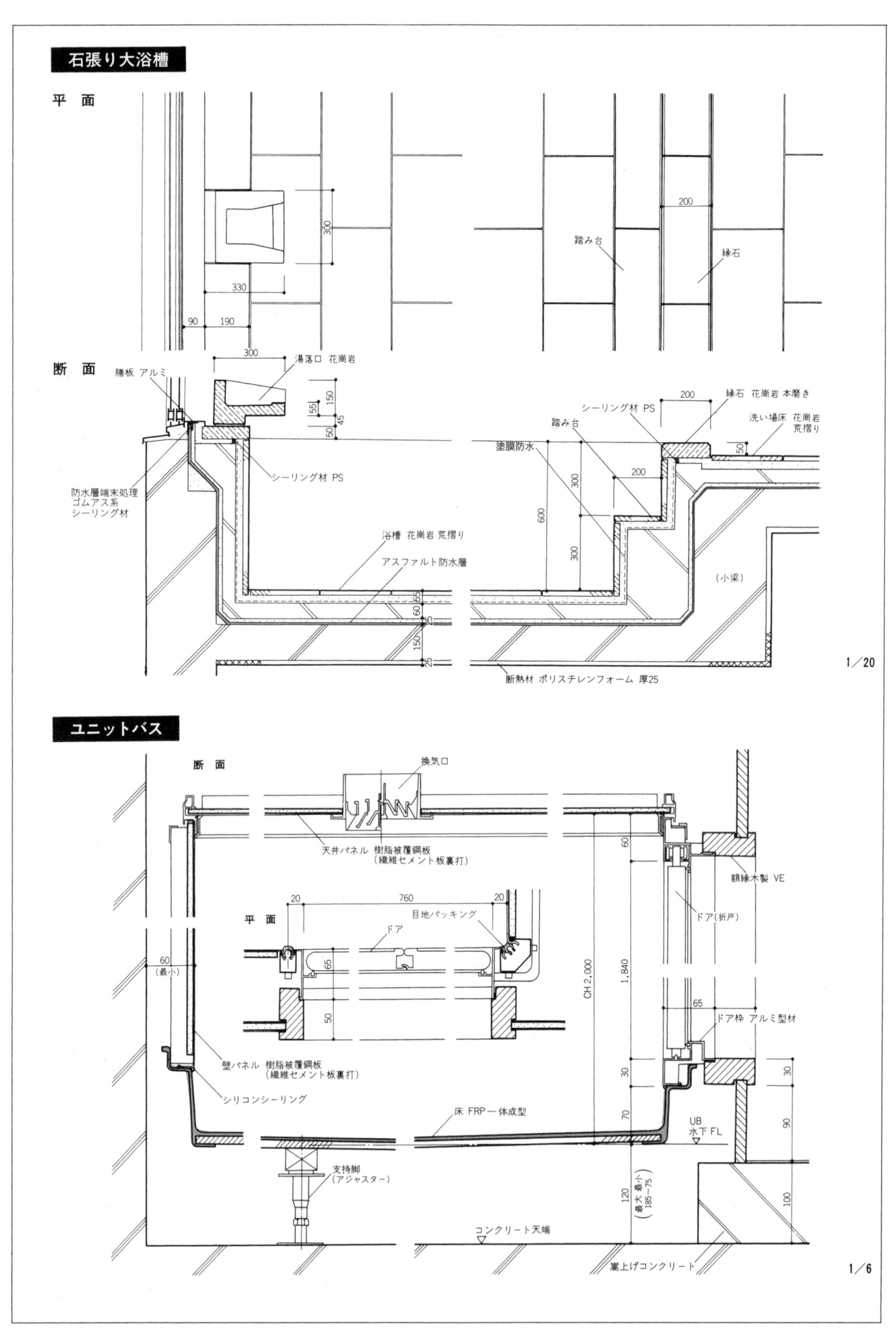

ユニットバス

断面

- 換気口
- 天井パネル 樹脂被覆鋼板 (繊維セメント板裏打)
- 額縁木製 VE
- 目地パッキング
- ドア
- ドア(折戸)
- ドア枠 アルミ型材
- 壁パネル 樹脂被覆鋼板 (繊維セメント板裏打)
- シリコンシーリング
- 床 FRP一体成型
- 支持脚 (アジャスター)
- UB水下 FL
- コンクリート天端
- 嵩上げコンクリート

平面

CH 2,000

1/6

エントランス

エントランスは，風雨の吹込みを防ぐとともに，人が頻繁に出入りするというような，遮断と通過という相反する二つの機能をもつのが特徴的である。それだけに，出入口の高さ・幅・開閉方式からフロアヒンジ，ドアチェックなど開閉装置の細かい納まりまで十分に注意する。エントランスは，風雨の吹込みや雨水のもち込みが多いので，下階がある場合は防水を施し，仕上材としては，石・タイル張りなどが多い。人が頻繁に出入りするビルのエントランスなどは，これら風雨の吹込みを二重に遮断する意味で，風除室を設ける場合が多い。風除室は鉄骨造が多く，屋根防水はドライ工法とすることが多い。この場合，意匠的にもあまり防水立上りがとれないので，防水層の端末処理など，入念な検討が必要である。

風除室に下階がある場合は，もちろん防水処理が必要で，その範囲，水勾配，立上り，立下り，建具枠との納まりなどについて検討する。また，自動ドアでマット式の場合は湿気や水を嫌うので，マットの下には水がたまらないよう排水口を設ける。

事務所ビルや商業ビルのエントランスには，サスペンドガラススクリーンが多く用いられる。このスクリーンは，吊り金物によってガラスを上部より吊り下げる構法で，たわみによる内部応力やセッティングブロックによる局部応力もなく，自重による完全なガラス平面が得られるため映像効果がよく，大型ガラスの使用も可能で，さらにリブガラスを使って連続したガラス開口部を作ることができる。エントランスまわりには，受付カウンター・案内板・旗受金物・靴拭きマット・足洗場などの付属施設があり，各々の用途によって形式・材質・取付方法などが決められる。

仕上・防水

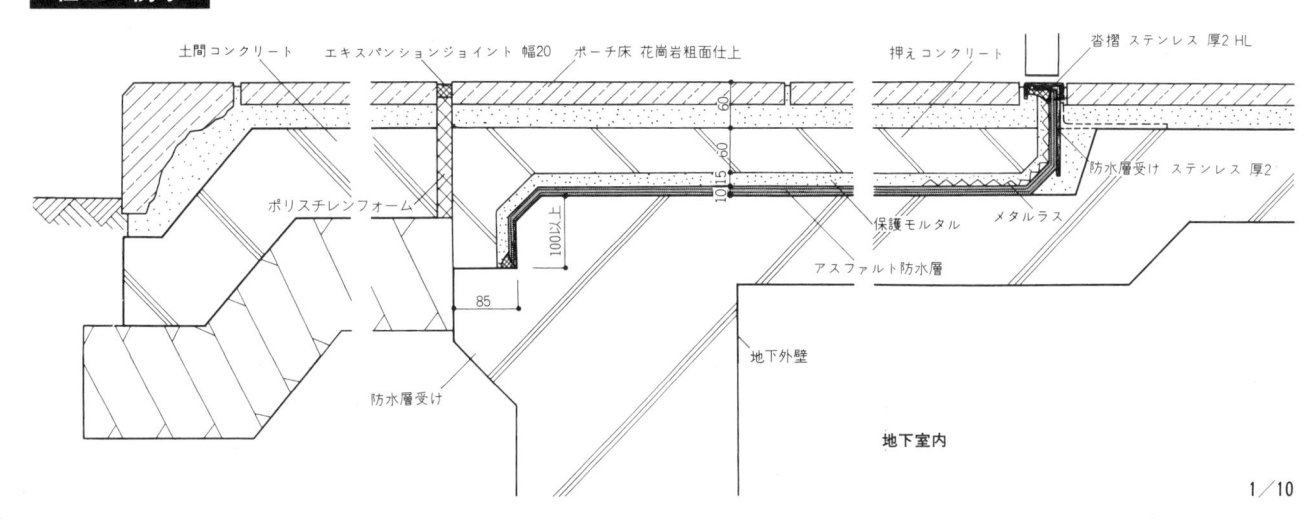

靴拭きマット

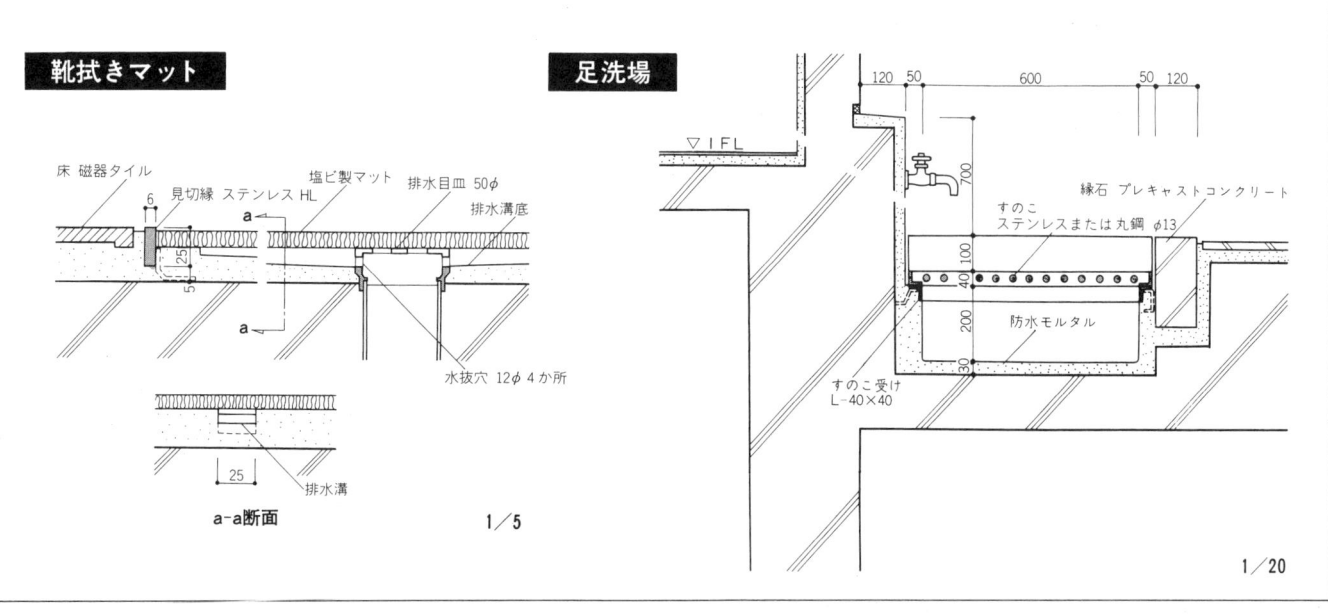

足洗場

風除室

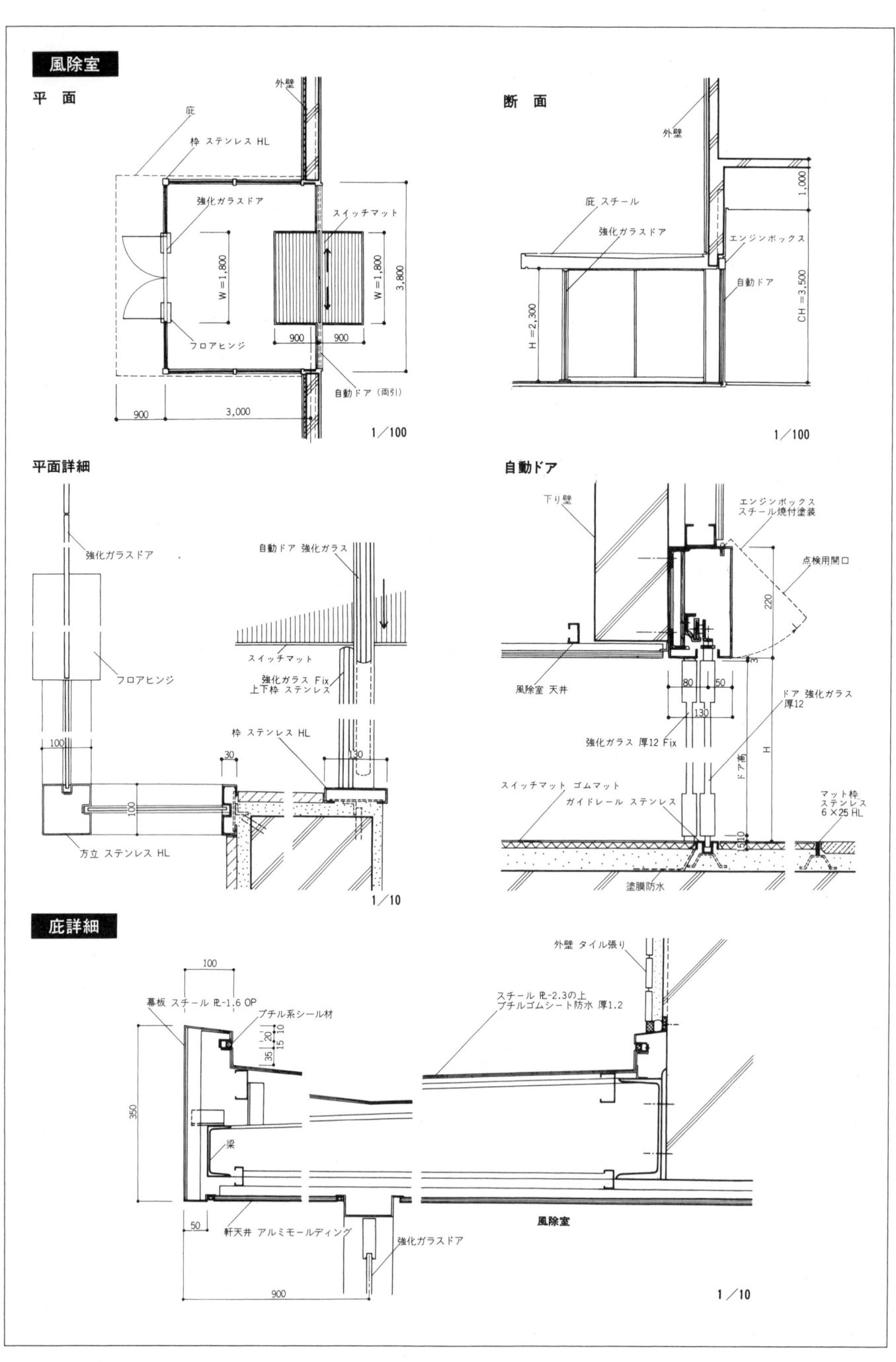

平面

- 庇
- 枠 ステンレス HL
- 強化ガラスドア
- スイッチマット
- 外壁
- フロアヒンジ
- 自動ドア（両引）
- W=1,800
- W=1,800
- 3,800
- 900
- 900
- 900
- 3,000

1/100

断面

- 外壁
- 庇 スチール
- 強化ガラスドア
- エンジンボックス
- 自動ドア
- H=2,300
- CH=3,500
- 1,000

1/100

平面詳細

- 強化ガラスドア
- フロアヒンジ
- 方立 ステンレス HL
- 自動ドア 強化ガラス
- スイッチマット
- 強化ガラス Fix 上下枠 ステンレス
- 枠 ステンレス HL
- 100
- 100
- 30
- 130

自動ドア

- 下り壁
- エンジンボックス スチール焼付塗装
- 点検用開口
- 風除室 天井
- 強化ガラス 厚12 Fix
- ドア 強化ガラス 厚12
- スイッチマット ゴムマット
- ガイドレール ステンレス
- マット枠 ステンレス 6×25 HL
- 塗膜防水
- 220
- 80
- 50
- 130

1/10

庇詳細

- 幕板 スチール 尺-1.6 OP
- ブチル系シール材
- 梁
- 軒天井 アルミモールディング
- 強化ガラスドア
- 外壁 タイル張り
- スチール 尺-2.3の上 ブチルゴムシート防水 厚1.2
- 風除室
- 100
- 35 15 10
- 20
- 350
- 50
- 900

1/10

ガラススクリーン

下部支持 スティフナー方式

上部取付金物
ブラケット
上枠
スティフナー
下枠

姿 図

ブラケット
上部取付金物

立 面　断 面

スティフナー間隔

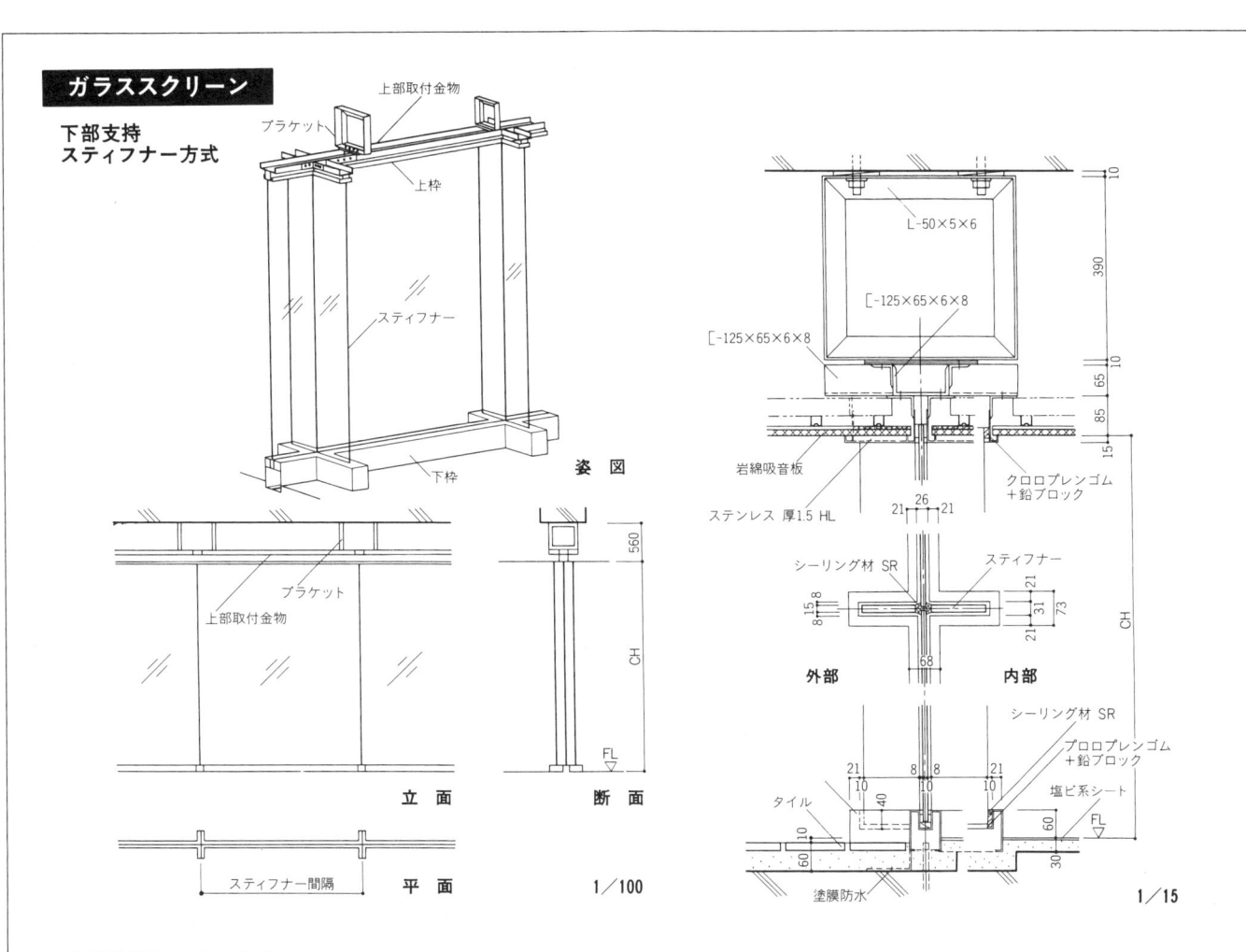

平 面　1/100

L-50×5×6
[-125×65×6×8
[-125×65×6×8
岩綿吸音板
ステンレス 厚1.5 HL
クロロプレンゴム＋鉛ブロック
シーリング材 SR
スティフナー
外部　内部
シーリング材 SR
クロロプレンゴム＋鉛ブロック
タイル
塩ビ系シート
塗膜防水

1/15

上吊りスティフナー方式

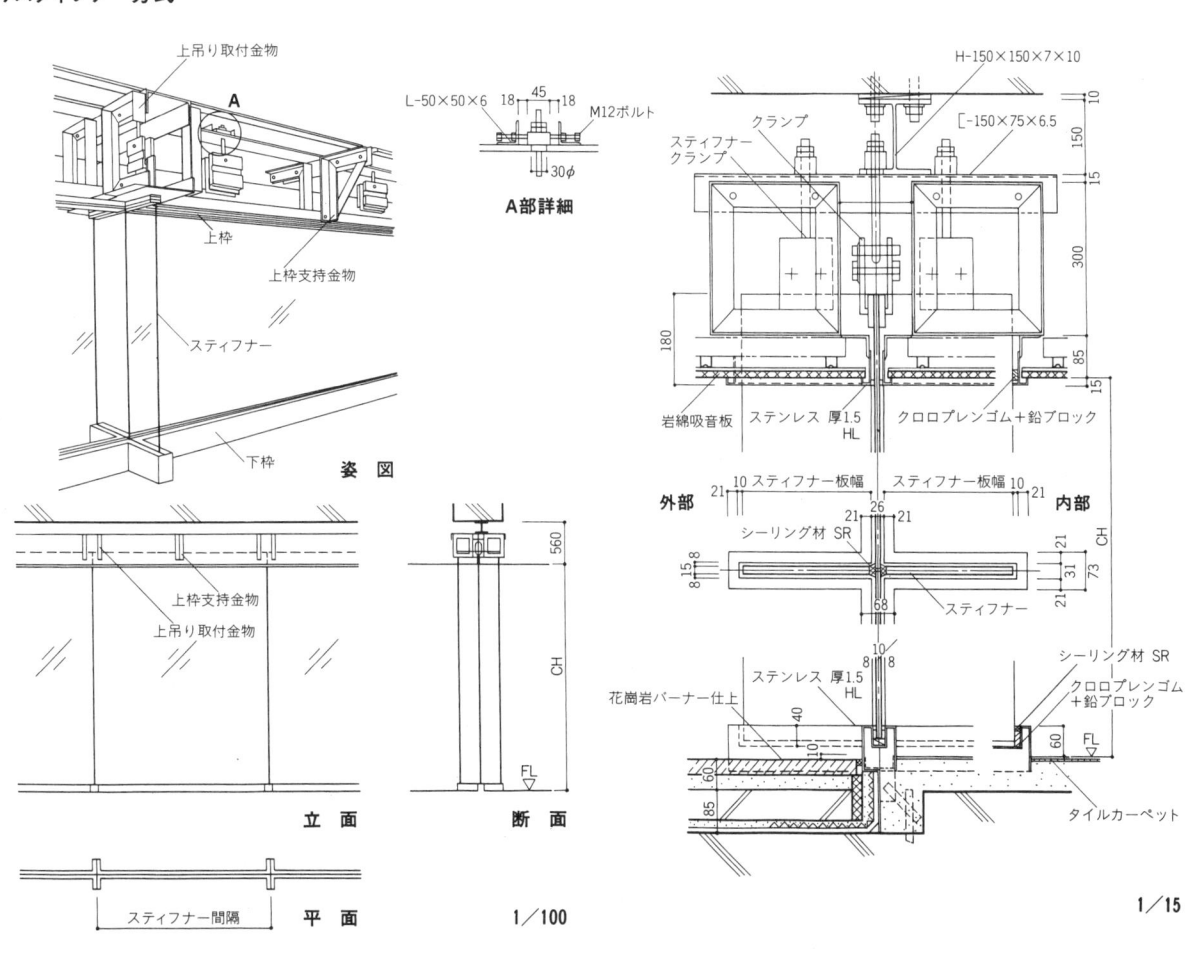

上吊り取付金物
A
上枠
上枠支持金物
スティフナー
下枠

姿 図

L-50×50×6
M12ボルト
30φ

A部詳細

上枠支持金物
上吊り取付金物

立 面　断 面

スティフナー間隔

平 面　1/100

H-150×150×7×10
クランプ
スティフナー
クランプ
[-150×75×6.5
岩綿吸音板
ステンレス 厚1.5 HL
クロロプレンゴム＋鉛ブロック
外部　スティフナー板幅　スティフナー板幅　内部
シーリング材 SR
スティフナー
シーリング材 SR
花崗岩バーナー仕上
ステンレス 厚1.5 HL
クロロプレンゴム＋鉛ブロック
タイルカーペット

1/15

厨房

住宅などの少人数用の台所は，居住性が高い部屋で一般居室に準じて仕上げを行うが，多人数の客へのサービスを対象としたレストラン・オフィスの厨房では，種々ディテール上の問題点が多い。

厨房は，多量の水を常時使用するので，アスファルト防水で，屋上防水と同程度のグレードが求められる。防水立上り寸法，その端末処理，出入口まわりなどの納まりは，浴室などの水場まわりのディテールに準ずるが，厨房の場合は特にグリーストラップ，排水溝まわりのディテールに留意する。グリーストラップは，防水施工後ステンレスなどの既製品で後付けする場合が多いが，取合い部でズレを生じて防水層を破断しないように注意し，また，トラップの防露対策も必要に応じて講じる。水勾配は，一般に押えコンクリートでとるが，この場合配管の位置・勾配・交差寸法など事前に設備面と調整を行って，押えコンクリート厚さや水勾配を決定する。また，床排水溝は100～200 mm 程度の深さと水勾配がとれるよう設置し，その位置関係は厨房器具の配置と調整して決める。厨房の床仕上材は，調理後の清掃を容易にするため，床・壁とも水洗いに適したタイル類の使用が多い。天井は，多量の湯気や油類が付着しやすいので，繊維セメントなど不燃板の塗装仕上げの例が多い。ハッチを設ける場合は，料理の出し入れがスムーズに行えるよう配置・高さ寸法などに留意する。建具のいらないオープンハッチが機能的であるが，目かくしの建具を必要とする場合は，ハンガー戸やはね上げ戸とする。高層ビルにおいて，最上階に展望を兼ねてのレストランが多く，この場合厨房の作業音が問題で，遮音床で音の伝達を絶縁する。

床仕上と防水納り

磁器ノンスリップタイル

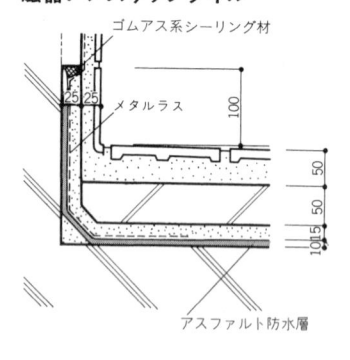

塗床（エポキシ樹脂塗床防滑仕上）

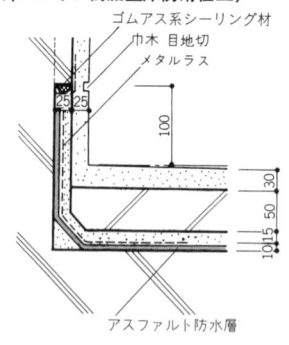

シート（簡易な厨房の場合）

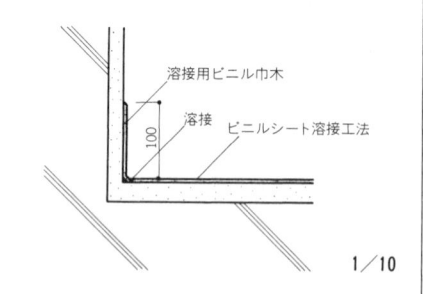

出入口

段差が少ない場合

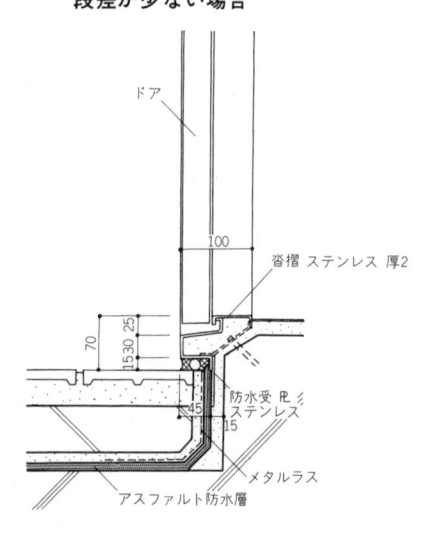

段差が大きい場合

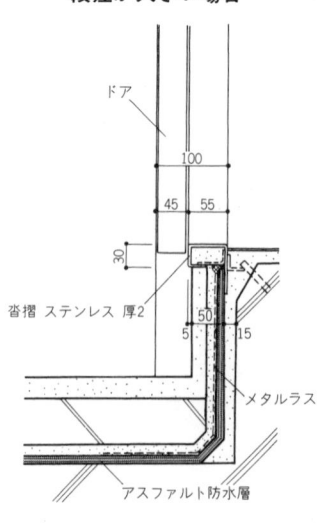

スロープの場合

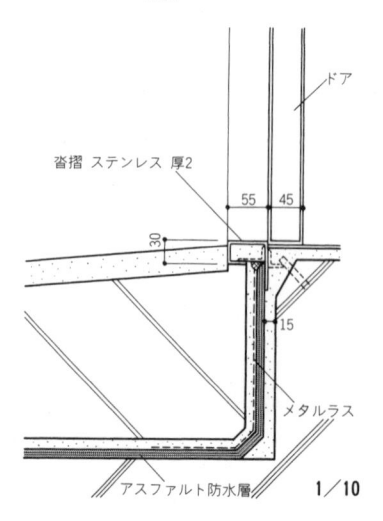

流しと吊戸棚

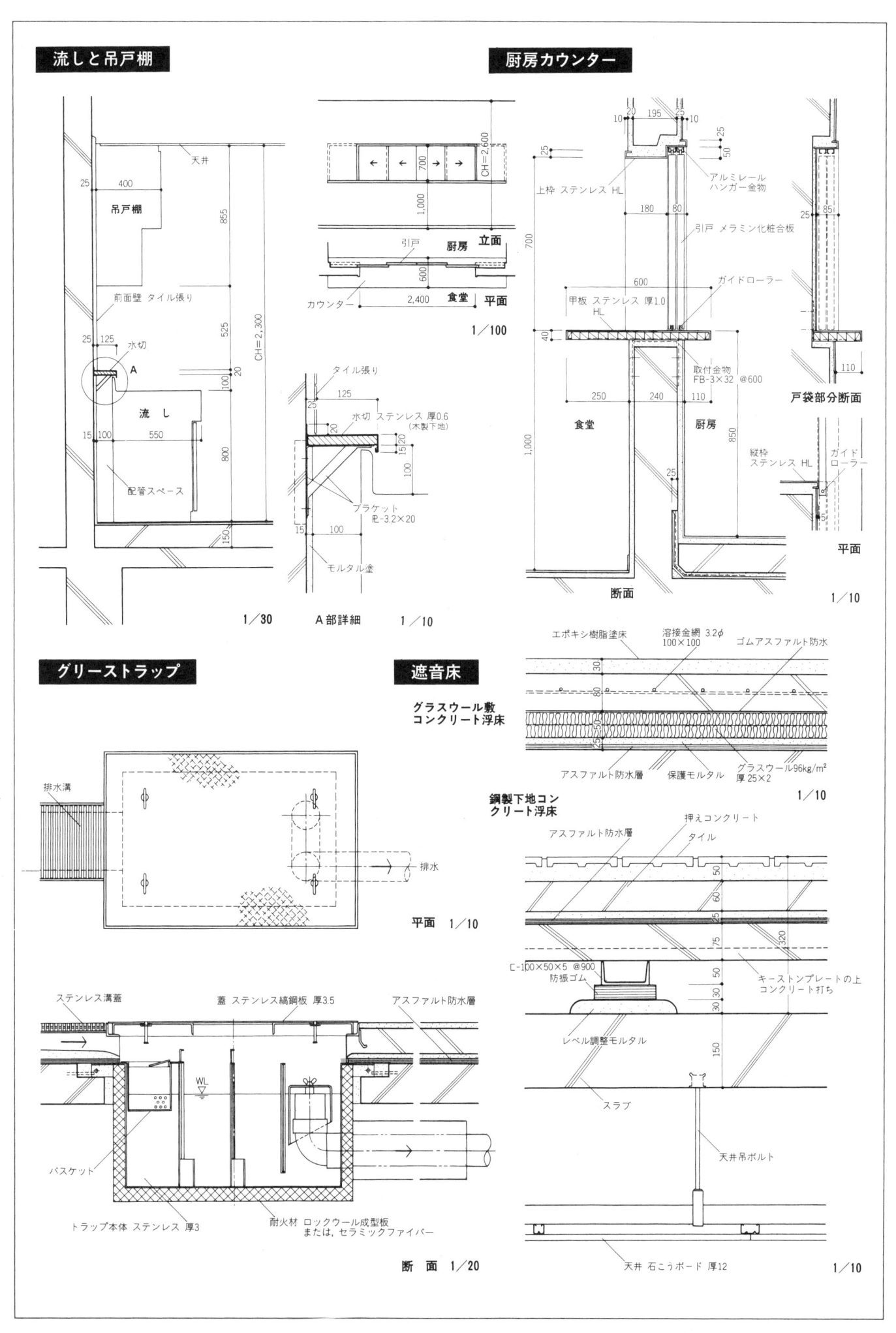

- 天井
- 吊戸棚
- 前面壁 タイル張り
- 水切 A
- 流し
- 配管スペース
- 引戸
- 厨房
- カウンター
- 食堂

立面／平面　1/100

CH=2,600 / CH=2,300

A部詳細

- タイル張り
- 水切 ステンレス 厚0.6（木製下地）
- ブラケット FB-3.2×20
- モルタル塗

1/30　A部詳細 1/10

厨房カウンター

- 上枠 ステンレス HL
- アルミレール ハンガー金物
- 引戸 メラミン化粧合板
- ガイドローラー
- 甲板 ステンレス 厚1.0 HL
- 取付金物 FB-3×32 @600
- 食堂
- 厨房
- 縦枠 ステンレス HL
- ガイドローラー

断面／平面／戸袋部分断面　1/10

グリーストラップ

- 排水溝
- 排水
- ステンレス溝蓋
- 蓋 ステンレス縞鋼板 厚3.5
- アスファルト防水層
- WL
- バスケット
- トラップ本体 ステンレス 厚3
- 耐火材 ロックウール成型板 または，セラミックファイバー

平面 1/10　断面 1/20

遮音床

グラスウール敷コンクリート浮床

- エポキシ樹脂塗床
- 溶接金網 3.2φ 100×100
- ゴムアスファルト防水
- アスファルト防水層
- 保護モルタル
- グラスウール 96kg/m² 厚25×2

1/10

鋼製下地コンクリート浮床

- 押えコンクリート
- アスファルト防水層
- タイル
- [-100×50×5 @900
- 防振ゴム
- レベル調整モルタル
- スラブ
- キーストンプレートの上コンクリート打ち
- 天井吊ボルト
- 天井 石こうボード 厚12

1/10

駐車場

駐車場の施設は，一般に屋外・屋上駐車場施設と屋内駐車場施設とに大別でき，このうち屋内駐車場施設を車庫の形式で分類すると，平家式・地下式・多層式車庫に分けられる。

これらの車庫は，駐車場法・建築基準法・消防法など法的規制が多く，駐車場を計画するときはこれら法令に関連する問題点の調整が重要であるが，ディテール上の問題点も非常に多く，特に防水納まりが重要である。

駐車場，特に地下駐車場の場合，車が運んでくる雨水，斜路から浸入する雨水，洗車や清掃による水，これらの防水対策が完全でないと地下諸室の重大な漏水事故となる。駐車場の防水は，一般にアスファルト防水の上押えコンクリートじか仕上げ，またはモルタル仕上げが普通である。一般に，駐車場の壁はコンクリート打放しの場合が多く，防水層の端末処理に注意し，その上をコンクリートまたはプレキャストコンクリートブロックなどで押さえ，車の接触による防水層の破損を防ぐ。

駐車場内に設ける排水溝は，小規模な駐車場を除いては，コンクリート躯体でとって防水し，また，排水には油が混じっているので，その端末にはガソリントラップを設ける。斜路は，防水材を斜めに長く敷くためずれを起こすことがあるので，押えコンクリートにワイヤメッシュなどを伏せ込む。斜路の表面仕上げはスリップしにくい材料として，真空コンクリートじか均しリング目地や異形クリンカータイル張りが多い。ターンテーブル内は車のもち込みや清掃時の水がたまり，下階が居室などの場合はアスファルト防水コンクリート押えとし，水勾配をつけ必ず排水孔を設ける。駐車場には，建物と車を保護する種々の養生設備が必要で，床には車止め，壁・柱の出隅部には金物や合成ゴムなどを取り付ける。

仕上・防水

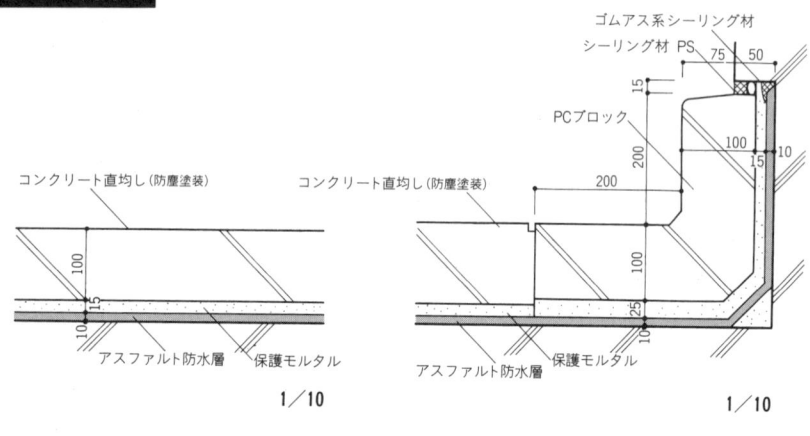

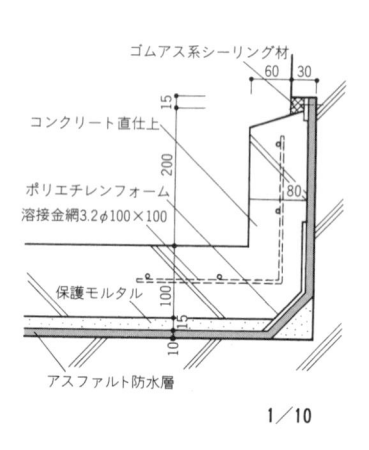

排水溝

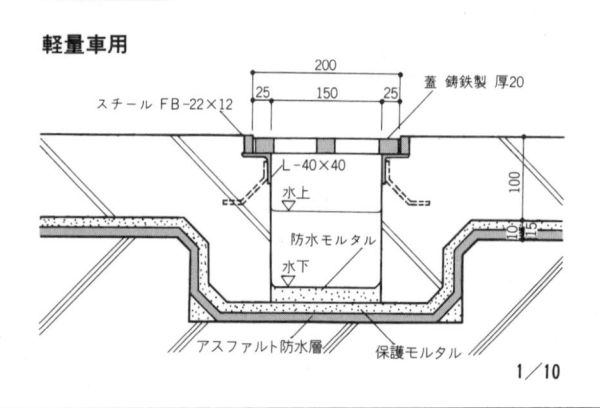

軽量車用

重量車用

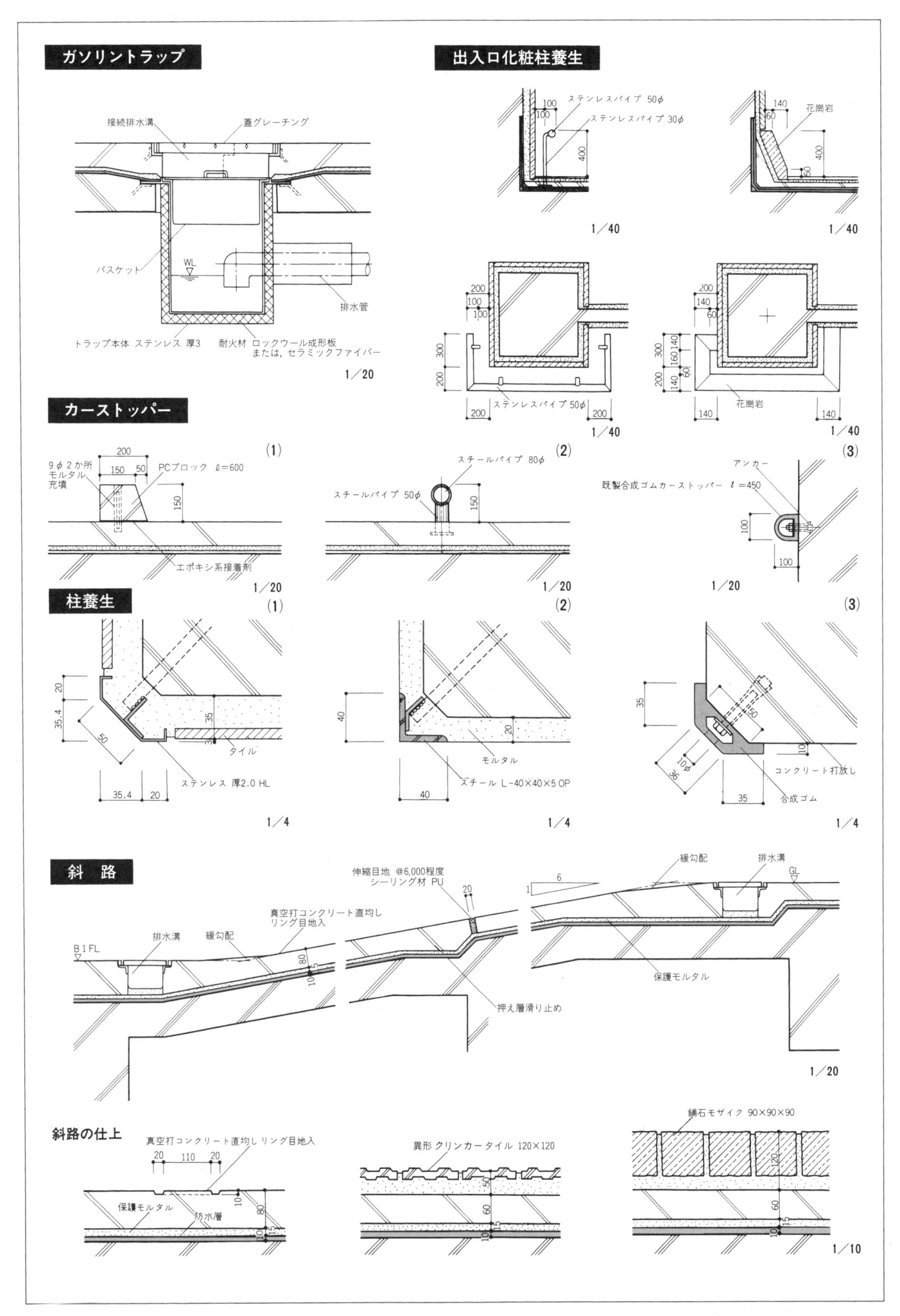

ガソリントラップ

- 接続排水溝
- 蓋グレーチング
- バスケット
- WL
- 排水管
- トラップ本体 ステンレス 厚3
- 耐火材 ロックウール成形板 または，セラミックファイバー

1/20

出入口化粧柱養生

- ステンレスパイプ 50φ
- ステンレスパイプ 30φ
- 花崗岩

1/40　　1/40

- ステンレスパイプ 50φ
- 花崗岩

1/40　　1/40

カーストッパー

(1) 9φ 2か所 モルタル充填　PCブロック ℓ=600　エポキシ系接着剤

(2) スチールパイプ 80φ　スチールパイプ 50φ

(3) アンカー　既製合成ゴムカーストッパー ℓ=450

1/20　　1/20　　1/20

柱養生

(1) タイル　ステンレス 厚2.0 HL

(2) モルタル　スチール L-40×40×5 OP

(3) コンクリート打放し　合成ゴム

1/4　　1/4　　1/4

斜路

- 排水溝
- 緩勾配
- B1 FL
- 伸縮目地 @6,000程度 シーリング材 PU
- 真空打コンクリート直均しリング目地入
- 押え層滑り止め
- 緩勾配
- 排水溝
- GL
- 保護モルタル

1/20

斜路の仕上

- 真空打コンクリート直均しリング目地入
- 保護モルタル
- 防水層
- 異形クリンカータイル 120×120
- 舗石モザイク 90×90×90

1/10

カーリフト

断面　1/100

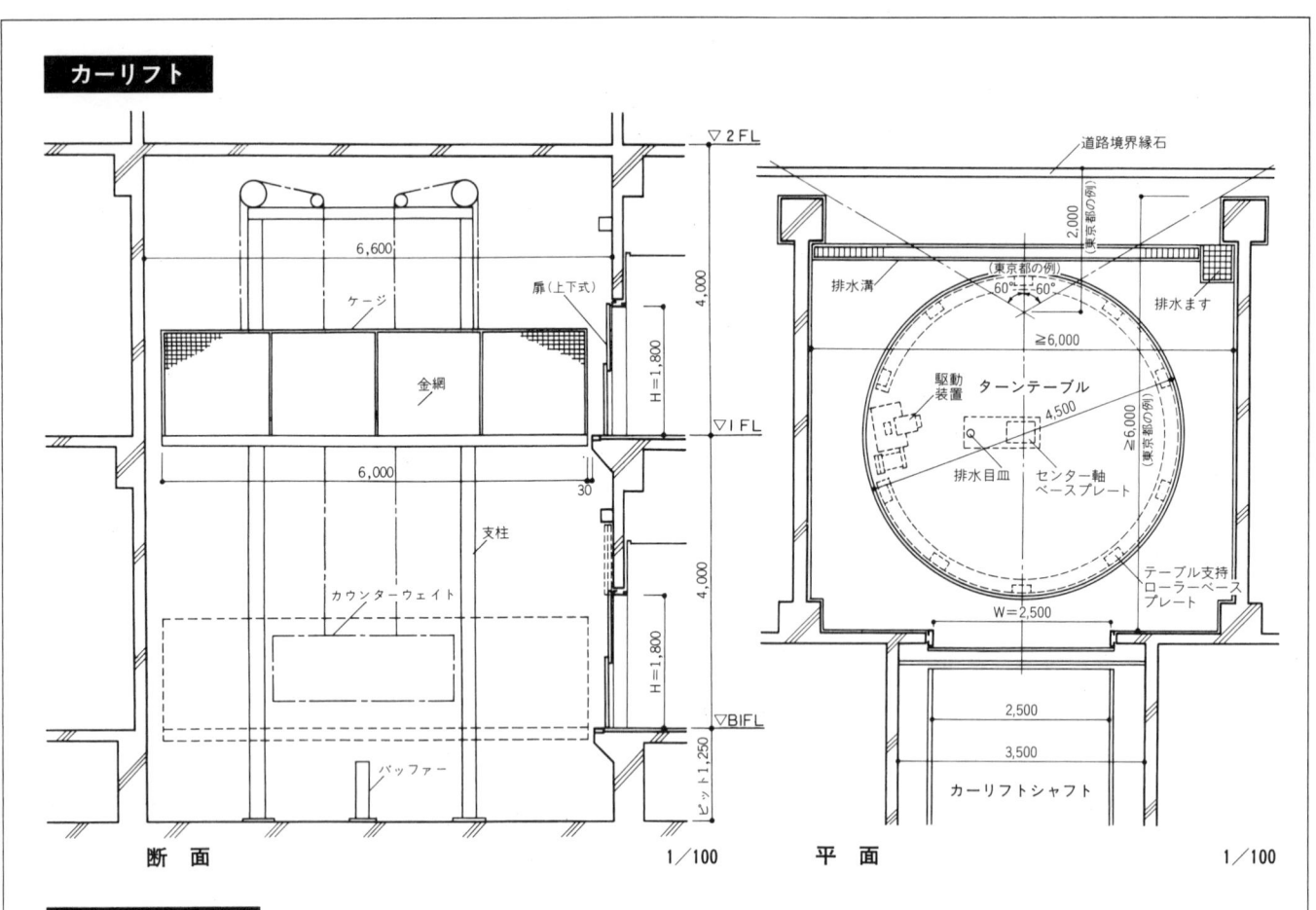

平面　1/100

▽2FL / ▽1FL / ▽B1FL

6,600 / 6,000 / H=1,800 / H=1,800 / 4,000 / 4,000 / ピット1,250 / 30

ケージ / 金網 / 扉(上下式) / 支柱 / カウンターウェイト / バッファー

道路境界縁石 / 排水溝 / 排水ます / 駆動装置 / ターンテーブル / 排水目皿 / センター軸ベースプレート / テーブル支持ローラーベースプレート / カーリフトシャフト

2,000（東京都の例）/ 60°・60° / ≧6,000 / 4,500 / ≧6,000（東京都の例）/ W=2,500 / 2,500 / 3,500

ターンテーブル

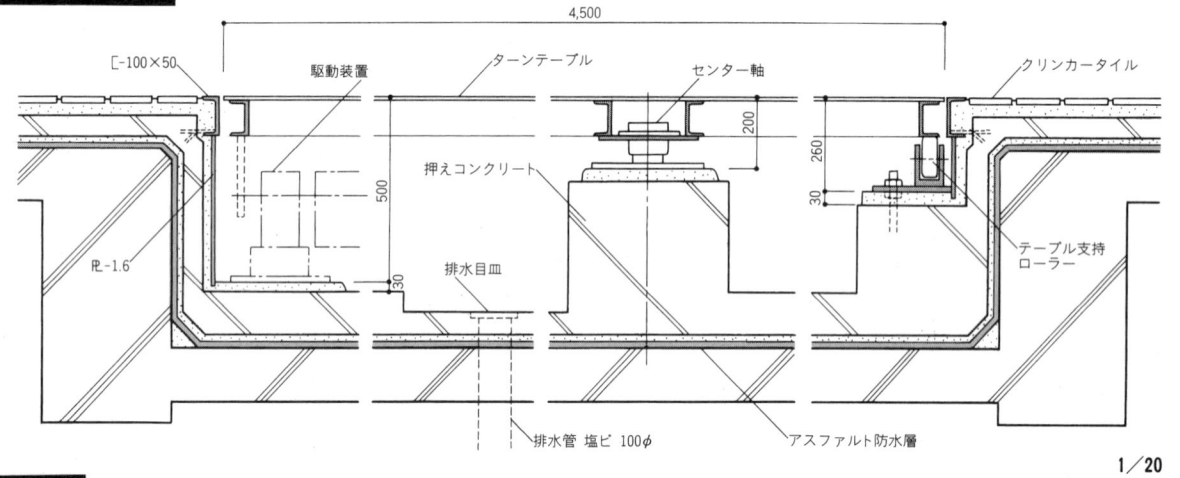

1/20

4,500 / 500 / 200 / 260 / 30 / 30

[-100×50 / FL-1.6 / 駆動装置 / ターンテーブル / センター軸 / クリンカータイル / 押えコンクリート / 排水目皿 / 排水管 塩ビ 100φ / アスファルト防水層 / テーブル支持ローラー

洗車場

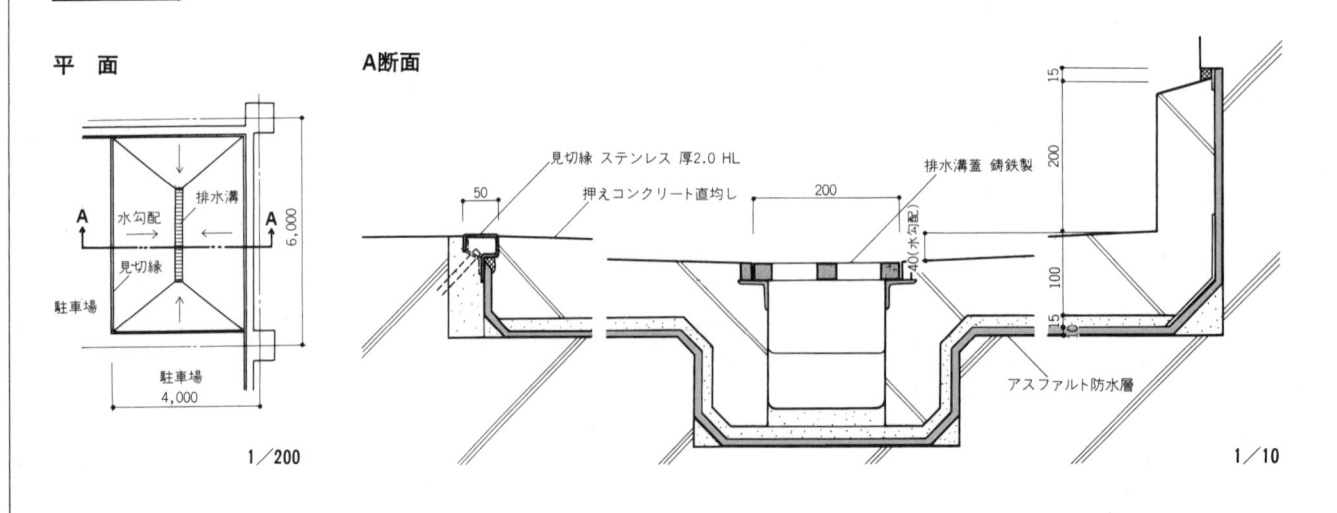

平面　1/200

A断面　1/10

駐車場 / 排水溝 / 水勾配 / 見切縁 / 駐車場 4,000 / 6,000

見切縁 ステンレス 厚2.0 HL / 押えコンクリート直均し / 排水溝蓋 鋳鉄製 / アスファルト防水層

50 / 200 / 15 / 200 / 100 / 15

その他の室

金庫室

金庫室の床・壁・天井・扉などの外殻は，防火・防盗その他すべての破壊力に対して十分な強さをもたねばならない。

その外殻のコンクリート厚さは，規模に応じて厚さを増すが，一般に450 mm内外とし，スチールクリートなどの補強筋を入れ，さらに庫内をスチールライニングする場合もある。金庫室には金庫扉とは別にマンホール扉を設けて，庫内の換気などを図る。金庫扉は，専門業者の設計・製作・取付けとなるのが普通である。

スチールライニング詳細　1/10

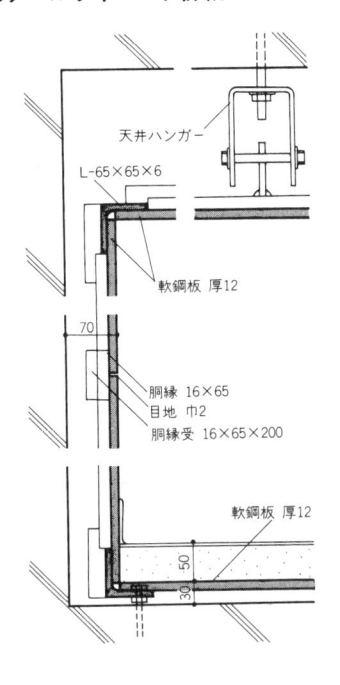

断　面　1/60

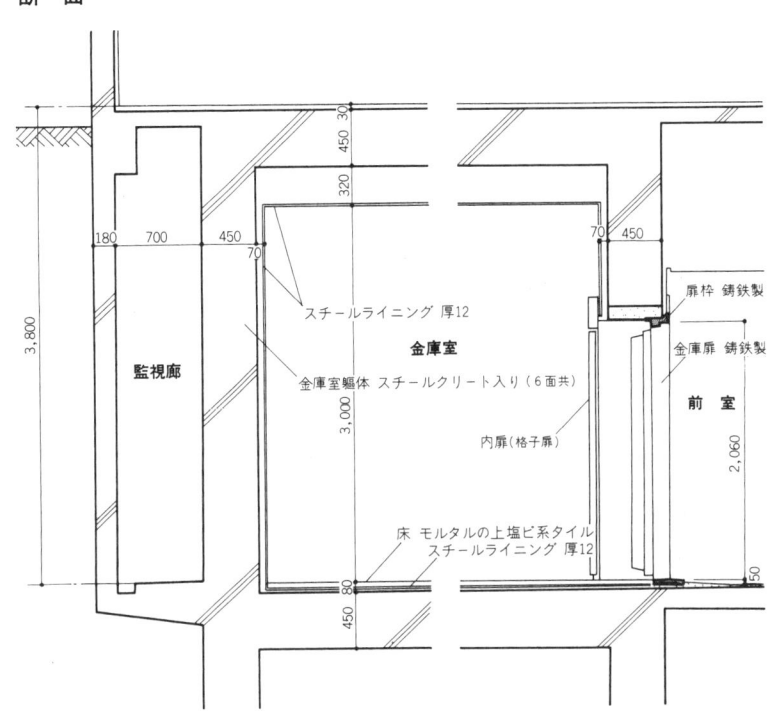

金庫扉平面　1/20

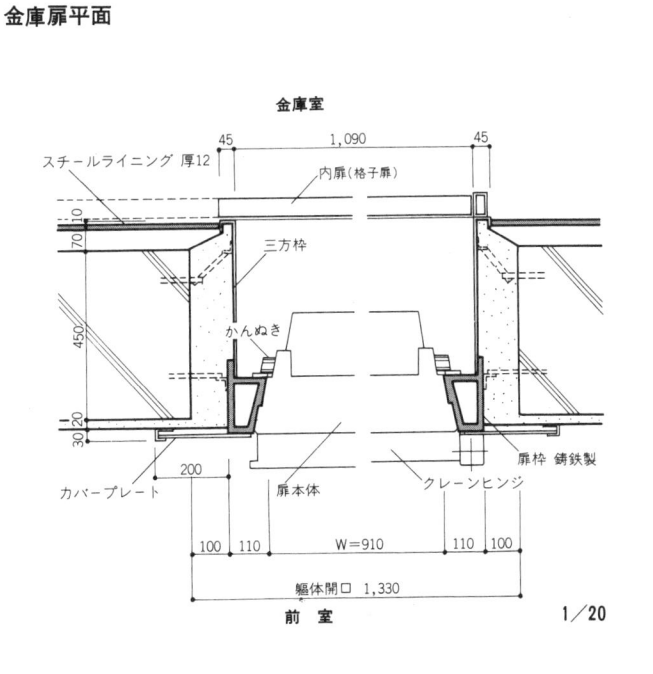

金庫扉断面　1/20

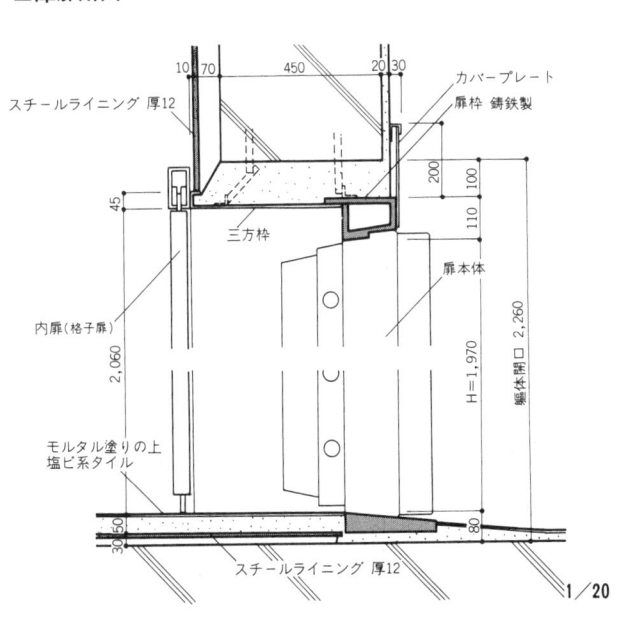

冷蔵室

一般の冷蔵室の場合，外部からの侵入熱には断熱材を設けて対処し，また，冷蔵室と周囲に温度差の大きい場合は防湿層を設け，恒温室のような場合は断熱材の両側に防湿層が必要である。床は，かなり荷重がかかるのでコンクリート打設するが，その水分が床断熱材に浸透しないよう防水層を設ける。なお，出入口は断熱扉を設けて外部からの熱・湿気の流入を防ぐ。

最近，断熱パネルによる冷蔵室のプレハブ工法が盛んに用いられている。

在来工法

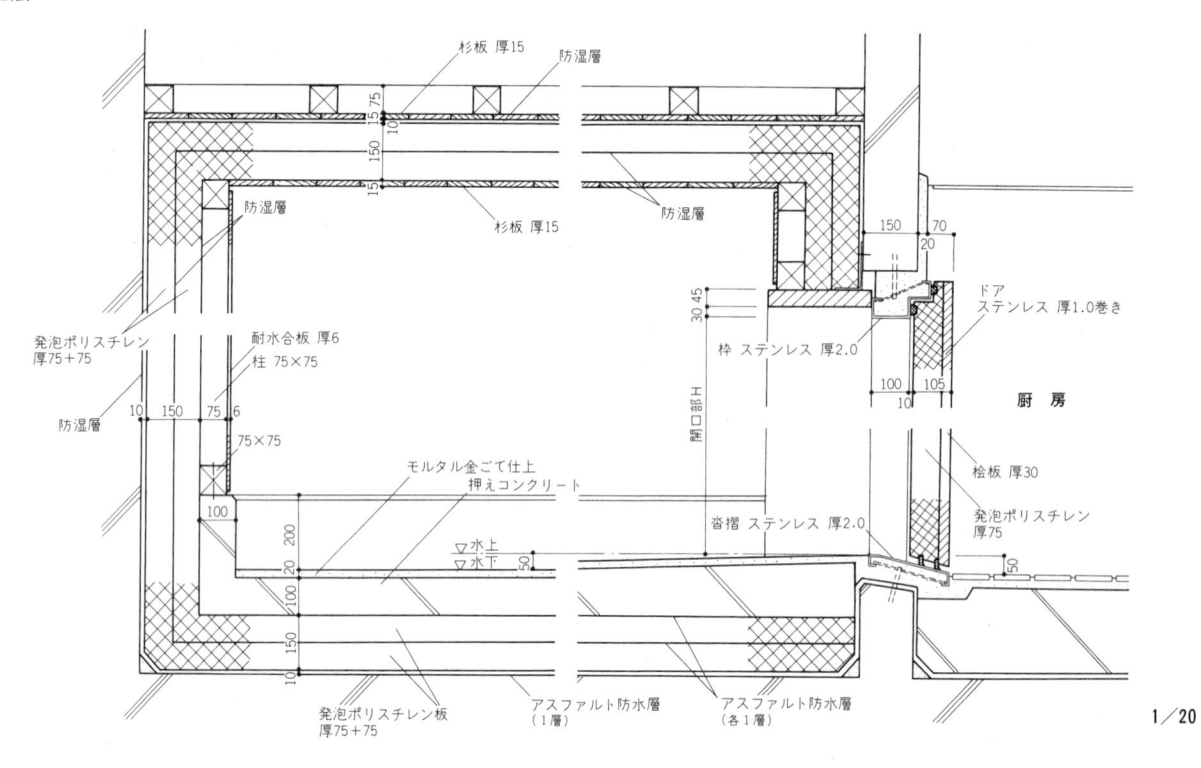

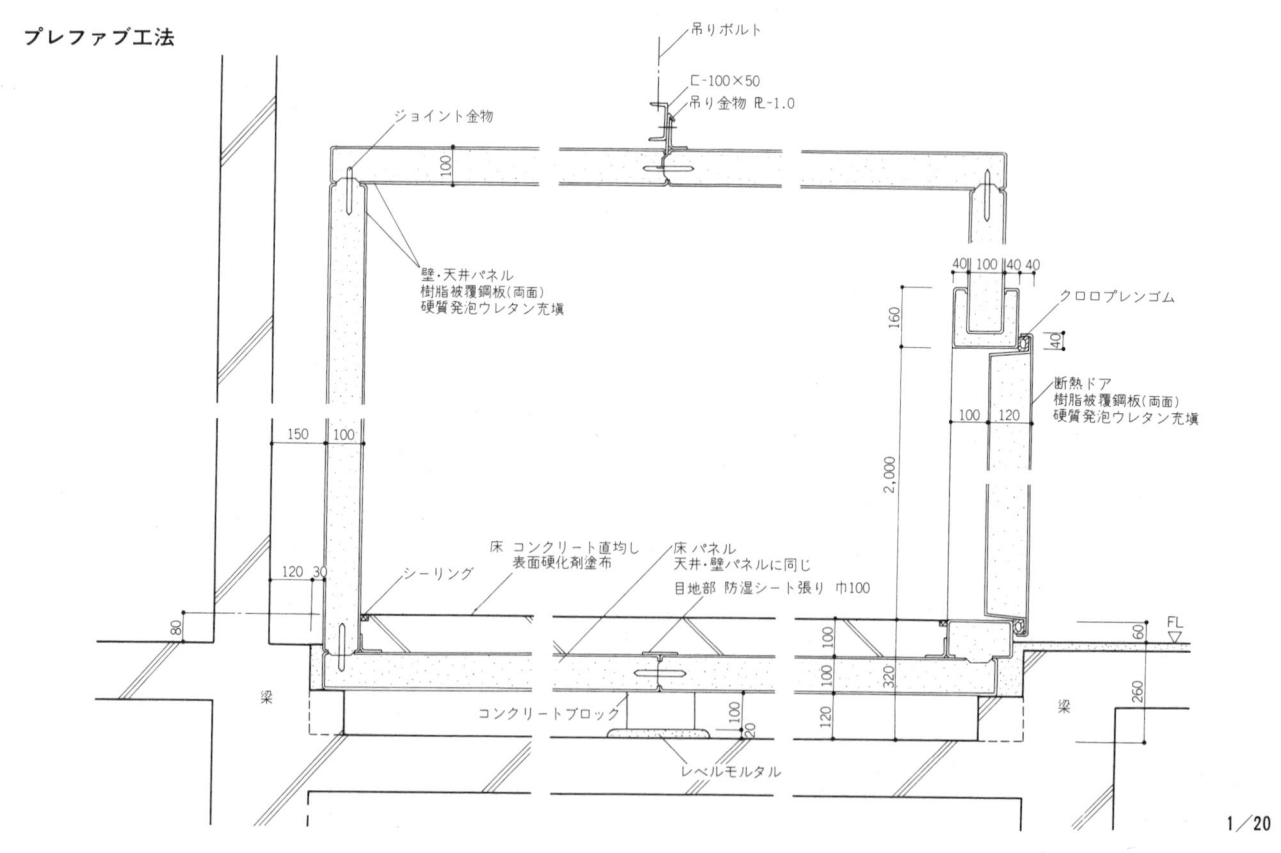

1/20

プレファブ工法

1/20

Ⅳ　オフィスビルの設計事例

オフィスビルの設計事例

本章では，床面積2,931 m²，8階建て，鉄筋コンクリート造のオフィスビルをモデルに，その成果図書として代表的な基本・詳細設計図書を掲載した。これらのディテールは，主として「基本のディテール」と基本設計とのキャッチボールの中で建築空間を創造する「展開のディテール」とからなる設計事例である。

図面リスト

図面名称	図面名称
付近見取図・配置図	矩計図
設計概要書・外部仕上表	断面詳細図
特記仕様書（仕上1）	A階段詳細図
特記仕様書（仕上2）	B階段・C鉄骨階段詳細図
室内仕上表1	地下1階・1階天井伏図
室内仕上表2	基準階・P1階天井伏図
地下1階・1階平面図	展開図1
基準階・屋上階平面図	展開図2
X-X断面図	展開図3
Y-Y断面図	建具リスト1
南立面図	建具リスト2
東立面図	建具リスト3
北立面図	内部部分詳細図1
西立面図	内部部分詳細図2
面積算定表	内部部分詳細図3
敷地実測図	外部部分詳細図1
日影図	外部部分詳細図2
防災計画書	外部部分詳細図3
	外部部分詳細図4
地下1階平面詳細図	外部部分詳細図5
1階平面詳細図	外部部分詳細図6
基準階平面詳細図	外部部分詳細図7
屋上階平面詳細図	屋外工事詳細図

付近見取図・配置図

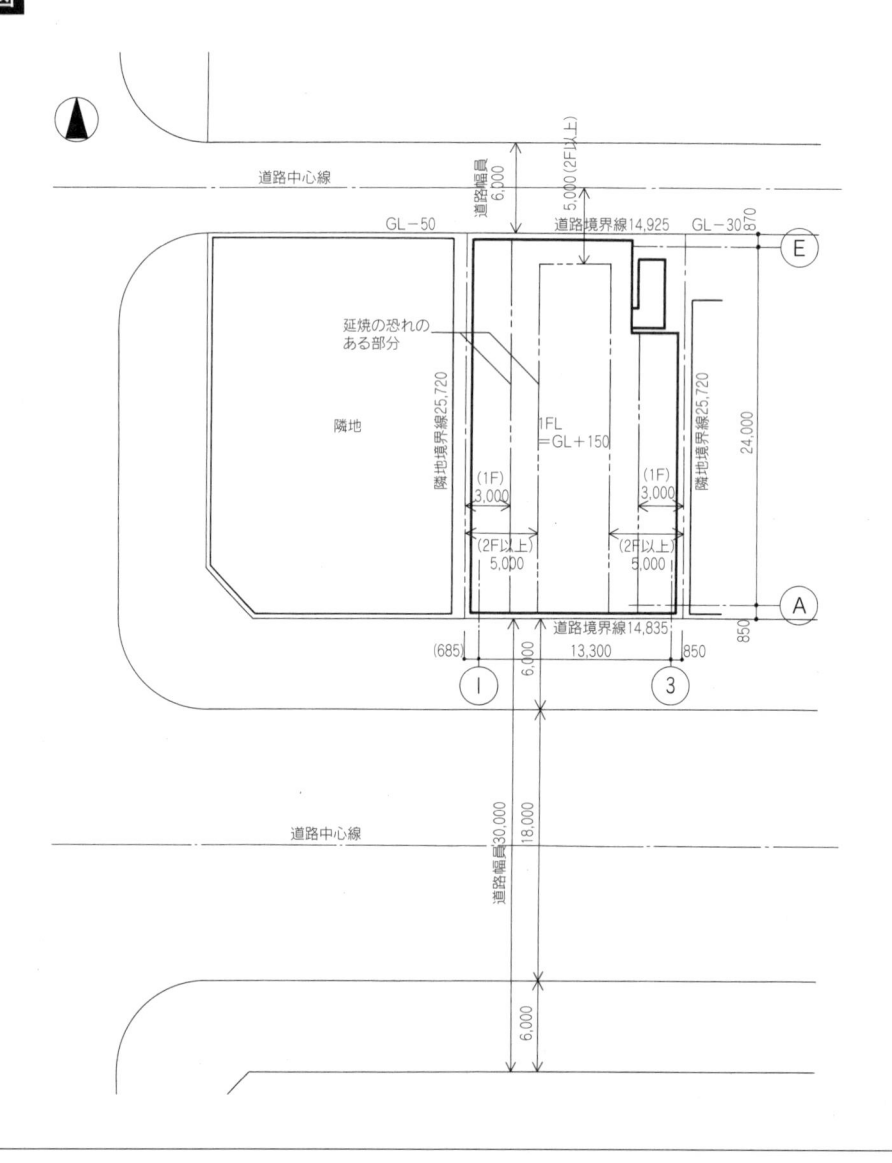

1/500

設計概要書・外部仕上表

■ 建物・敷地概要

工事名称	□□□□ビル新築工事
建物用途	主用途：事務所　　　　　　　　　　従用途：店舗
建築主住所氏名	○○○○○○○○○○○○○○　○○○○○○○　○○○○○○　○○○○
建築地	住居表示：○○○○○○○○○○○○　○○○○○○
	地名・地番：同上
区域の指定	都市計画区域内　　　　　　　　　建ぺい率：100%　　　容積率：800%
用途地域の指定	商業地域
防火地域の指定	防火地域
工期	着工：△△△△年△△月△△日予定　～　竣工△△△△年△△月△△日予定
	全体工期：△△か月予定
敷地	敷地面積：328.72 m²　　　前面道路幅：30.00 m　　　　標高：TP＋41.1
	測量年月日：△△△△年△△月△△日　　　測量者氏名：○○○○○○
階数	地下：1階　　地上：8階　　搭屋：1階
構造	鉄筋コンクリート造　　　　　　　杭事業：有

■ 各部の高さ

最高の高さ	平均地盤面より：30.400 m	最高の軒高さ	平均地盤面より：29.550 m
搭屋の高さ	平均地盤面より：34.050 m	居室の床の高さ	平均地盤面より：0.150 m

■ 法定面積

	申請部分	建ぺい率		容積率	
		対象	許容	対象	許容
建築面積	328.72 m²				
延べ面積	2,931.53 m²	85.9 m² ＜ 100 m²		754.60 m² ＜ 800.00 m²	
（内駐車場）	(43.44 m²)	328.72 m² ＜ 382.72 m²		2,888.09 m² ＜ 3,061.68 m²	

■ 外部仕上

項目	仕上・仕様	
屋根	主屋根	：アスファルト断熱防水歩行用　普通コンクリート直押え　伸縮目地切 　断熱材：高密度ポリスチレンフォーム（厚30）　水勾配1/100
	搭屋屋根	：シート露出断熱防水　加硫ゴム系ルーフィング（厚1.2） 　断熱材：特殊硬質ウレタンフォーム（厚21）　水勾配1/50
パラペット	主屋根	：コンクリート打放し　ウレタンゴム系塗膜防水
	搭屋屋根	：同上
外壁	南・北面	：50 二丁磁器質タイル張り
	東・西面	：コンクリート打放し　防水形複層仕上塗材（アクリルシリコン系） 　亀裂誘発目地および水平打継目地：MS-2
	搭屋各面	：同上
幅木	南・北面	：50 二丁磁器質タイル張り
	東・西面	：コンクリート打放し
開口部	横連窓	：縦軸回転・はめ殺し　アルミサッシ　二次電解着色　見込100 　ガラス：網入みがき板ガラス
	単窓	：縦軸回転アルミサッシ　二次電解着色　見込100 　ガラス：網入型板ガラス
1階出入口廻り	軒天井	：アルミ成形パネル（T形タイプ）　2-UE
	無目	：ステンレス　パーマネント仕上
	床	：アスファルト防水歩行用　花崗岩ジェットバーナー（厚30）
	建具	：開き戸およびはめ殺し　ステンレスサッシ　パーマネント仕上　見込100 　ガラス：フロート板ガラス
	シャッター	：電動式ステンレスリンクグリルシャッター　ガイドレール・まぐさ：ステンレスHL
屋外階段	本体鉄骨造	：溶融亜鉛めっき　SOP
	踏面・蹴込	：縞鋼板（厚4.5）溶融亜鉛めっき　SOP
	手摺	：鋼管　溶融亜鉛めっき　SOP
外部金物	屋上手摺	：ステンレスパイプ　HL
	タラップ	：ステンレスパイプ　HL
	電気引込ボックス	：鋼製　溶融亜鉛めっき　SOP
	1階屋外階段出口扉	：鋼製　溶融亜鉛めっき　SOP
	隣地境界ふさぎ	：アルミパネル（厚2）　2-UE
外構	東面塀	：コンクリート打放し　防水形外装薄塗材
	東・西側犬走り	：砂利敷きおよびコンクリート縁石

室内仕上表

階	室名	内装制限	天井高	床	幅木	壁（柱形）	天井	摘要
共通	貸事務室（2F〜8F）	準不燃	2,700	タイルカーペット厚7	ビニル巾木 H=60	石こうボード厚12.5 EP	岩綿吸音板厚15 システム天井	回り縁：アルミ
	エレベーターホール（2F〜8F）	準不燃	2,700	タイルカーペット厚7	ビニル巾木 H=60	石こうボード厚12.5+9.5 EP	岩綿吸音板厚15 システム天井	回り縁：アルミ
	男子便所 女子便所（B1F〜8F）	—	2,400	ビニル床シート溶接工法	ステンレス HL H=60	200角施釉タイル（けい酸カルシウム板厚8 2枚張り下地）	岩綿吸音板厚12（石こうボード厚9下地）	回り縁：アルミ ブース：メラミン化粧板 頭つなぎ・巾木：ステンレスHL 甲板：人造大理石
	湯沸室（1F〜8F）	—	2,400	ビニル床シート溶接工法	ステンレス HL H=60	200角施釉タイル（けい酸カルシウム板厚8 2枚張り下地）	岩綿吸音板厚12（石こうボード厚9下地）	回り縁：アルミ 水切・流し台甲板：ステンレスHL 吊戸棚・流し台：メラミン化粧板 台下形電気湯沸器
	A階段（1F〜8F）	不燃	直天 2,400（最上階）	ビニル床タイル（踏面・蹴込共）	ビニル巾木 H=60	石こうボード厚12.5 EP	コンクリート打放し EP 石こうボード厚12.5 EP（最上階）	回り縁：アルミ 段鼻滑止：ビニル入ステンレス ボーダー：ステンレス角パイプHL 手摺：スチール角パイプSOP 笠木：成形プラスチック
B1F	エレベーターホール・廊下	不燃	2,400	タイルカーペット厚7	ビニル巾木 H=60	石こうボード厚12.5+9.5 EP モルタルこて押えEP	岩綿吸音板厚12（石こうボード厚9下地）	回り縁：アルミ
	自販機コーナー	不燃	2,400	ビニル床シート溶接工法	ビニル巾木 H=60	石こうボード厚12.5+9.5 EP モルタルこて押えEP	岩綿吸音板厚12（石こうボード厚9下地）	回り縁：アルミ
	貸室	不燃	2,700	タイルカーペット厚7	ビニル巾木 H=60	石こうボード厚12.5+9.5 EP モルタルこて押えEP	岩綿吸音板厚15 システム天井	回り縁：アルミ
	A階段	不燃	直天	ビニル床タイル（踏面・蹴込共）	ビニル巾木 H=60	モルタルこて押えEP	コンクリート打放し EP	A階段（1F〜8F）に同じ
	B階段	不燃	直天 2,400	ビニル床タイル（踏面・蹴込共）	ビニル巾木 H=60	石こうボード厚12.5 EP モルタルこて押えEP	断熱モルタルこて押え EP 岩綿吸音板厚12（石こうボード厚9下地）	回り縁：アルミ A階段（1F〜8F）に同じ
	受水槽・ポンプ室	—	直天	コンクリート直押え 防塵塗装	—	コンクリート打放しセメント防水	コンクリート打放し	受水槽およびポンプ基礎コンクリート マンホール：鋳鉄製
	ポリバケツ置場・倉庫	—	直天	コンクリート直押え 防塵塗装	—	コンクリート打放しセメント防水	コンクリート打放し	マンホール：鋳鉄製（防臭形） 下流し：コンクリート下地セメント防水 置棚：ステンレスグレーチング，フレームステンレスHL
1F	エントランスホール	準不燃	3,000	花崗岩ジェットバーナー厚30	—	大理石本磨き厚25 乾式工法	アルミ成形パネル（T形）2-UE	回り縁：アルミ
	廊下	準不燃	2,400	ビニル床シート溶接工法	ビニル巾木 H=60	石こうボード厚12.5+9.5 EP	岩綿吸音板厚12（石こうボード厚9下地）	回り縁：アルミ 郵便受：ステンレスHL（既製品）
	貸事務室	難燃	3,000	タイルカーペット厚7	ビニル巾木 H=60	石こうボード厚12.5+9.5 EP	岩綿吸音板厚15 システム天井	回り縁：アルミ
	駐車場	不燃	2,700	コンクリート直押え（アスファルト防水）	モルタルこて押え H=200	コンクリート打放しEP	けい酸カルシウム板厚6 EP	車止め：PC（既製品）
P1F	エレベーター機械室	不燃	直天	かさ上げ普通コンクリート直押え 防塵塗装	—	コンクリート打放し	コンクリート打放し	

地下1階平面図

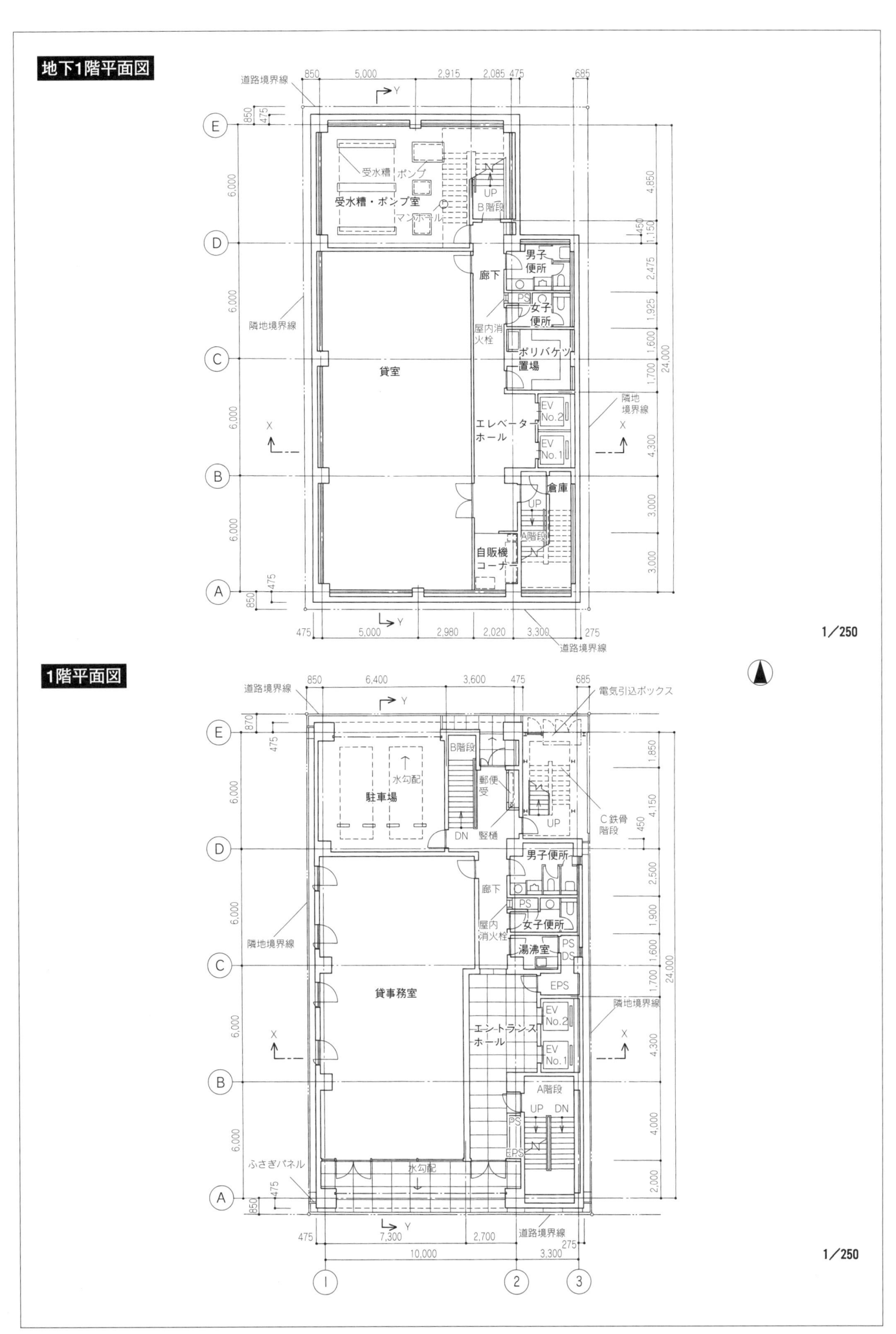

(縮尺 1/250)

1階平面図

(縮尺 1/250)

基準階（2〜8階）平面図

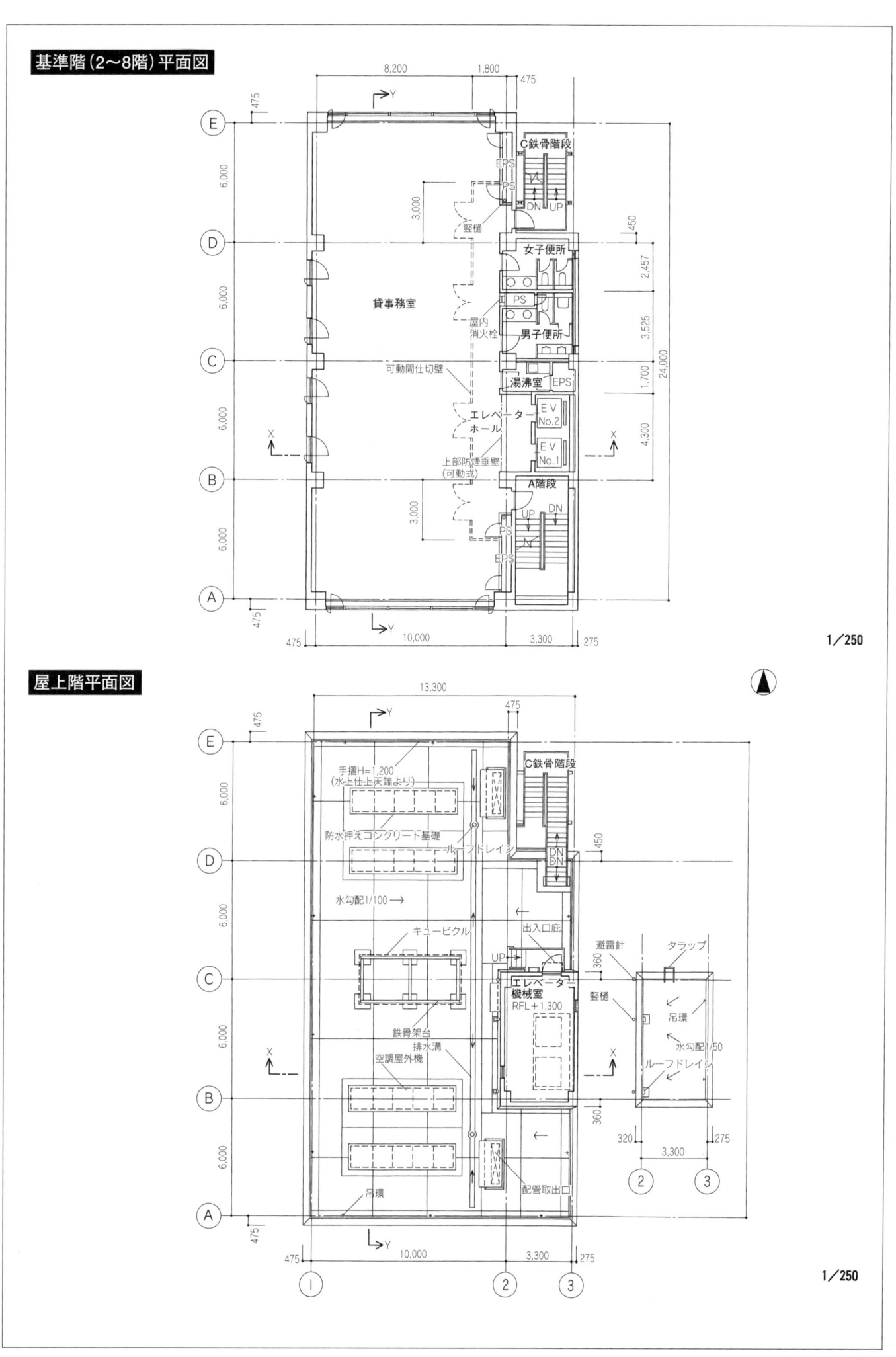

- C鉄骨階段
- EPS
- PS
- 堅樋
- 女子便所
- PS
- 屋内消火栓
- 男子便所
- 貸事務室
- 可動間仕切壁
- 湯沸室
- EPS
- エレベーターホール
- EV No.2
- EV No.1
- 上部防煙垂壁（可動式）
- A階段
- UP / DN
- PS
- EPS

1/250

屋上階平面図

- 手摺H=1,200（水上仕上天端より）
- 防水押えコンクリート基礎
- ルーフドレイン
- C鉄骨階段
- DN / DN
- 水勾配1/100 →
- キュービクル
- 出入口庇
- UP
- エレベータ機械室 RFL+1,300
- 避雷針
- タラップ
- 堅樋
- 鉄骨架台
- 排水溝
- 空調屋外機
- 吊環
- 水勾配1/50
- ルーフドレイン
- 配管取出口

1/250

X-X断面図

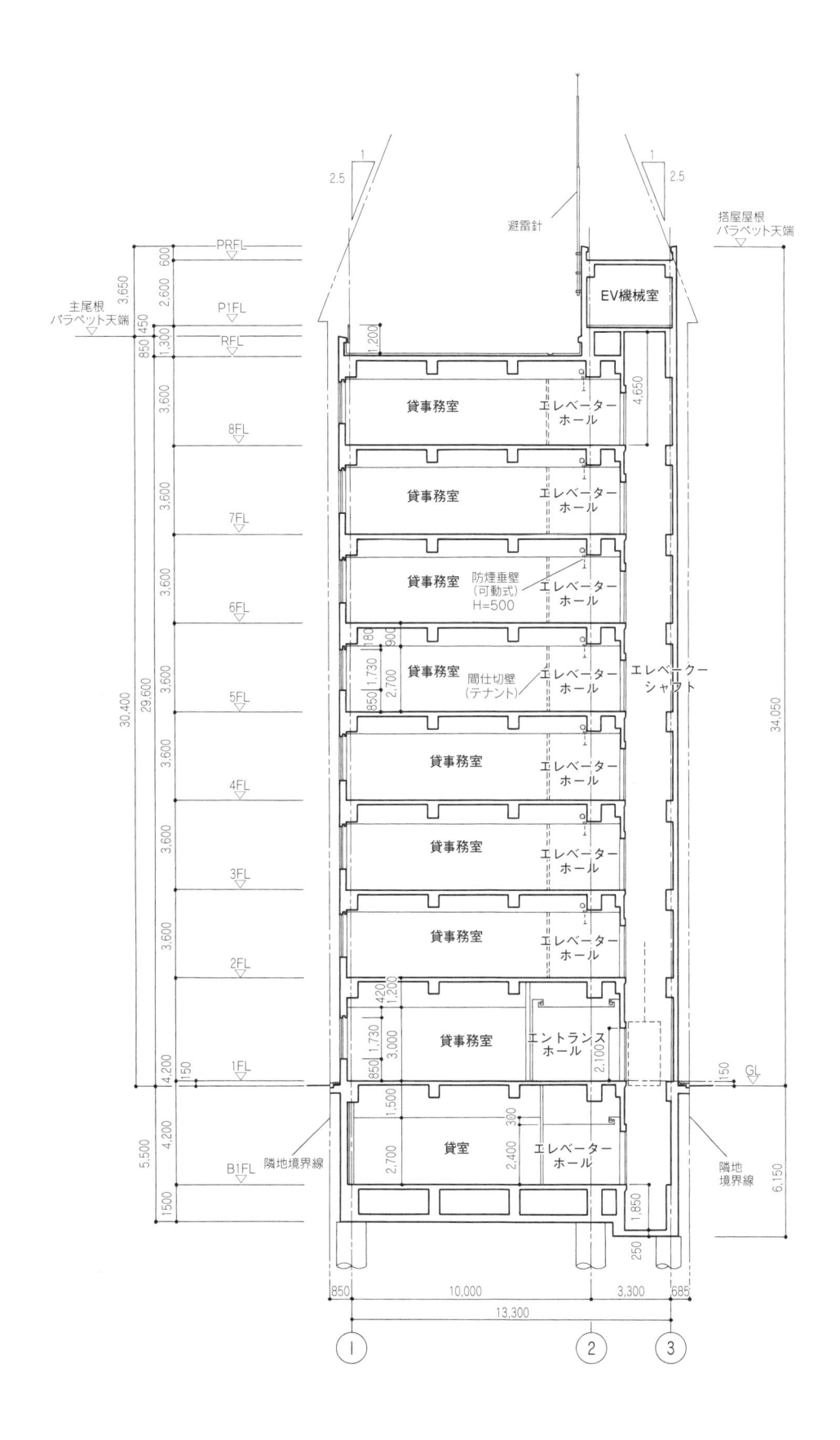

1/250

南立面図

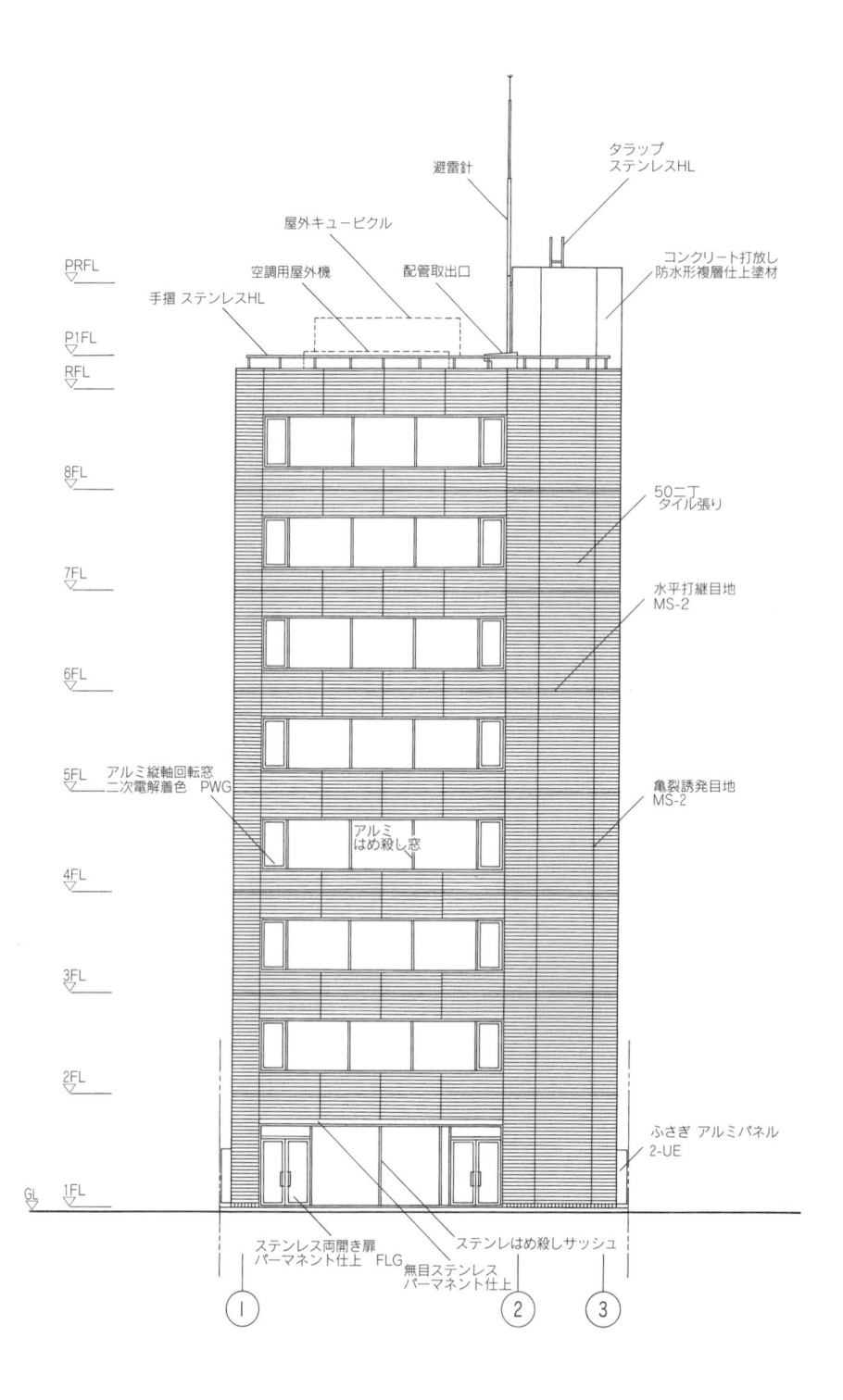

避雷針
タラップ ステンレスHL
屋外キュービクル
空調用屋外機
配管取出口
手摺 ステンレスHL
コンクリート打放し 防水形複層仕上塗材

PRFL
P1FL
RFL
8FL
7FL
6FL
5FL アルミ縦軸回転窓 二次電解着色 PWG
4FL アルミはめ殺し窓
3FL
2FL
GL 1FL

50ニ丁 タイル張り
水平打継目地 MS-2
亀裂誘発目地 MS-2
ふさぎ アルミパネル 2-UE

ステンレス両開き扉 パーマネント仕上 FLG
ステンレはめ殺しサッシュ
無目ステンレス パーマネント仕上

① ② ③

1/250

西立面図

避雷針
60° 60°

タラップ ステンレスHL
屋外キュービクル
空調用屋外機
手摺 ステンレス34φHL
空調配管取出口

PRFL
P1FL
RFL
8FL
7FL
6FL
5FL
4FL
3FL
2FL
1FL
GL

アルミ縦軸回転窓
二次電解着色　FWG

空調機用
ベントキャップ

水平打継目地
MS-2

亀裂誘発目地MS-2

アルミパネル
2-UE

50二丁
タイル張り ↔ コンクリート打放し
防水形複層仕上塗材 ↔ コンクリート打放し
防水形複層仕上塗材 ↔ 50二丁
タイル張り

道路境界線　Ⓔ　Ⓓ　Ⓒ　Ⓑ　Ⓐ　道路境界線

1/250

地下1階平面詳細図

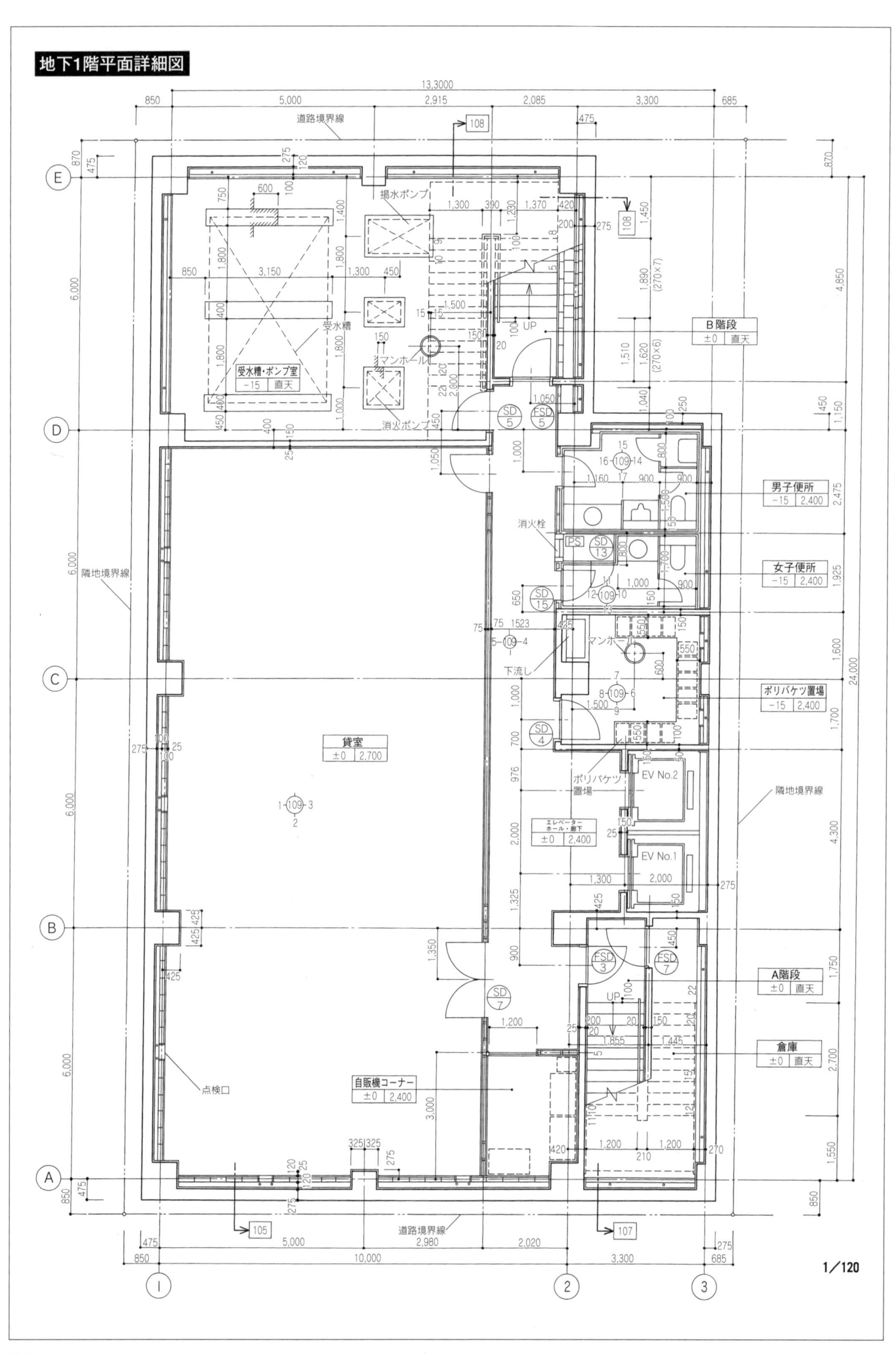

1/120

1階平面詳細図

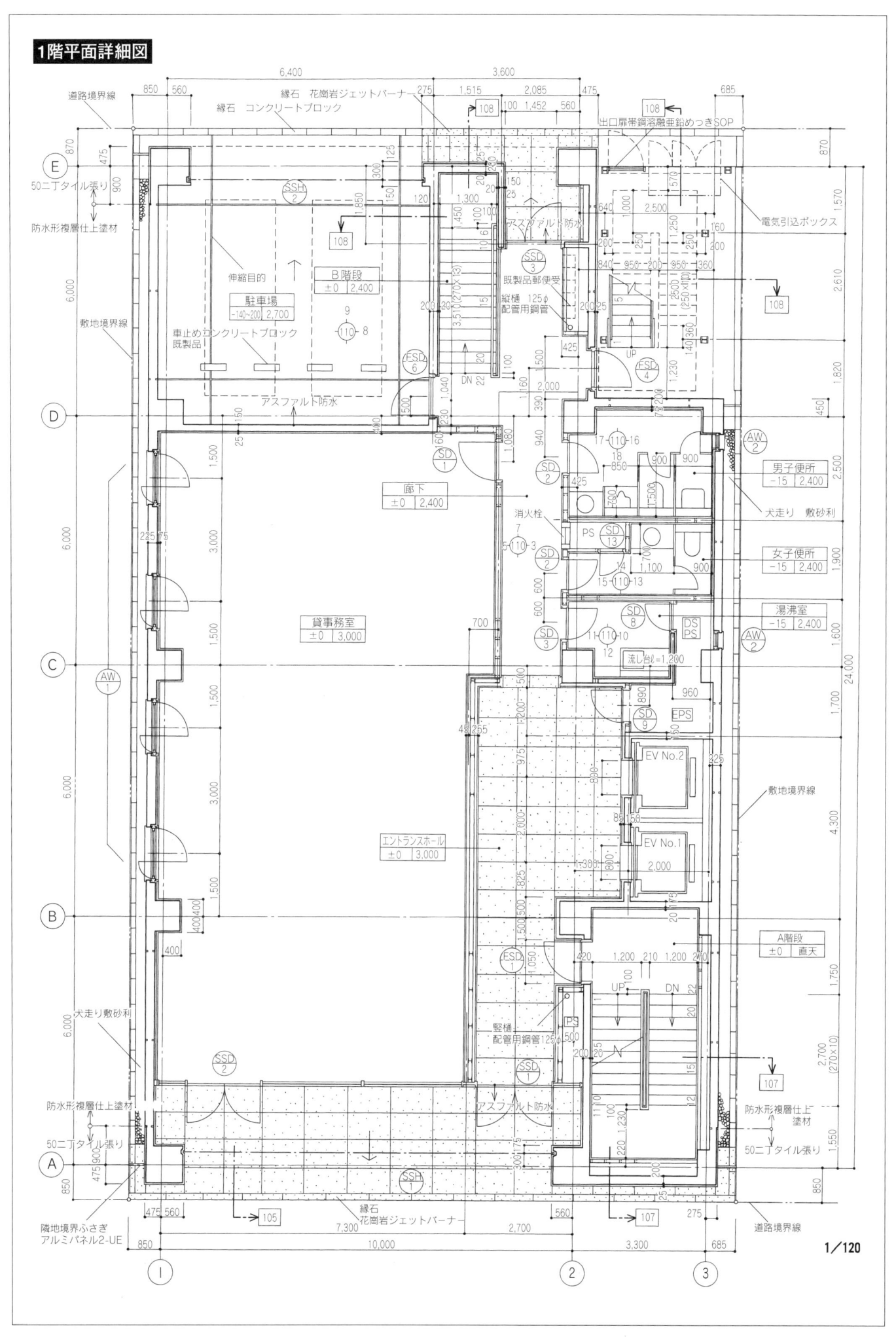

1/120

基準階平面詳細図

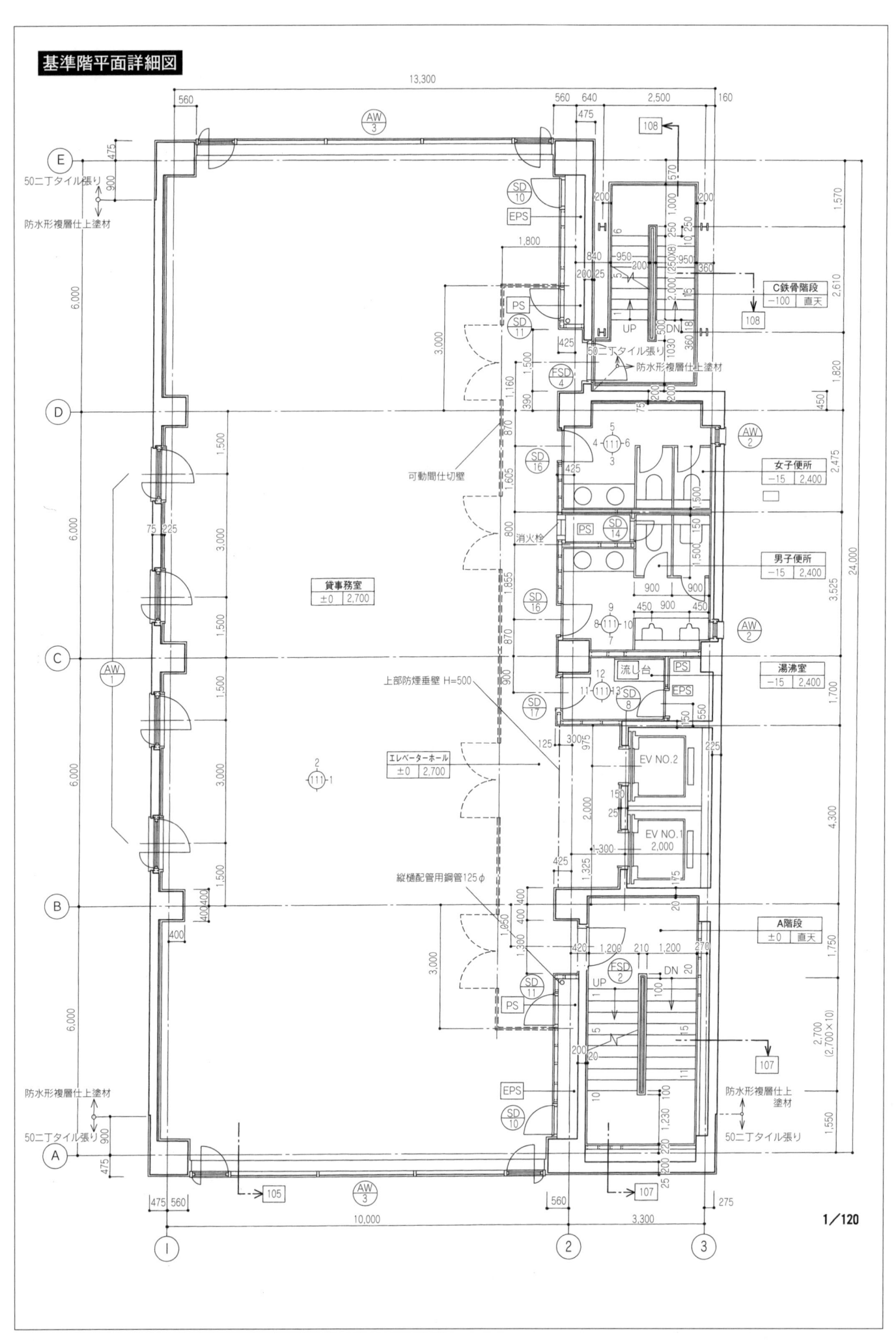

縮尺 1/120

屋上階平面詳細図

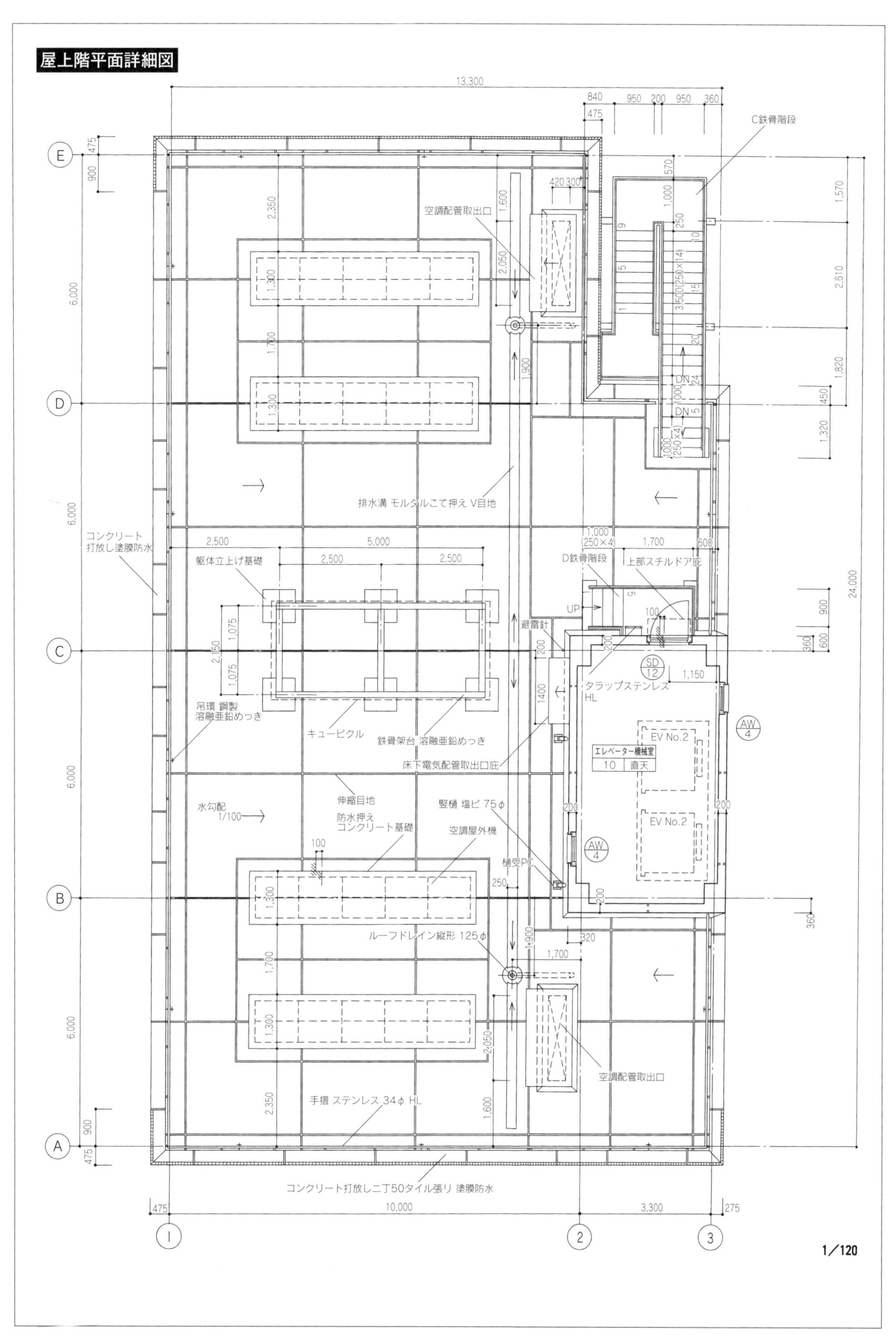

1/120

矩計図

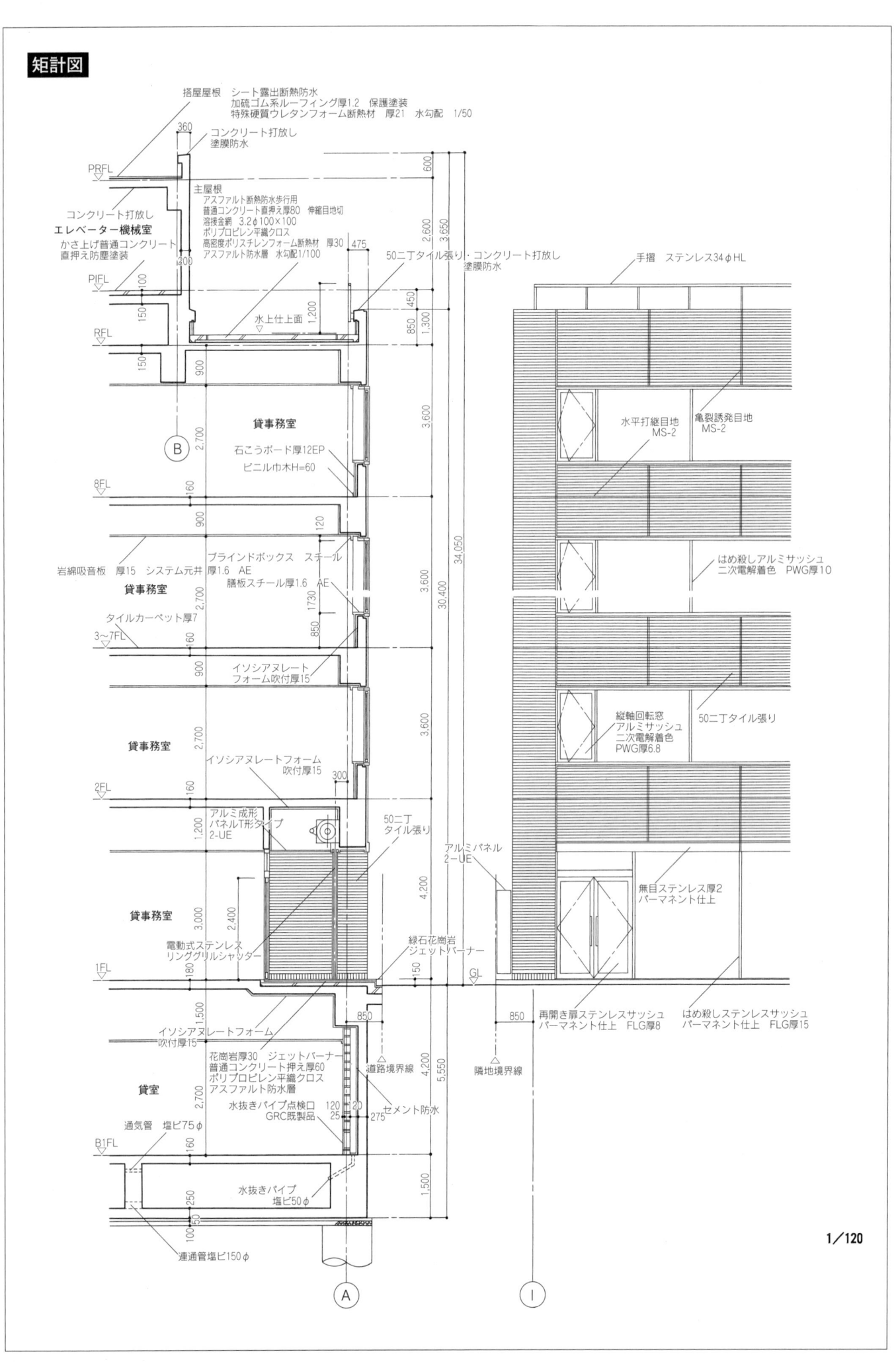

搭屋根　シート露出断熱防水
　　加硫ゴム系ルーフィング厚1.2　保護塗装
　　特殊硬質ウレタンフォーム断熱材　厚21　水勾配 1/50

コンクリート打放し
塗膜防水

主屋根
　アスファルト断熱防水歩行用
　普通コンクリート直押え厚80　伸縮目地切
　溶接金網　3.2φ100×100
　ポリプロピレン平織クロス
　高密度ポリスチレンフォーム断熱材　厚30
　アスファルト防水層　水勾配1/100

50二丁タイル張り・コンクリート打放し
塗膜防水

コンクリート打放し
エレベーター機械室
かさ上げ普通コンクリート
直押え防塵塗装

水上仕上面

貸事務室
石こうボード厚12EP
ビニル巾木H=60

手摺　ステンレス34φHL

水平打継目地　MS-2
亀裂誘発目地　MS-2

岩綿吸音板　厚15　システム天井
ブラインドボックス　スチール厚1.6　AE
膳板スチール厚1.6　AE

貸事務室
タイルカーペット厚7

はめ殺しアルミサッシ
二次電解着色　PWG厚10

イソシアヌレート
フォーム吹付厚15

貸事務室

50二丁タイル張り

縦軸回転窓
アルミサッシ
二次電解着色
PWG厚6.8

イソシアヌレートフォーム
吹付厚15

アルミ成形
パネルT形タイプ
2-UE

50二丁
タイル張り

アルミパネル
2-UE

貸事務室

電動式ステンレス
リンググリルシャッター

緑石花崗岩
ジェットバーナー

無目ステンレス厚2
パーマネント仕上

イソシアヌレートフォーム
吹付厚15

花崗岩厚30　ジェットバーナー
普通コンクリート押え厚60
ポリプロピレン平織クロス
アスファルト防水層

道路境界線
隣地境界線

再開き扉ステンレスサッシ
パーマネント仕上　FLG厚8

はめ殺しステンレスサッシ
パーマネント仕上　FLG厚15

貸室

水抜きパイプ点検口
GRC既製品

セメント防水

通気管　塩ビ75φ

水抜きパイプ
塩ビ50φ

連通管塩ビ150φ

1/120

A階段詳細図

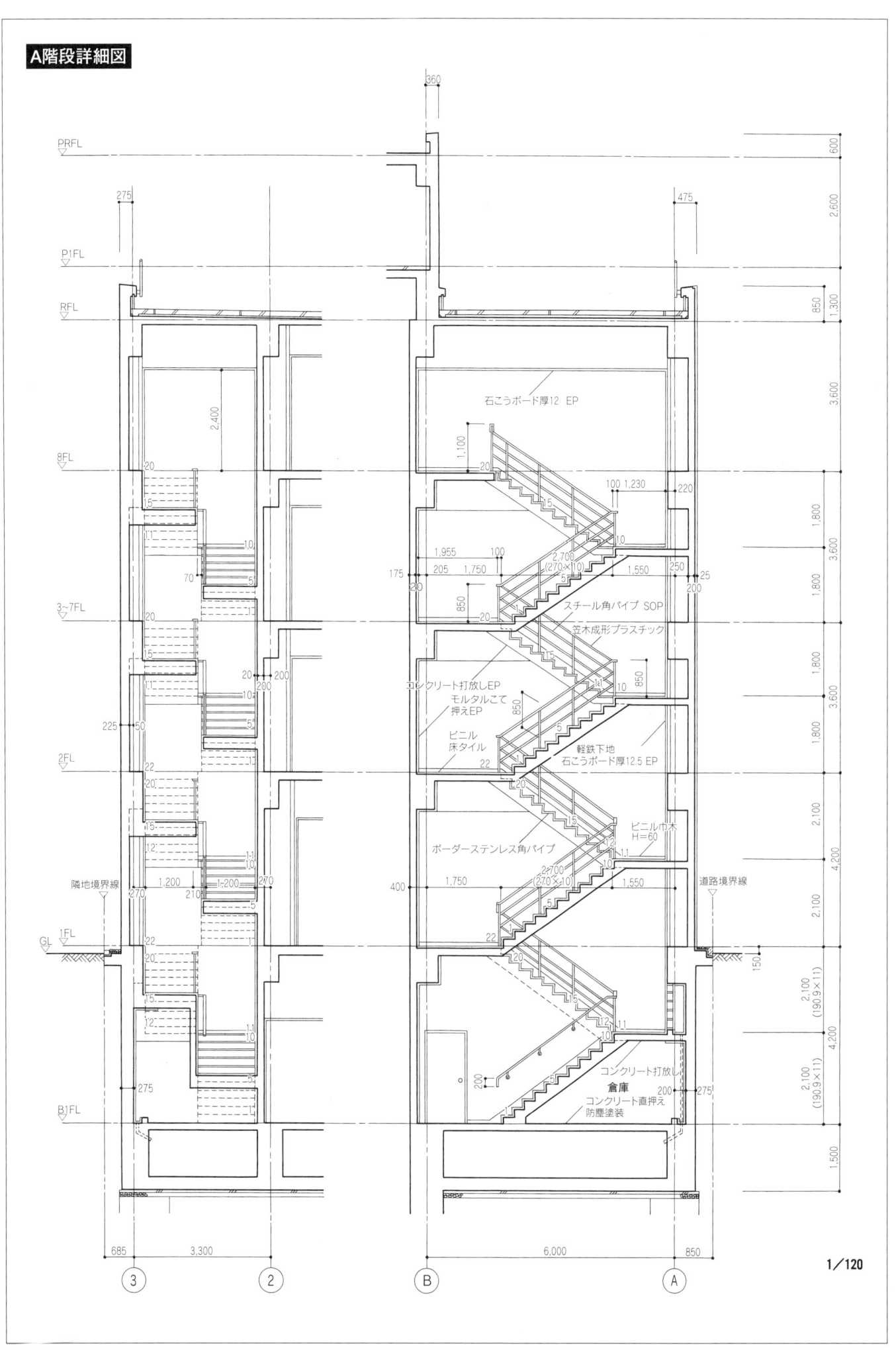

1/120

B階段詳細図

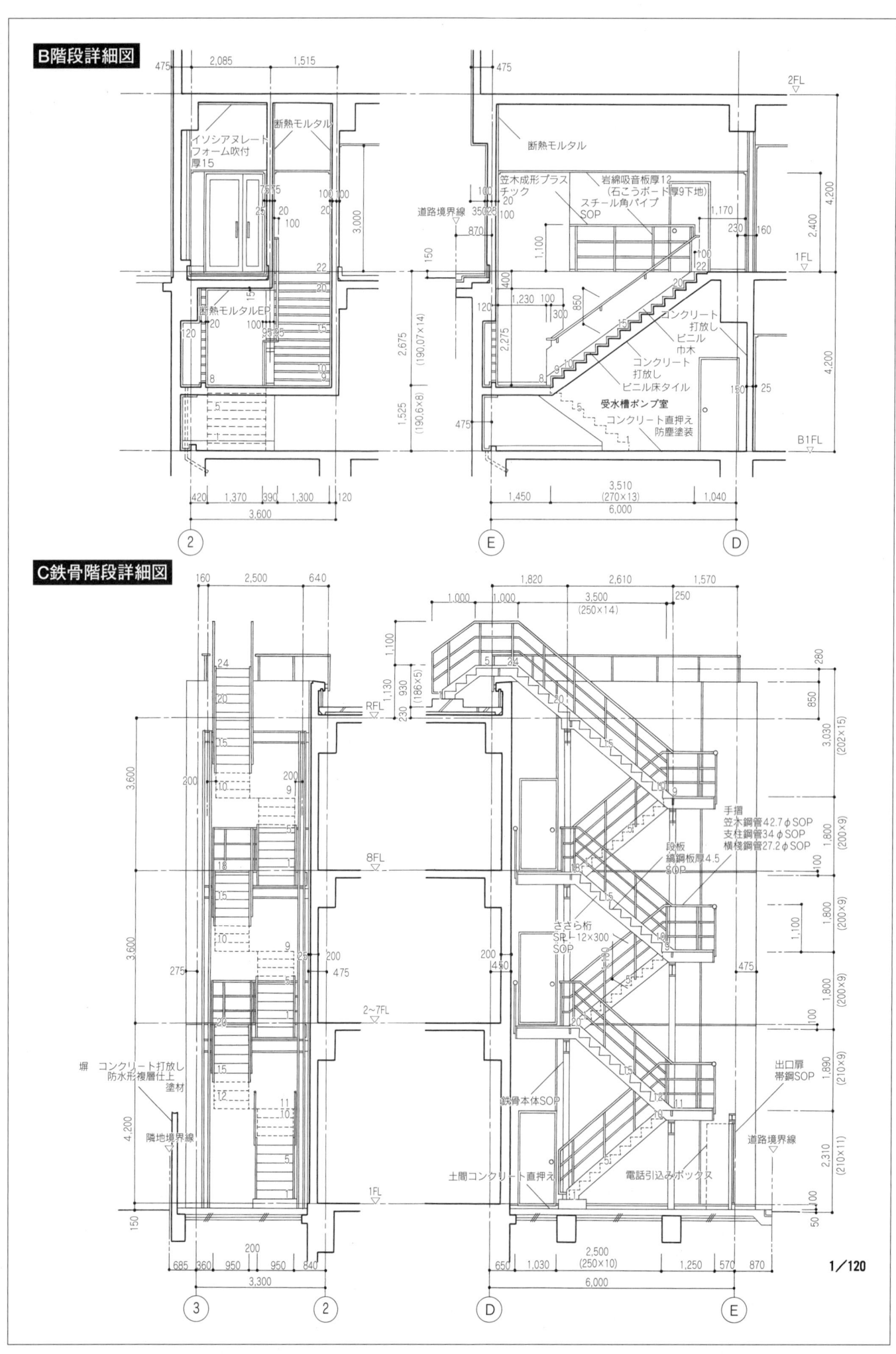

C鉄骨階段詳細図

1/120

地下1階天井伏図

1階天井伏図

凡例	
天井仕上	
a	岩綿吸音板 厚15 システム天井
b	岩綿吸音板 厚12（石こうボード厚9下地）
c	けい酸カルシウム板 厚6 EP
d	石こうボード 厚12.5 EP
e	アルミ成形パネル（T形）2-UE
f	断熱モルタル EP
g	コンクリート打放し EP
h	コンクリート打放し
天井取付器具付号	
▓	埋込照明器具
□	直付照明器具
⌐ ¬	吊下照明器具
○	ブラケット
非	非常照明灯
⦿	誘導灯
⊙	感知器
▣	吹出口
≡	排気口
▽	点検口
⊠	システム天井点検口

1/250

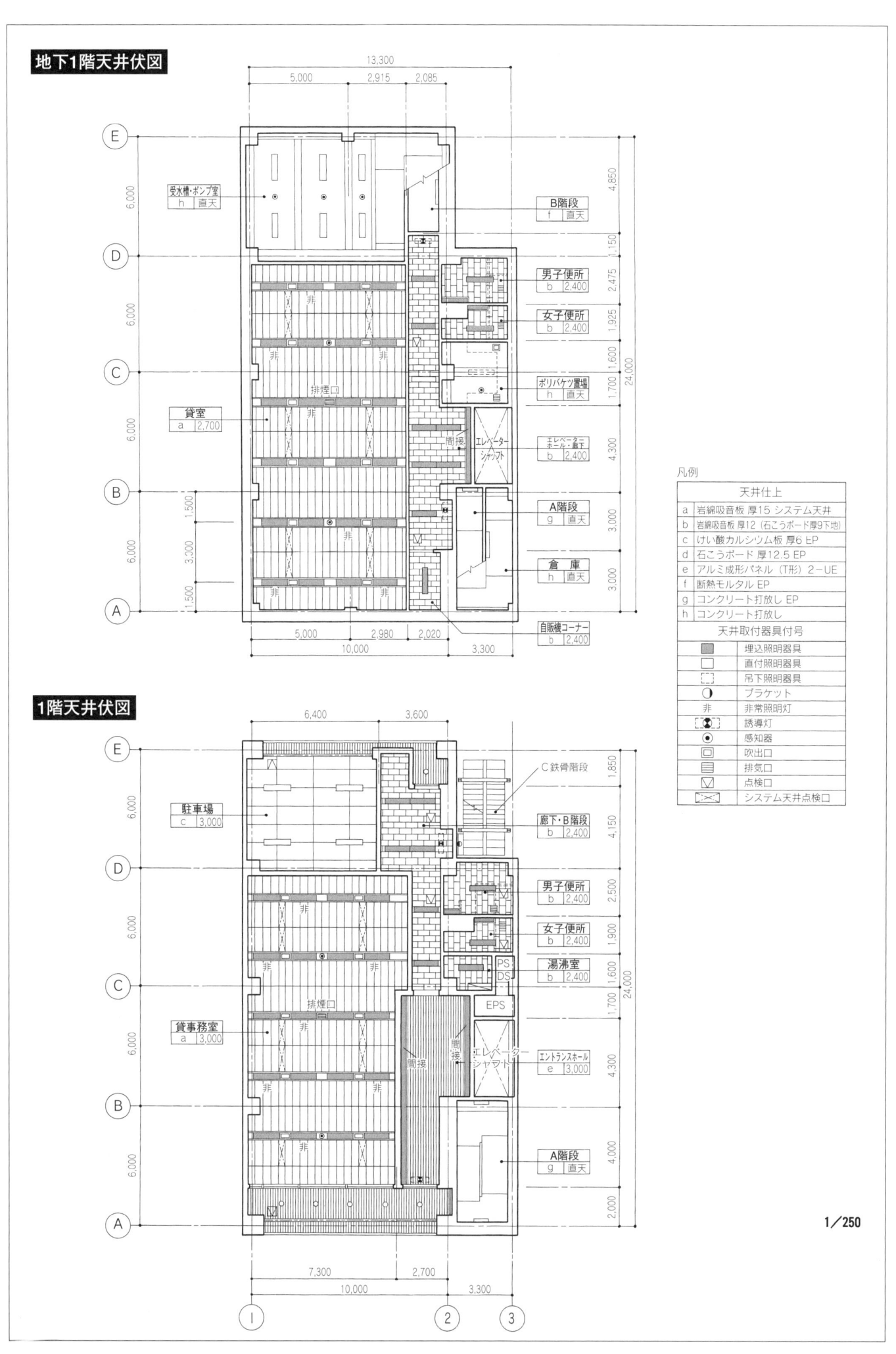

展開図

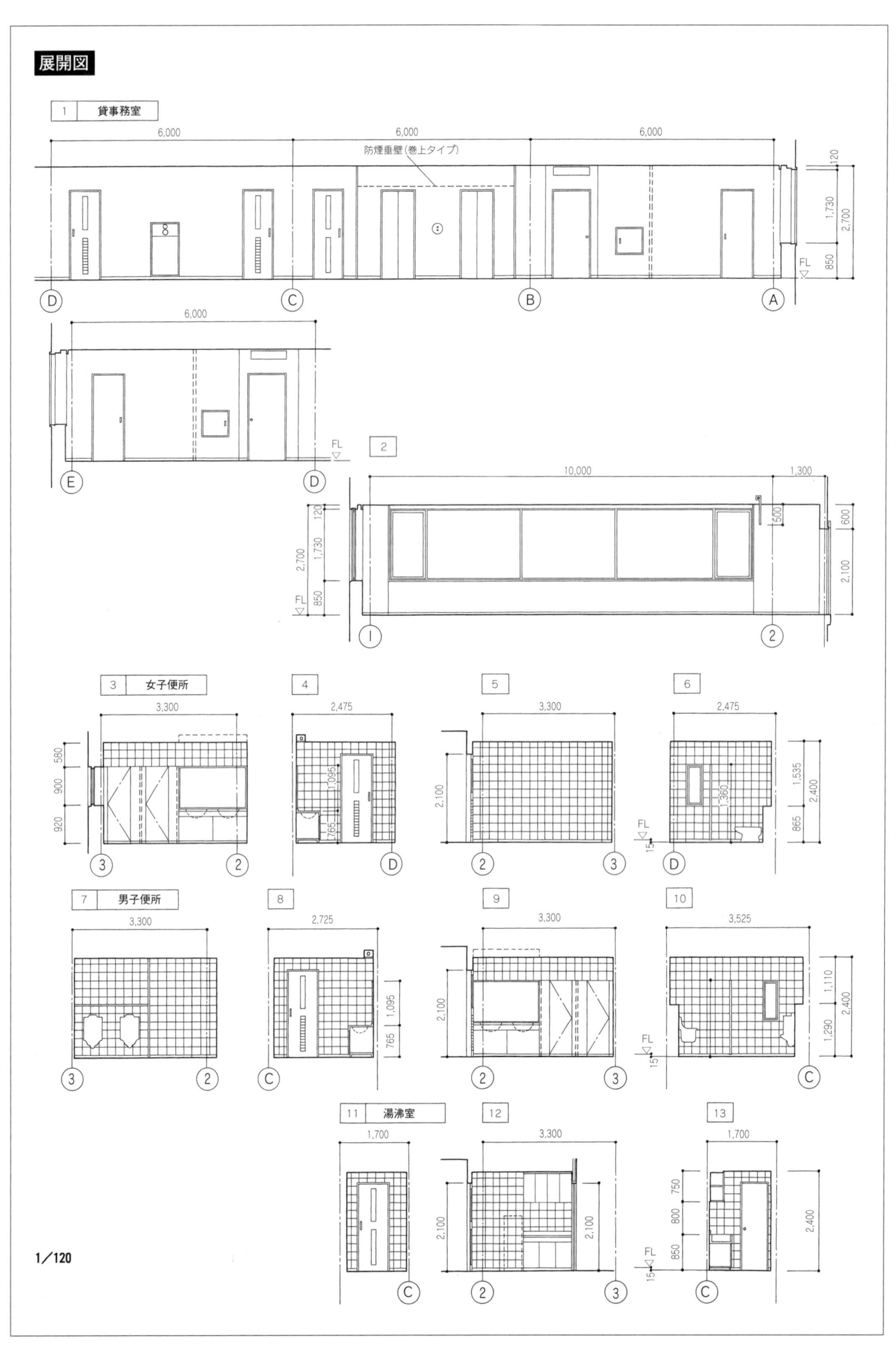

| 1 | 貸事務室 |

防煙垂壁(巻上タイプ)

| 3 | 女子便所 |

| 7 | 男子便所 |

| 11 | 湯沸室 |

1/120

建具リスト

符号	取付場所 法規制・数	FSD1	エントランスホール～A階段 特定防火設備　1箇所	FSD4	廊下～外部（C鉄骨階段） 特定防火設備　8箇所	SD1	廊下～貸事務室 防火設備　1箇所
姿図			2,100 / 900 片開きドア		2,100 / 900 片開きドア		2,100 / 900 片開きドア
枠		スチール　SOP　見込 280		スチール　SOP　見込 180		スチール　SOP　見込 180	
くつづり		ステンレス　HL		ステンレス　HL（水切付）		ステンレス　HL	
扉		スチール　SOP　見込 40		スチール　SOP　見込 40		スチール　SOP　見込 40	
額縁		－		－		－	
ガラス		－		－		－	
ガラリ		－		－		－	
建具金物		・シリンダー箱錠（鍵なし）・レバーハンドル ・ピボットヒンジ・ドアクローザー・床付戸当り		・シリンダー箱錠（鍵・サムターン）・レバーハンドル ・丁番　・ドアクローザー（チェックバック機構付）		・シリンダー箱錠（鍵・鍵）・レバーハンドル ・ピボットヒンジ・ドアクローザー・床付戸当り	
備考				セミエアタイト			

符号	取付場所 法規制・数	SD2	廊下～男子・女子便所 防火設備　2箇所	SD7	エレベーターホール～貸室 －　1箇所	SSD1	エントランスホール～外部 －　1箇所
姿図			2,100 / 720		2,100 / 1,800 両開き		585/2,400 パネル、2,985 / 1,900 両開き
枠		スチール　SOP　見込 170		スチール　SOP　見込 164		ステンレス　バーマネント仕上　見込 100	
くつづり		ステンレス　HL		ステンレス　HL		ステンレス　HL目地棒	
扉		スチール　SOP　見込 40		スチール　SOP　見込 40		ステンレス　バーマネント仕上　見込 40	
額縁		－		－		－	
ガラス		網入型板ガラス厚 6.8		－		フロート板ガラス厚 8	
ガラリ		スチール　SOP　山型ガラリ		－		－	
建具金物		・押板・把手 ・ピボットヒンジ・ドアクローザー・床付戸当り		・シリンダー箱錠（鍵・鍵）・レバーハンドル ・ピボットヒンジ・ドアクローザー・床付戸当り		・シリンダー本締り錠　　・押棒 ・フロアーヒンジ・フランス落し・床付戸当り	
備考		右勝手1箇所、左勝手1箇所				ランマ部分　排煙ダンパー付	

符号	取付場所 法規制・数	AW1	外部～貸事務室 防火設備　32箇所	AW2	外部～男子・女子便所 防火設備　16箇所	AW3	外部～貸事務室 防火設備　14箇所
姿図			縦軸回転 1,700 / 1,200		はめ殺し 900 / 350		縦軸回転・はめ殺し 1,700 / 950・950 / 8,780
枠		アルミ　二次電解着色　見込 100		アルミ　二次電解着色　見込 70		アルミ　二次電解着色　見込 100	
障子		アルミ　二次電解着色　見込 70		－		アルミ　二次電解着色　見込 70	
水切		アルミ　二次電解着色		アルミ　二次電解着色		－	
額縁		スチール　AE		－		スチール　AE	
ガラス		網入型板ガラス厚 10		網入型板ガラス厚 6.8		網入みがき板ガラス厚 10,6.8	
ガラリ		－		－		－	
建具金物		・ヒンジ　・連動締りハンドル ・角度調整器・下り止めローラー				・ヒンジ　・連動締りハンドル ・角度調整器・下り止めローラー	
備考							

符号	取付場所 法規制・数	AW4	外部～エレベーター機械室 防火設備　2箇所	AG1	外部～PS・DS 防火設備　16箇所	SSH1	1階正面出入口 －　1箇所
姿図			600/100/500 / 1,200 / 600 はめ殺し		300 / 300		2,985 / 8,870
枠		アルミ　二次電解着色　見込 70		アルミ　二次電解着色　見込 70		ステンレス　HL　見込 75	
障子		－		－		ステンレス　HL	
水切		アルミ　二次電解着色		アルミ　二次電解着色		－	
額縁		ステンレス		ステンレス		－	
ガラス		－		－		－	
ガラリ		アルミ　二次電解着色		アルミ　二次電解着色		－	
建具金物							
備考		ダンパー付 換気扇付		ダンパー付		電動リンクグリルシャッター	

内部部分詳細図

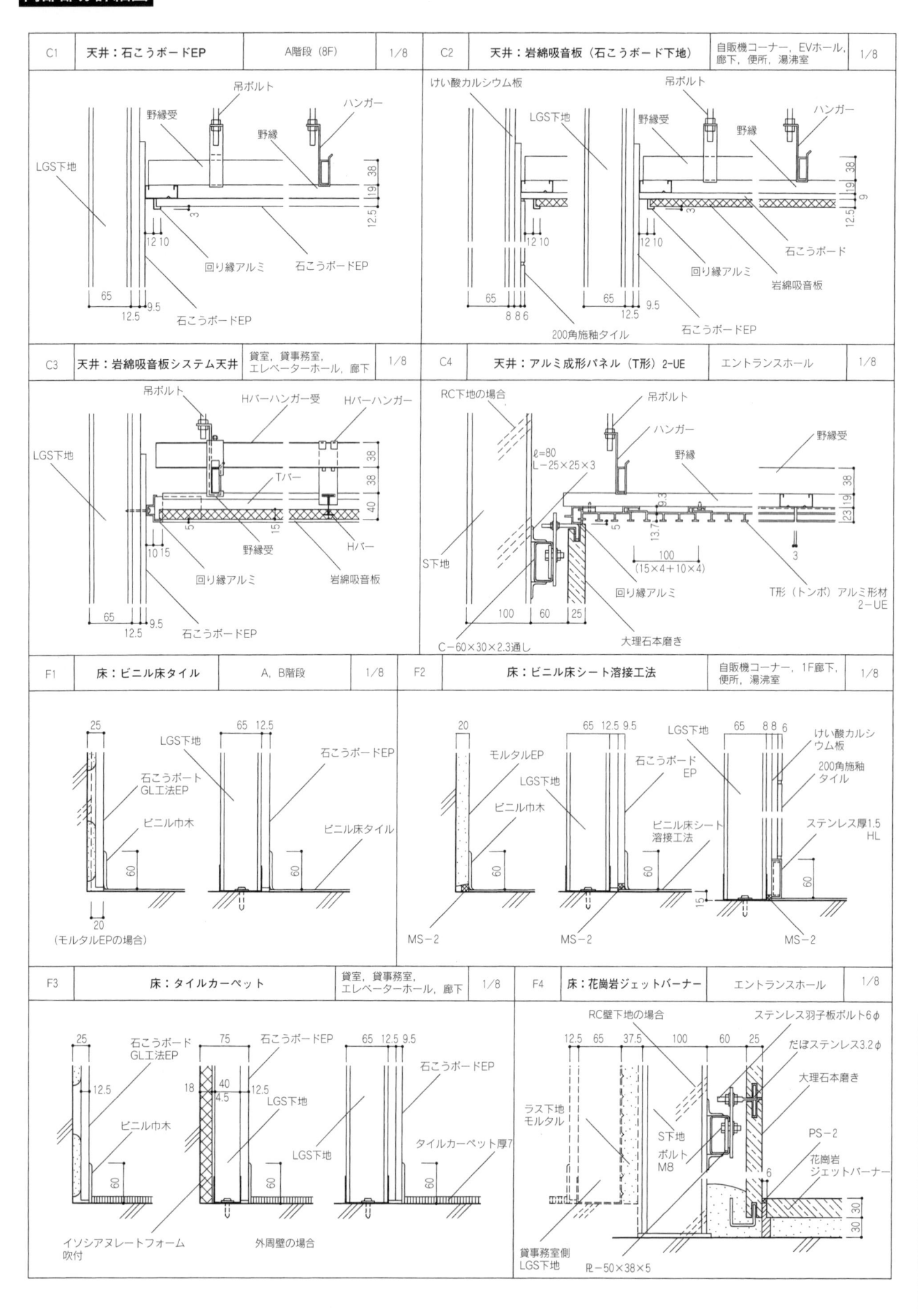

C1 天井:石こうボードEP — A階段 (8F) — 1/8

- 吊ボルト
- 野縁受
- ハンガー
- 野縁
- LGS下地
- 回り縁アルミ
- 石こうボードEP

C2 天井:岩綿吸音板(石こうボード下地) — 自販機コーナー,EVホール,廊下,便所,湯沸室 — 1/8

- けい酸カルシウム板
- LGS下地
- 吊ボルト
- 野縁受
- ハンガー
- 野縁
- 石こうボード
- 回り縁アルミ
- 岩綿吸音板
- 石こうボードEP
- 200角施釉タイル

C3 天井:岩綿吸音板システム天井 — 貸室,貸事務室,エレベーターホール,廊下 — 1/8

- LGS下地
- 吊ボルト
- Hバーハンガー受
- Hバーハンガー
- Tバー
- 野縁受
- Hバー
- 回り縁アルミ
- 岩綿吸音板
- 石こうボードEP

C4 天井:アルミ成形パネル(T形)2-UE — エントランスホール — 1/8

- RC下地の場合
- 吊ボルト
- ハンガー
- 野縁
- 野縁受
- ℓ=80 L-25×25×3
- S下地
- 回り縁アルミ
- 大理石本磨き
- T形(トンボ)アルミ形材 2-UE
- C-60×30×2.3通し

F1 床:ビニル床タイル — A,B階段 — 1/8

- LGS下地
- 石こうボードEP
- 石こうボード GL工法EP
- ビニル巾木
- ビニル床タイル
- (モルタルEPの場合)

F2 床:ビニル床シート溶接工法 — 自販機コーナー,1F廊下,便所,湯沸室 — 1/8

- モルタルEP
- 石こうボードEP
- LGS下地
- けい酸カルシウム板
- 200角施釉タイル
- ビニル巾木
- ビニル床シート溶接工法
- ステンレス厚1.5 HL
- MS-2

F3 床:タイルカーペット — 貸室,貸事務室,エレベーターホール,廊下 — 1/8

- 石こうボード GL工法EP
- 石こうボードEP
- LGS下地
- ビニル巾木
- タイルカーペット厚7
- イソシアヌレートフォーム吹付
- 外周壁の場合

F4 床:花崗岩ジェットバーナー — エントランスホール — 1/8

- RC壁下地の場合
- ステンレス羽子板ボルト6φ
- だぼステンレス3.2φ
- 大理石本磨き
- ラス下地モルタル
- S下地
- ボルトM8
- PS-2
- 花崗岩ジェットバーナー
- 貸事務室側 LGS下地
- PL-50×38×5

外部部分詳細図

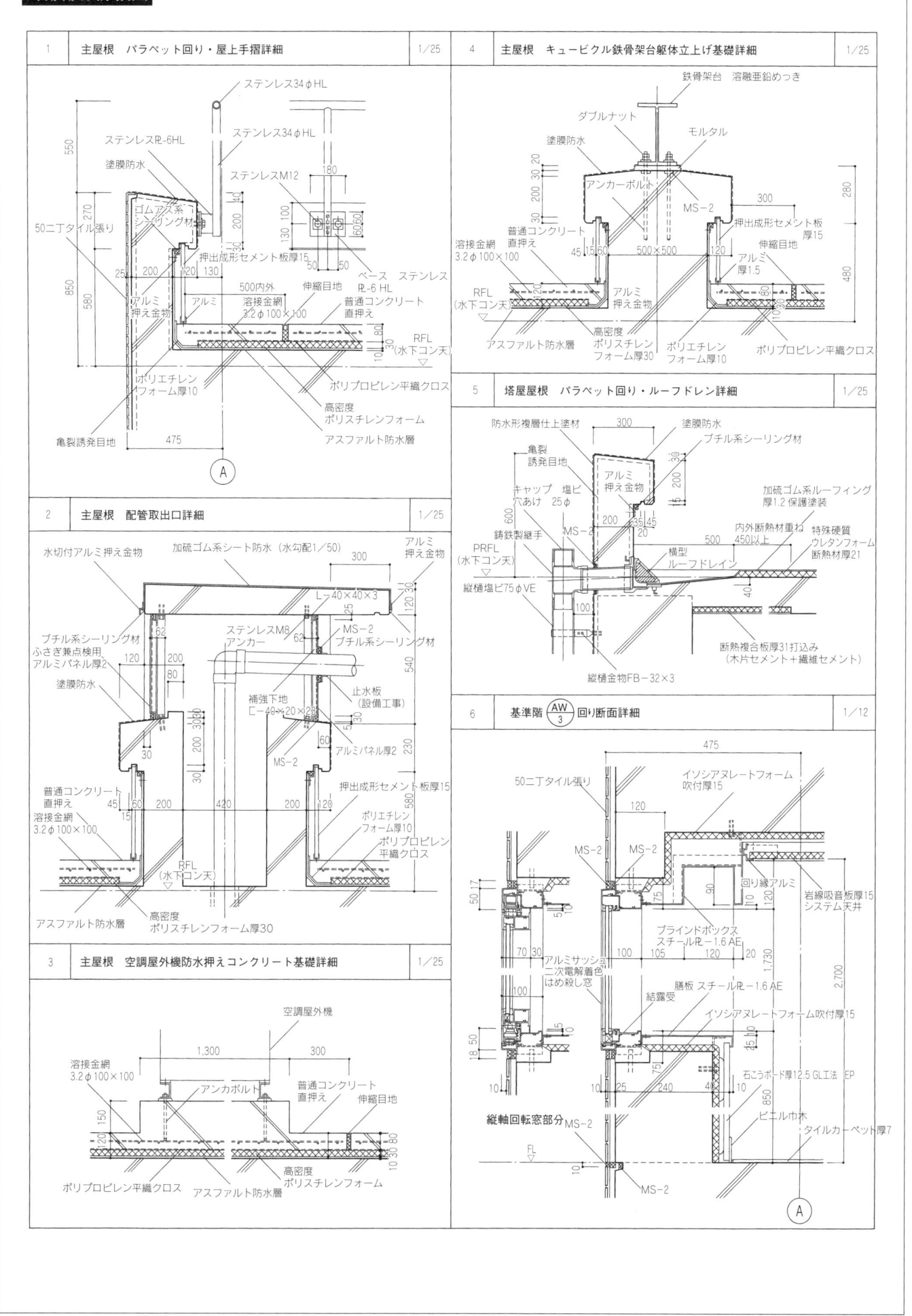

1	主屋根　パラペット回り・屋上手摺詳細	1/25
4	主屋根　キュービクル鉄骨架台躯体立上げ基礎詳細	1/25
2	主屋根　配管取出口詳細	1/25
5	塔屋屋根　パラペット回り・ルーフドレン詳細	1/25
3	主屋根　空調屋外機防水押えコンクリート基礎詳細	1/25
6	基準階 AW/3 回り断面詳細	1/12

参考文献

日本建築学会編：建築学便覧Ⅰ，Ⅱ，丸善
松下清夫他著：建築生産・各部構造，鹿島出版会
建築術編集委員会編：建築術 4.要素を設計する，彰国社
広瀬鎌二・三宅敏郎共著：建築ディテールの考え方，彰国社
岩本博之・吉木寿共著：建築一般構造，森北出版
内藤多仲監修，石井勇・望月洵・松井源吾共著：建築構造学 9.構造計画，鹿島出版会
日本建築学会関東支部編：耐震構造の設計，日本建築学会関東支部
日本建築学会編：鉄筋コンクリート造配筋指針案，日本建築学会
松下清夫・鉄田光雄共著：建物のエキスパンションジョイント工法，理工図書
日本建築学会編：建築設計資料集成，丸善
彰国社編：マテリアル・デザイン，彰国社
筋野三郎・畑中和穂共著：おさまり詳細図集，理工学社
日本建築士会連合会監修：RC造仕上げ(1)第一編一般建築標準編，AEDサービスセンター

著者略歴

岡田勝行（おかだ　かつゆき）
1932年　東京都に生まれる
1955年　千葉大学工学部建築学科卒業
1960年　竹中工務店入社
1993年　竹中不動産入社
1997年　岡田建築設計事務所設立
2014年　死去

八島寛治（やしま　かんじ）
1943年　山形県に生まれる
1961年　山形県立米沢工業高校建築科卒業
1961年　竹中工務店入社
2004～2012年　TAKエンジニアリング

早川　正（はやかわ　ただし）
1948年　北海道に生まれる
1971年　東海大学工学部建設工学科卒業
1971年　竹中工務店入社
2013年　TAKエンジニアリング入社
　　　　現在に至る

白石弥生（しらいし　やよい）
1963年　秋田県に生まれる
1986年　明治大学工学部建築科卒業
1986年　竹中不動産入社
2002年　同社退社

編集協力

護　雅典（元竹中工務店）

鉄筋コンクリート造入門──設計の基本とディテール　新訂第二版

1984年 4月20日　第1版　発　行
1998年 9月10日　新訂第1版　発　行
2006年10月10日　新訂第2版　発　行
2016年 7月10日　新訂第2版　第4刷

著　者　岡　田　勝　行
　　　　八　島　寛　治
　　　　早　川　　　正
　　　　白　石　弥　生
発行者　下　出　雅　徳
発行所　株式会社　彰国社

著作権者との協定により検印省略

162-0067　東京都新宿区富久町8-21
電話 03-3359-3231（大代表）
振替口座　00160-2-173401

自然科学書協会会員
工学書協会会員

Printed in Japan

©岡田勝行（代表）2006年

印刷：壮光舎印刷　製本：誠幸堂

ISBN 4-395-11118-1 C 3052　　http://www.shokokusha.co.jp

本書の内容の一部あるいは全部を、無断で複写（コピー）、複製、および磁気または光記録媒体等への入力を禁止します。許諾については小社あてご照会ください。